LEI DE BIOSSEGURANÇA

LEI Nº 11.105, DE 24 DE MARÇO DE 2005

CLONAGEM E TRANSGÊNICOS

NORMAS COMPLEMENTARES
ACORDOS E PROTOCOLOS INTERNACIONAIS

Supervisão Editorial
JAIR LOT VIEIRA

LEI DE BIOSSEGURANÇA

LEI Nº 11.105, DE 24 DE MARÇO DE 2005

CLONAGEM E TRANSGÊNICOS

NORMAS COMPLEMENTARES
ACORDOS E PROTOCOLOS INTERNACIONAIS

EDIPRO

LEI DE BIOSSEGURANÇA

Lei nº 11.105, de 24 de março de 2005

CLONAGEM E TRANSGÊNICOS

Normas Complementares • Acordos e Protocolos Internacionais

1ª Edição 2005

Nº de Catálogo: 0096

Supervisão Editorial: *Jair Lot Vieira*
Editor: *Alexandre Rudyard Benevides*
Capa: *Equipe Edipro*
Atualização: *Ricardo Virando*
Estagiários de Revisão: *Suéllen S. M. Marques* e *Guilherme Sandi Foganholo*

Dados Internacionais de Catalogação na Publicação (CIP)
(Câmara Brasileira do Livro, SP, Brasil)

Brasil

[Leis, etc.]

Lei de Biossegurança : Lei nº 11.105, de 24 de março de 2005 : clonagem e transgênicos : normas complementares, acordos e protocolos internacionais / supervisão editorial Jair Lot Vieira. -- Bauru, SP : EDIPRO, 2005. -- (Série legislação)

ISBN 85-7283-536-9

1. Biossegurança – Leis e legislação – Brasil • 2. Clonagem – Leis e legislação – Brasil • 3. Organismos transgênicos – Leis e legislação – Brasil • I. Vieira, Jair Lot. •II. Título. • III. Série.

05-2779 CDU-34:57.08(81)(094)

Índices para catálogo sistemático:

1. Biossegurança : Legislação : Brasil : 34:57.08(81)(094)
2. Lei de Biossegurança : Brasil : 34:57.08(81)(094)

EDIPRO

EDIPRO – Edições Profissionais Ltda.
Rua Conde de São Joaquim, 332 – Liberdade
CEP 01320-010 – São Paulo – SP – Brasil
Fone (11) 3107-4788 – Fax (11) 3107-0061
e-mail: ***edipro@uol.com.br***

ÍNDICE GERAL

Lei de Biossegurança

LEI Nº 11.105, DE 24 DE MARÇO DE 2005

Regulamenta os incisos II, IV e V do § 1º do art. 225 da Constituição Federal, estabelece normas de segurança e mecanismos de fiscalização de atividades que envolvam Organismos Geneticamente Modificados – OGM e seus derivados, cria o Conselho Nacional de Biossegurança – CNBS, reestrutura a Comissão Técnica Nacional de Biossegurança – CTNBio, dispõe sobre a Política Nacional de Biossegurança – PNB, revoga a Lei nº 8.974, de 5 de janeiro de 1995, e a Medida Provisória nº 2.191-9, de 23 de agosto de 2001, e os arts. 5º, 6º, 7º, 8º, 9º, 10 e 16 da Lei nº 10.814, de 15 de dezembro de 2003, e dá outras providências.

• ***Constituição Federal:***

Art. 225. *Todos têm direito ao meio ambiente ecologicamente equilibrado, bem de uso comum do povo e essencial à sadia qualidade de vida, impondo-se ao Poder Público e à coletividade o dever de defendê-lo e preservá-lo para as presentes e futuras gerações.*

§ 1º. *Para assegurar a efetividade desse direito, incumbe ao Poder Público: (...)*

II – *preservar a diversidade e a integridade do patrimônio genético do País e fiscalizar as entidades dedicadas à pesquisa e manipulação de material genético; (...)*

IV – exigir, na forma da lei, para instalação de obra ou atividade potencialmente causadora de significativa degradação do meio ambiente, estudo prévio de impacto ambiental, a que se dará publicidade;

V – controlar a produção, a comercialização e o emprego de técnicas, métodos e substâncias que comportem risco para a vida, a qualidade de vida e o meio ambiente; (...).

O Presidente da República

Faço saber que o Congresso Nacional decreta e eu sanciono a seguinte Lei:

Capítulo I
DISPOSIÇÕES PRELIMINARES E GERAIS

Art. 1º. Esta Lei estabelece normas de segurança e mecanismos de fiscalização sobre a construção, o cultivo, a produção, a manipulação, o transporte, a transferência, a importação, a exportação, o armazenamento, a pesquisa, a comercialização, o consumo, a liberação no meio ambiente e o descarte de organismos geneticamente modificados – OGM e seus derivados, tendo como diretrizes o estímulo ao avanço científico na área de biossegurança e biotecnologia, a proteção à vida e à saúde humana, animal e vegetal, e a observância do princípio da precaução para a proteção do meio ambiente.

§ 1º. Para os fins desta Lei, considera-se atividade de pesquisa a realizada em laboratório, regime de contenção ou campo, como parte do processo de obtenção de OGM e seus derivados ou de avaliação da biossegurança de OGM e seus derivados, o que engloba, no âmbito experimental, a construção, o cultivo, a manipulação, o transporte, a transferência, a importação, a exportação, o armazenamento, a liberação no meio ambiente e o descarte de OGM e seus derivados.

§ 2º. Para os fins desta Lei, considera-se atividade de uso comercial de OGM e seus derivados a que não se enquadra como atividade de pesquisa, e que trata do cultivo, da produção, da manipulação, do transporte, da transferência, da comercialização, da importação, da exportação, do armazenamento, do consumo, da liberação e do descarte de OGM e seus derivados para fins comerciais.

Art. 2º. As atividades e projetos que envolvam OGM e seus derivados, relacionados ao ensino com manipulação de organismos vivos, à pesquisa científica, ao desenvolvimento tecnológico e à produção industrial ficam restritos ao âmbito de entidades de direito público ou privado, que serão responsáveis pela obediência aos preceitos desta Lei e de sua regulamentação, bem como pelas eventuais conseqüências ou efeitos advindos de seu descumprimento.

§ 1º. Para os fins desta Lei, consideram-se atividades e projetos no âmbito de entidade os conduzidos em instalações próprias ou sob a responsabilidade administrativa, técnica ou científica da entidade.

§ 2º. As atividades e projetos de que trata este artigo são vedados a pessoas físicas em atuação autônoma e independente, ainda que mantenham vínculo empregatício ou qualquer outro com pessoas jurídicas.

§ 3º. Os interessados em realizar atividade prevista nesta Lei deverão requerer autorização à Comissão Técnica Nacional de Biossegurança – CTNBio, que se manifestará no prazo fixado em regulamento.

§ 4º. As organizações públicas e privadas, nacionais, estrangeiras ou internacionais, financiadoras ou patrocinadoras de atividades ou de projetos referidos no *caput* deste artigo devem exigir a apresentação de Certificado de Qualidade em Biossegurança, emitido pela CTNBio, sob pena de se tornarem co-responsáveis pelos eventuais efeitos decorrentes do descumprimento desta Lei ou de sua regulamentação.

Art. 3º. Para os efeitos desta Lei, considera-se:

I – organismo: toda entidade biológica capaz de reproduzir ou transferir material genético, inclusive vírus e outras classes que venham a ser conhecidas;

II – ácido desoxirribonucléico – ADN, ácido ribonucléico – ARN: material genético que contém informações determinantes dos caracteres hereditários transmissíveis à descendência;

III – moléculas de ADN/ARN recombinante: as moléculas manipuladas fora das células vivas mediante a modificação de segmentos de ADN/ARN natural ou sintético e que possam multiplicar-se em uma célula viva, ou ainda as moléculas de ADN/ARN resultantes dessa multiplicação; consideram-se também os segmentos de ADN/ARN sintéticos equivalentes aos de ADN/ARN natural;

IV – engenharia genética: atividade de produção e manipulação de moléculas de ADN/ARN recombinante;

V – organismo geneticamente modificado – OGM: organismo cujo material genético – ADN/ARN tenha sido modificado por qualquer técnica de engenharia genética;

VI – derivado de OGM: produto obtido de OGM e que não possua capacidade autônoma de replicação ou que não contenha forma viável de OGM;

VII – célula germinal humana: célula-mãe responsável pela formação de gametas presentes nas glândulas sexuais femininas e masculinas e suas descendentes diretas em qualquer grau de ploidia;

VIII – clonagem: processo de reprodução assexuada, produzida artificialmente, baseada em um único patrimônio genético, com ou sem utilização de técnicas de engenharia genética;

IX – clonagem para fins reprodutivos: clonagem com a finalidade de obtenção de um indivíduo;

X – clonagem terapêutica: clonagem com a finalidade de produção de células-tronco embrionárias para utilização terapêutica;

XI – células-tronco embrionárias: células de embrião que apresentam a capacidade de se transformar em células de qualquer tecido de um organismo.

§ 1º. Não se inclui na categoria de OGM o resultante de técnicas que impliquem a introdução direta, num organismo, de material hereditário, desde que não envolvam a utilização de moléculas de ADN/ARN recombinante ou OGM, inclusive fecundação in vitro, conjugação, transdução, transformação, indução poliplóide e qualquer outro processo natural.

§ 2º. Não se inclui na categoria de derivado de OGM a substância pura, quimicamente definida, obtida por meio de processos biológicos e que não contenha OGM, proteína heteróloga ou ADN recombinante.

Art. 4º. Esta Lei não se aplica quando a modificação genética for obtida por meio das seguintes técnicas, desde que não impliquem a utilização de OGM como receptor ou doador:

I – mutagênese;

II – formação e utilização de células somáticas de hibridoma animal;

III – fusão celular, inclusive a de protoplasma, de células vegetais, que possa ser produzida mediante métodos tradicionais de cultivo;

IV – autoclonagem de organismos não-patogênicos que se processe de maneira natural.

Art. 5º. É permitida, para fins de pesquisa e terapia, a utilização de células-tronco embrionárias obtidas de embriões humanos produzidos por fertilização in vitro e não utilizados no respectivo procedimento, atendidas as seguintes condições:

I – sejam embriões inviáveis; ou

II – sejam embriões congelados há 3 (três) anos ou mais, na data da publicação desta Lei, ou que, já congelados na data da publicação desta Lei, depois de completarem 3 (três) anos, contados a partir da data de congelamento.

§ 1º. Em qualquer caso, é necessário o consentimento dos genitores.

§ 2º. Instituições de pesquisa e serviços de saúde que realizem pesquisa ou terapia com células-tronco embrionárias humanas deverão submeter seus projetos à apreciação e aprovação dos respectivos comitês de ética em pesquisa.

§ 3º. É vedada a comercialização do material biológico a que se refere este artigo e sua prática implica o crime tipificado no art. 15 da Lei nº 9.434, de 4 de fevereiro de 1997.

• ***Lei nº 9.434, de 4 de fevereiro de 1997:***

Art. 15. *Comprar ou vender tecidos, órgãos ou partes do corpo humano:*

Pena *– reclusão, de três a oito anos, e multa, de 200 a 360 dias-multa.*

Parágrafo único. *Incorre na mesma pena quem promove, intermedeia, facilita ou aufere qualquer vantagem com a transação.*

Art. 6º. Fica proibido:

I – implementação de projeto relativo a OGM sem a manutenção de registro de seu acompanhamento individual;

II – engenharia genética em organismo vivo ou o manejo *in vitro* de ADN/ARN natural ou recombinante, realizado em desacordo com as normas previstas nesta Lei;

III – engenharia genética em célula germinal humana, zigoto humano e embrião humano;

IV – clonagem humana;

V – destruição ou descarte no meio ambiente de OGM e seus derivados em desacordo com as normas estabelecidas pela CTNBio, pelos órgãos e entidades de registro e fiscalização, referidos no art. 16 desta Lei, e as constantes desta Lei e de sua regulamentação;

VI – liberação no meio ambiente de OGM ou seus derivados, no âmbito de atividades de pesquisa, sem a decisão técnica favorável da CTNBio e, nos casos de liberação comercial, sem o parecer técnico favorável da CTNBio, ou sem o licenciamento do órgão ou entidade ambiental responsável, quando a CTNBio considerar a atividade como potencialmente causadora de degradação ambiental, ou sem a aprovação do Conselho Nacional de Biossegurança – CNBS, quando o processo tenha sido por ele avocado, na forma desta Lei e de sua regulamentação;

VII – a utilização, a comercialização, o registro, o patenteamento e o licenciamento de tecnologias genéticas de restrição do uso.

Parágrafo único. Para os efeitos desta Lei, entende-se por tecnologias genéticas de restrição do uso qualquer processo de intervenção humana para geração ou multiplicação de plantas geneticamente modificadas para produzir estruturas reprodutivas estéreis, bem como qualquer forma de manipulação genética que vise à ativação ou desativação de genes relacionados à fertilidade das plantas por indutores químicos externos.

Art. 7º. São obrigatórias:

I – a investigação de acidentes ocorridos no curso de pesquisas e projetos na área de engenharia genética e o envio de relatório respectivo à autoridade competente no prazo máximo de 5 (cinco) dias a contar da data do evento;

II – a notificação imediata à CTNBio e às autoridades da saúde pública, da defesa agropecuária e do meio ambiente sobre acidente que possa provocar a disseminação de OGM e seus derivados;

III – a adoção de meios necessários para plenamente informar à CTNBio, às autoridades da saúde pública, do meio ambiente, da defesa agropecuária, à coletividade e aos demais empregados da instituição ou empresa sobre os riscos a que possam estar submetidos, bem como os procedimentos a serem tomados no caso de acidentes com OGM.

Capítulo II
DO CONSELHO NACIONAL DE BIOSSEGURANÇA – CNBS

Art. 8º. Fica criado o Conselho Nacional de Biossegurança – CNBS, vinculado à Presidência da República, órgão de assessoramento superior do Presidente da República para a formulação e implementação da Política Nacional de Biossegurança – PNB.

§ 1º. Compete ao CNBS:

I – fixar princípios e diretrizes para a ação administrativa dos órgãos e entidades federais com competências sobre a matéria;

II – analisar, a pedido da CTNBio, quanto aos aspectos da conveniência e oportunidade socioeconômicas e do interesse nacional, os pedidos de liberação para uso comercial de OGM e seus derivados;

III – avocar e decidir, em última e definitiva instância, com base em manifestação da CTNBio e, quando julgar necessário, dos órgãos e entidades referidos no art. 16 desta Lei, no âmbito de suas competências, sobre os processos relativos a atividades que envolvam o uso comercial de OGM e seus derivados;

IV – (Vetado).

• Redação original:

IV – apreciar o recurso de que trata o § 7º do art. 16 desta Lei, no prazo de até 45 (quarenta e cinco) dias a contar da data de sua apresentação, sendo considerado prejudicado o recurso em caso de não obediência desse prazo.

• Razões do veto [Casa Civil da Presidência da República]:

"Ainda que os Ministérios responsáveis pelo registro e fiscalização interponham recurso à decisão da CTNBio, este recurso poderá não ser apreciado e tornará definitiva a decisão da CTNBio por decurso de prazo. Os Ministros que compõem o CNBS ficam obrigados a apreciar matéria complexa e controversa no prazo máximo de 45 dias a contar do seu recebimento, prazo insuficiente para novas consultas ou esclarecimentos a fim de subsidiar os Ministros para a tomada de decisão."

§ 2º. (Vetado).

• Redação original:

§ 2º. O CNBS tem o prazo de até 30 (trinta) dias, da data da publicação da decisão técnica da CTNBio, para avocar o processo e deliberará no prazo de 45 (quarenta e cinco) dias a contar da data de protocolo do processo em sua Secretaria, sendo considerada definitiva a decisão em caso de não obediência desses prazos.

• Razões do veto [Casa Civil da Presidência da República]:

"Salienta-se que a CTNBio não possui prazo para deliberar sobre os temas de sua competência, sendo que o CNBS, que deverá decidir após parecer dos Ministérios com competência sobre a matéria, terá prazo definido para decidir sobre assuntos de interesse nacional e, em não o fazendo no prazo de 45 dias, a decisão será considerada definitiva por decurso de prazo.

A complexidade das matérias pode demandar a elaboração de novos estudos ou uma análise mais aprofundada sobre o tema e, neste caso, haverá necessidade de prazo maior."

§ 3º. Sempre que o CNBS deliberar favoravelmente à realização da atividade analisada, encaminhará sua manifestação aos órgãos e entidades de registro e fiscalização referidos no art. 16 desta Lei.

§ 4º. Sempre que o CNBS deliberar contrariamente à atividade analisada, encaminhará sua manifestação à CTNBio para informação ao requerente.

Art. 9º. O CNBS é composto pelos seguintes membros:

I – Ministro de Estado Chefe da Casa Civil da Presidência da República, que o presidirá;

II – Ministro de Estado da Ciência e Tecnologia;

III – Ministro de Estado do Desenvolvimento Agrário;

IV – Ministro de Estado da Agricultura, Pecuária e Abastecimento;

V – Ministro de Estado da Justiça;

VI – Ministro de Estado da Saúde;

VII – Ministro de Estado do Meio Ambiente;

VIII – Ministro de Estado do Desenvolvimento, Indústria e Comércio Exterior;

IX – Ministro de Estado das Relações Exteriores;

X – Ministro de Estado da Defesa;

XI – Secretário Especial de Aqüicultura e Pesca da Presidência da República.

§ 1º. O CNBS reunir-se-á sempre que convocado pelo Ministro de Estado Chefe da Casa Civil da Presidência da República, ou mediante provocação da maioria de seus membros.

§ 2º. (Vetado).

• ***Redação original:***

§ 2º. Os membros do CNBS terão como suplentes os Secretários-Executivos das respectivas pastas.

• ***Razões do veto [Casa Civil da Presidência da República]:***

"O dispositivo exige que os suplentes dos Ministros de Estados e do Secretário Especial de Aqüicultura e Pesca sejam os secretários-executivos das respectivas pastas. Contudo, inexistem os cargos de Secretário-Executivo no Ministério das Relações Exteriores, no Ministério da Defesa e na própria Secretaria Especial de Aqüicultura e Pesca. Ademais, a matéria deve ser objeto de decreto ou regimento do CNBS que defina as eventuais substituições dos titulares."

§ 3º. Poderão ser convidados a participar das reuniões, em caráter excepcional, representantes do setor público e de entidades da sociedade civil.

§ 4º. O CNBS contará com uma Secretaria-Executiva, vinculada à Casa Civil da Presidência da República.

§ 5º. A reunião do CNBS poderá ser instalada com a presença de 6 (seis) de seus membros e as decisões serão tomadas com votos favoráveis da maioria absoluta.

Capítulo III
DA COMISSÃO TÉCNICA NACIONAL DE BIOSSEGURANÇA – CTNBIO

Art. 10. A CTNBio, integrante do Ministério da Ciência e Tecnologia, é instância colegiada multidisciplinar de caráter consultivo e deliberativo, para prestar apoio técnico e de assessoramento ao Governo Federal na formulação, atualização e implementação da PNB de OGM e seus derivados, bem como no estabelecimento de normas técnicas de segurança e de pareceres técnicos referentes à autorização para atividades que envolvam pesquisa e uso comercial de OGM e seus derivados, com base na avaliação de seu risco zoofitossanitário, à saúde humana e ao meio ambiente.

Parágrafo único. A CTNBio deverá acompanhar o desenvolvimento e o progresso técnico e científico nas áreas de biossegurança, biotecnologia, bioética e afins, com o objetivo de aumentar sua capacitação para a proteção da saúde humana, dos animais e das plantas e do meio ambiente.

Art. 11. A CTNBio, composta de membros titulares e suplentes, designados pelo Ministro de Estado da Ciência e Tecnologia, será constituída por 27 (vinte e sete) cidadãos brasileiros de reconhecida competência técnica, de notória atuação e saber científicos, com grau acadêmico de doutor e com destacada atividade profissional nas áreas de biossegurança, biotecnologia, biologia, saúde humana e animal ou meio ambiente, sendo:

I – 12 (doze) especialistas de notório saber científico e técnico, em efetivo exercício profissional, sendo:

a) 3 (três) da área de saúde humana;

b) 3 (três) da área animal;

c) 3 (três) da área vegetal;

d) 3 (três) da área de meio ambiente;

II – um representante de cada um dos seguintes órgãos, indicados pelos respectivos titulares:

a) Ministério da Ciência e Tecnologia;

b) Ministério da Agricultura, Pecuária e Abastecimento;

c) Ministério da Saúde;

d) Ministério do Meio Ambiente;

e) Ministério do Desenvolvimento Agrário;

f) Ministério do Desenvolvimento, Indústria e Comércio Exterior;

g) Ministério da Defesa;

h) Secretaria Especial de Aqüicultura e Pesca da Presidência da República;

i) Ministério das Relações Exteriores;

III – um especialista em defesa do consumidor, indicado pelo Ministro da Justiça;

IV – um especialista na área de saúde, indicado pelo Ministro da Saúde;

V – um especialista em meio ambiente, indicado pelo Ministro do Meio Ambiente;

VI – um especialista em biotecnologia, indicado pelo Ministro da Agricultura, Pecuária e Abastecimento;

VII – um especialista em agricultura familiar, indicado pelo Ministro do Desenvolvimento Agrário;

VIII – um especialista em saúde do trabalhador, indicado pelo Ministro do Trabalho e Emprego.

§ 1º. Os especialistas de que trata o inciso I do *caput* deste artigo serão escolhidos a partir de lista tríplice, elaborada com a participação das sociedades científicas, conforme disposto em regulamento.

§ 2º. Os especialistas de que tratam os incisos III a VIII do *caput* deste artigo serão escolhidos a partir de lista tríplice, elaborada pelas organizações da sociedade civil, conforme disposto em regulamento.

§ 3º. Cada membro efetivo terá um suplente, que participará dos trabalhos na ausência do titular.

§ 4º. Os membros da CTNBio terão mandato de 2 (dois) anos, renovável por até mais 2 (dois) períodos consecutivos.

§ 5º. O presidente da CTNBio será designado, entre seus membros, pelo Ministro da Ciência e Tecnologia para um mandato de 2 (dois) anos, renovável por igual período.

§ 6º. Os membros da CTNBio devem pautar a sua atuação pela observância estrita dos conceitos ético-profissionais, sendo vedado participar do julgamento de questões com as quais tenham algum envolvimento de ordem profissional ou pessoal, sob pena de perda de mandato, na forma do regulamento.

§ 7º. A reunião da CTNBio poderá ser instalada com a presença de 14 (catorze) de seus membros, incluído pelo menos um representante de cada uma das áreas referidas no inciso I do *caput* deste artigo.

§ 8º. (Vetado).

• ***Redação original:***

§ 8º. As decisões da CTNBio serão tomadas por maioria dos membros presentes à reunião, respeitado o quorum previsto no § 7º deste artigo.

• ***Razões do veto [Casa Civil da Presidência da República]:***

"É justificado o veto a esse dispositivo, pois não há razoabilidade para que questões polêmicas e complexas que afetam a saúde pública e o meio ambiente possam ser decididas por apenas oito brasileiros (o quórum de instalação das reuniões é de quatorze presentes; a maioria, portanto, é alcançada por oito votos) que, embora qualificados academicamente, representam menos de um terço do colegiado da CTNBio. A matéria pode ser objeto de decreto que deverá estabelecer quórum maior para deliberação."

§ 9º. Órgãos e entidades integrantes da administração pública federal poderão solicitar participação nas reuniões da CTNBio para tratar de assuntos de seu especial interesse, sem direito a voto.

§ 10. Poderão ser convidados a participar das reuniões, em caráter excepcional, representantes da comunidade científica e do setor público e entidades da sociedade civil, sem direito a voto.

Art. 12. O funcionamento da CTNBio será definido pelo regulamento desta Lei.

§ 1º. A CTNBio contará com uma Secretaria-Executiva e cabe ao Ministério da Ciência e Tecnologia prestar-lhe o apoio técnico e administrativo.

§ 2º. (Vetado).

• ***Redação original:***

§ 2º. O regulamento desta Lei estabelecerá valores e formas de cobrança de taxa a ser recolhida pelos interessados à CTNBio para pagamento das despesas relativas à apreciação dos requerimentos de autorização de pesquisas ou de liberação comercial de OGM."

• ***Razões do veto [Ministério da Justiça]:***

"O dispositivo institui uma 'taxa' a ser recolhida pelos interessados à CTNBio para o pagamento de despesas a que faz referência. Isto é, dá nome ao tributo e indica a destinação do produto de sua arrecadação, mas não define o fato gerador da obrigação tributária. Esta é a hipótese precisa do art. 4º do Código Tributário Nacional:

*'**Art. 4º.** A natureza jurídica específica do tributo é determinada pelo fato gerador da respectiva obrigação, sendo irrelevantes para qualificá-la:*

***I** – a denominação e demais características formais adotadas pela lei;*

***II** – a destinação legal do produto da sua arrecadação.'*

Ou seja, o dispositivo define o que o CTN qualifica como irrelevante – e não define o que lhe é essencial: o fato gerador. Definir o fato gerador no regulamento equivale, portanto, a conferir natureza jurídica a tributo em decreto – ou seja, a rigor, criá-lo por decreto. O art. 9º do CTN veda a hipótese em seu inciso I:

*'**I** – instituir ou majorar tributos sem que a lei o estabeleça, ressalvado, quanto à majoração, o disposto nos arts. 21, 26 e 65;'*

Por sua vez, relegar o estabelecimento de base de cálculo, valor ou alíquota da taxa para o regulamento impede o estabelecimento do parâmetro legal necessário a não majoração de tributo. Como majorar tributo é vedado senão por lei, sem esse parâmetro inicial não há como cumprir esse comando do CTN.

O dispositivo viola o princípio da legalidade tributária, insculpido no art. 150, I, da Constituição Federal, bem como viola os arts. 4º e 5º, I do Código Tributário Nacional, que dão substância àquele princípio."

Art. 13. A CTNBio constituirá subcomissões setoriais permanentes na área de saúde humana, na área animal, na área vegetal e na área ambiental, e poderá constituir subcomissões extraordinárias, para análise prévia dos temas a serem submetidos ao plenário da Comissão.

§ 1º. Tanto os membros titulares quanto os suplentes participarão das subcomissões setoriais e caberá a todos a distribuição dos processos para análise.

§ 2º. O funcionamento e a coordenação dos trabalhos nas subcomissões setoriais e extraordinárias serão definidos no regimento interno da CTNBio.

Art. 14. Compete à CTNBio:

I – estabelecer normas para as pesquisas com OGM e derivados de OGM;

II – estabelecer normas relativamente às atividades e aos projetos relacionados a OGM e seus derivados;

III – estabelecer, no âmbito de suas competências, critérios de avaliação e monitoramento de risco de OGM e seus derivados;

IV – proceder à análise da avaliação de risco, caso a caso, relativamente a atividades e projetos que envolvam OGM e seus derivados;

V – estabelecer os mecanismos de funcionamento das Comissões Internas de Biossegurança – CIBio, no âmbito de cada instituição que se dedique ao ensino, à pesquisa científica, ao desenvolvimento tecnológico e à produção industrial que envolvam OGM ou seus derivados;

VI – estabelecer requisitos relativos à biossegurança para autorização de funcionamento de laboratório, instituição ou empresa que desenvolverá atividades relacionadas a OGM e seus derivados;

VII – relacionar-se com instituições voltadas para a biossegurança de OGM e seus derivados, em âmbito nacional e internacional;

VIII – autorizar, cadastrar e acompanhar as atividades de pesquisa com OGM ou derivado de OGM, nos termos da legislação em vigor;

IX – autorizar a importação de OGM e seus derivados para atividade de pesquisa;

X – prestar apoio técnico consultivo e de assessoramento ao CNBS na formulação da PNB de OGM e seus derivados;

XI – emitir Certificado de Qualidade em Biossegurança – CQB para o desenvolvimento de atividades com OGM e seus derivados em laboratório, instituição ou empresa e enviar cópia do processo aos órgãos de registro e fiscalização referidos no art. 16 desta Lei;

XII – emitir decisão técnica, caso a caso, sobre a biossegurança de OGM e seus derivados no âmbito das atividades de pesquisa e de uso comercial de OGM e seus derivados, inclusive a classificação quanto ao grau de risco e nível de biossegurança exigido, bem como medidas de segurança exigidas e restrições ao uso;

XIII – definir o nível de biossegurança a ser aplicado ao OGM e seus usos, e os respectivos procedimentos e medidas de segurança quanto ao seu uso, conforme as normas estabelecidas na regulamentação desta Lei, bem como quanto aos seus derivados;

XIV – classificar os OGM segundo a classe de risco, observados os critérios estabelecidos no regulamento desta Lei;

XV – acompanhar o desenvolvimento e o progresso técnico-científico na biossegurança de OGM e seus derivados;

XVI – emitir resoluções, de natureza normativa, sobre as matérias de sua competência;

XVII – apoiar tecnicamente os órgãos competentes no processo de prevenção e investigação de acidentes e de enfermidades, verificados no curso dos projetos e das atividades com técnicas de ADN/ARN recombinante;

XVIII – apoiar tecnicamente os órgãos e entidades de registro e fiscalização, referidos no art. 16 desta Lei, no exercício de suas atividades relacionadas a OGM e seus derivados;

XIX – divulgar no *Diário Oficial da União*, previamente à análise, os extratos dos pleitos e, posteriormente, dos pareceres dos processos que lhe forem submetidos, bem como dar ampla publicidade no Sistema de Informações em Biossegurança – SIB a sua agenda, processos em trâmite, relatórios anuais, atas das reuniões e demais informações sobre suas atividades, excluídas as informações sigilosas, de interesse comercial, apontadas pelo proponente e assim consideradas pela CTNBio;

XX – identificar atividades e produtos decorrentes do uso de OGM e seus derivados potencialmente causadores de degradação do meio ambiente ou que possam causar riscos à saúde humana;

XXI – reavaliar suas decisões técnicas por solicitação de seus membros ou por recurso dos órgãos e entidades de registro e fiscalização, fundamentado em fatos ou conhecimentos científicos novos, que sejam relevantes quanto à biossegurança do OGM ou derivado, na forma desta Lei e seu regulamento;

XXII – propor a realização de pesquisas e estudos científicos no campo da biossegurança de OGM e seus derivados;

XXIII – apresentar proposta de regimento interno ao Ministro da Ciência e Tecnologia.

§ 1º. Quanto aos aspectos de biossegurança do OGM e seus derivados, a decisão técnica da CTNBio vincula os demais órgãos e entidades da administração.

§ 2º. Nos casos de uso comercial, dentre outros aspectos técnicos de sua análise, os órgãos de registro e fiscalização, no exercício de suas atribuições em caso de solicitação pela CTNBio, observarão, quanto aos aspectos de biossegurança do OGM e seus derivados, a decisão técnica da CTNBio.

§ 3º. Em caso de decisão técnica favorável sobre a biossegurança no âmbito da atividade de pesquisa, a CTNBio remeterá o processo respectivo aos órgãos e entidades referidos no art. 16 desta Lei, para o exercício de suas atribuições.

§ 4º. A decisão técnica da CTNBio deverá conter resumo de sua fundamentação técnica, explicitar as medidas de segurança e restrições ao uso do OGM e seus derivados e considerar as particularidades das diferentes regiões do País, com o objetivo de orientar e subsidiar os órgãos e entidades de registro e fiscalização, referidos no art. 16 desta Lei, no exercício de suas atribuições.

§ 5º. Não se submeterá a análise e emissão de parecer técnico da CTNBio o derivado cujo OGM já tenha sido por ela aprovado.

§ 6º. As pessoas físicas ou jurídicas envolvidas em qualquer das fases do processo de produção agrícola, comercialização ou transporte de produto geneticamente modificado que tenham obtido a liberação para uso comercial estão dispensadas de apresentação do CQB e constituição de CIBio, salvo decisão em contrário da CTNBio.

Art. 15. A CTNBio poderá realizar audiências públicas, garantida participação da sociedade civil, na forma do regulamento.

Parágrafo único. Em casos de liberação comercial, audiência pública poderá ser requerida por partes interessadas, incluindo-se entre estas organizações da sociedade civil que comprovem interesse relacionado à matéria, na forma do regulamento.

Capítulo IV
DOS ÓRGÃOS E ENTIDADES DE REGISTRO E FISCALIZAÇÃO

Art. 16. Caberá aos órgãos e entidades de registro e fiscalização do Ministério da Saúde, do Ministério da Agricultura, Pecuária e Abastecimento e do Ministério do Meio Ambiente, e da Secretaria Especial de Aqüicultura e Pesca da Presidência da República entre outras atribuições, no campo de suas competências, observadas a decisão técnica da CTNBio, as deliberações do CNBS e os mecanismos estabelecidos nesta Lei e na sua regulamentação:

I – fiscalizar as atividades de pesquisa de OGM e seus derivados;

II – registrar e fiscalizar a liberação comercial de OGM e seus derivados;

III – emitir autorização para a importação de OGM e seus derivados para uso comercial;

IV – manter atualizado no SIB o cadastro das instituições e responsáveis técnicos que realizam atividades e projetos relacionados a OGM e seus derivados;

V – tornar públicos, inclusive no SIB, os registros e autorizações concedidas;

VI – aplicar as penalidades de que trata esta Lei;

VII – subsidiar a CTNBio na definição de quesitos de avaliação de biossegurança de OGM e seus derivados.

§ 1º. Após manifestação favorável da CTNBio, ou do CNBS, em caso de avocação ou recurso, caberá, em decorrência de análise específica e decisão pertinente:

I – ao Ministério da Agricultura, Pecuária e Abastecimento emitir as autorizações e registros e fiscalizar produtos e atividades que utilizem OGM e seus derivados destinados a uso animal, na agricultura, pecuária, agroindústria e áreas afins, de acordo com a legislação em vigor e segundo o regulamento desta Lei;

II – ao órgão competente do Ministério da Saúde emitir as autorizações e registros e fiscalizar produtos e atividades com OGM e seus derivados destinados a uso humano, farmacológico, domissanitário e áreas afins, de acordo com a legislação em vigor e segundo o regulamento desta Lei;

III – ao órgão competente do Ministério do Meio Ambiente emitir as autorizações e registros e fiscalizar produtos e atividades que envolvam OGM e seus derivados a serem liberados nos ecossistemas naturais, de acordo com a legislação em vigor e segundo o regulamento desta Lei, bem como o licenciamento, nos casos em que a

CTNBio deliberar, na forma desta Lei, que o OGM é potencialmente causador de significativa degradação do meio ambiente;

IV – à Secretaria Especial de Aqüicultura e Pesca da Presidência da República emitir as autorizações e registros de produtos e atividades com OGM e seus derivados destinados ao uso na pesca e aqüicultura, de acordo com a legislação em vigor e segundo esta Lei e seu regulamento.

§ 2º. Somente se aplicam as disposições dos incisos I e II do art. 8º e do *caput* do art. 10 da Lei nº 6.938, de 31 de agosto de 1981, nos casos em que a CTNBio deliberar que o OGM é potencialmente causador de significativa degradação do meio ambiente.

• Lei nº 6.938, de 31 de agosto de 1981:

Art. 8º. *Compete ao CONAMA:*

• Caput com redação dada pela Lei nº 8.028, de 12.4.1990.

I *– estabelecer, mediante proposta do IBAMA, normas e critérios para o licenciamento de atividades efetiva ou potencialmente poluidoras, a ser concedido pelos Estados e supervisionado pelo IBAMA;*

• Conforme determinação da Lei nº 7.804, de 18.7.1989.

II *– determinar, quando julgar necessário, a realização de estudos das alternativas e das possíveis conseqüências ambientais de projetos públicos ou privados, requisitando aos órgãos federais, estaduais e municipais, bem assim a entidades privadas, as informações indispensáveis para apreciação dos estudos de impacto ambiental, e respectivos relatórios, no caso de obras ou atividades de significativa degradação ambiental, especialmente nas áreas consideradas patrimônio nacional; (...)*

• Inciso II com redação dada pela Lei nº 8.028, de 12.4.1990.

Art. 10. *A construção, instalação, ampliação e funcionamento de estabelecimentos e atividades utilizadoras de recursos ambientais, considerados efetiva e potencialmente poluidores, bem como os capazes, sob qualquer forma, de causar degradação ambiental, dependerão de prévio licenciamento de órgão estadual competente, integrante do Sistema Nacional do Meio Ambiente – SISNAMA, e do Instituto Brasileiro do Meio Ambiente e Recursos Naturais Renováveis – IBAMA, em caráter supletivo, sem prejuízo de outras licenças exigíveis.*

• Caput com redação dada pela Lei nº 7.804, de 18.7.1989.

§ 3º. A CTNBio delibera, em última e definitiva instância, sobre os casos em que a atividade é potencial ou efetivamente causadora de degradação ambiental, bem como sobre a necessidade do licenciamento ambiental.

§ 4º. A emissão dos registros, das autorizações e do licenciamento ambiental referidos nesta Lei deverá ocorrer no prazo máximo de 120 (cento e vinte) dias.

§ 5º. A contagem do prazo previsto no § 4º deste artigo será suspensa, por até 180 (cento e oitenta) dias, durante a elaboração, pelo requerente, dos estudos ou esclarecimentos necessários.

§ 6º. As autorizações e registros de que trata este artigo estarão vinculados à decisão técnica da CTNBio correspondente, sendo vedadas exigências técnicas que extrapolem as condições estabelecidas naquela decisão, nos aspectos relacionados à biossegurança.

§ 7º. Em caso de divergência quanto à decisão técnica da CTNBio sobre a liberação comercial de OGM e derivados, os órgãos e entidades de registro e fiscalização, no âmbito de suas competências, poderão apresentar recurso ao CNBS, no prazo de até 30 (trinta) dias, a contar da data de publicação da decisão técnica da CTNBio.

Capítulo V
DA COMISSÃO INTERNA DE BIOSSEGURANÇA – CIBio

Art. 17. Toda instituição que utilizar técnicas e métodos de engenharia genética ou realizar pesquisas com OGM e seus derivados deverá criar uma Comissão Interna de Biossegurança – CIBio, além de indicar um técnico principal responsável para cada projeto específico.

Art. 18. Compete à CIBio, no âmbito da instituição onde constituída:

I – manter informados os trabalhadores e demais membros da coletividade, quando suscetíveis de serem afetados pela atividade, sobre as questões relacionadas com a saúde e a segurança, bem como sobre os procedimentos em caso de acidentes;

II – estabelecer programas preventivos e de inspeção para garantir o funcionamento das instalações sob sua responsabilidade, dentro dos padrões e normas de biossegurança, definidos pela CTNBio na regulamentação desta Lei;

III – encaminhar à CTNBio os documentos cuja relação será estabelecida na regulamentação desta Lei, para efeito de análise, registro ou autorização do órgão competente, quando couber;

IV – manter registro do acompanhamento individual de cada atividade ou projeto em desenvolvimento que envolvam OGM ou seus derivados;

V – notificar à CTNBio, aos órgãos e entidades de registro e fiscalização, referidos no art. 16 desta Lei, e às entidades de trabalhadores o resultado de avaliações de risco a que estão submetidas as pessoas expostas, bem como qualquer acidente ou incidente que possa provocar a disseminação de agente biológico;

VI – investigar a ocorrência de acidentes e as enfermidades possivelmente relacionados a OGM e seus derivados e notificar suas conclusões e providências à CTNBio.

Capítulo VI
DO SISTEMA DE INFORMAÇÕES EM BIOSSEGURANÇA – SIB

Art. 19. Fica criado, no âmbito do Ministério da Ciência e Tecnologia, o Sistema de Informações em Biossegurança – SIB, destinado à gestão das informações decorrentes das atividades de análise, autorização, registro, monitoramento e acompanhamento das atividades que envolvam OGM e seus derivados.

§ 1º. As disposições dos atos legais, regulamentares e administrativos que alterem, complementem ou produzam efeitos sobre a legislação de biossegurança de OGM e seus derivados deverão ser divulgadas no SIB concomitantemente com a entrada em vigor desses atos.

§ 2º. Os órgãos e entidades de registro e fiscalização, referidos no art. 16 desta Lei, deverão alimentar o SIB com as informações relativas às atividades de que trata esta Lei, processadas no âmbito de sua competência.

Capítulo VII
DA RESPONSABILIDADE CIVIL E ADMINISTRATIVA

Art. 20. Sem prejuízo da aplicação das penas previstas nesta Lei, os responsáveis pelos danos ao meio ambiente e a terceiros responderão, solidariamente, por sua indenização ou reparação integral, independentemente da existência de culpa.

Art. 21. Considera-se infração administrativa toda ação ou omissão que viole as normas previstas nesta Lei e demais disposições legais pertinentes.

Parágrafo único. As infrações administrativas serão punidas na forma estabelecida no regulamento desta Lei, independentemente das medidas cautelares de apreensão de produtos, suspensão de venda de produto e embargos de atividades, com as seguintes sanções:

I – advertência;

II – multa;

III – apreensão de OGM e seus derivados;

IV – suspensão da venda de OGM e seus derivados;

V – embargo da atividade;

VI – interdição parcial ou total do estabelecimento, atividade ou empreendimento;

VII – suspensão de registro, licença ou autorização;

VIII – cancelamento de registro, licença ou autorização;

IX – perda ou restrição de incentivo e benefício fiscal concedidos pelo governo;

X – perda ou suspensão da participação em linha de financiamento em estabelecimento oficial de crédito;

XI – intervenção no estabelecimento;

XII – proibição de contratar com a administração pública, por período de até 5 (cinco) anos.

Art. 22. Compete aos órgãos e entidades de registro e fiscalização, referidos no art. 16 desta Lei, definir critérios, valores e aplicar multas de R$ 2.000,00 (dois mil reais) a R$ 1.500.000,00 (um milhão e quinhentos mil reais), proporcionalmente à gravidade da infração.

§ 1º. As multas poderão ser aplicadas cumulativamente com as demais sanções previstas neste artigo.

§ 2º. No caso de reincidência, a multa será aplicada em dobro.

§ 3º. No caso de infração continuada, caracterizada pela permanência da ação ou omissão inicialmente punida, será a respectiva penalidade aplicada diariamente até cessar sua causa, sem prejuízo da paralisação imediata da atividade ou da interdição do laboratório ou da instituição ou empresa responsável.

Art. 23. As multas previstas nesta Lei serão aplicadas pelos órgãos e entidades de registro e fiscalização dos Ministérios da Agricultura, Pecuária e Abastecimento, da Saúde, do Meio Ambiente e da Secretaria Especial de Aqüicultura e Pesca da Presidência da República, referidos no art. 16 desta Lei, de acordo com suas respectivas competências.

§ 1º. Os recursos arrecadados com a aplicação de multas serão destinados aos órgãos e entidades de registro e fiscalização, referidos no art. 16 desta Lei, que aplicarem a multa.

§ 2º. Os órgãos e entidades fiscalizadores da administração pública federal poderão celebrar convênios com os Estados, Distrito Federal e Municípios, para a execução de serviços relacionados à atividade de fiscalização prevista nesta Lei e poderão repassar-lhes parcela da receita obtida com a aplicação de multas.

§ 3º. A autoridade fiscalizadora encaminhará cópia do auto de infração à CTNBio.

§ 4º. Quando a infração constituir crime ou contravenção, ou lesão à Fazenda Pública ou ao consumidor, a autoridade fiscalizadora representará junto ao órgão competente para apuração das responsabilidades administrativa e penal.

Capítulo VIII
DOS CRIMES E DAS PENAS

Art. 24. Utilizar embrião humano em desacordo com o que dispõe o art. 5º desta Lei:

Pena – detenção, de 1 (um) a 3 (três) anos, e multa.

Art. 25. Praticar engenharia genética em célula germinal humana, zigoto humano ou embrião humano:

Pena – reclusão, de 1 (um) a 4 (quatro) anos, e multa.

Art. 26. Realizar clonagem humana:

Pena – reclusão, de 2 (dois) a 5 (cinco) anos, e multa.

Art. 27. Liberar ou descartar OGM no meio ambiente, em desacordo com as normas estabelecidas pela CTNBio e pelos órgãos e entidades de registro e fiscalização:

Pena – reclusão, de 1 (um) a 4 (quatro) anos, e multa.

§ 1º. (Vetado).

• ***Redação original:***

§ 1º. Se o crime é culposo:

***Pena** – detenção, de 2 (dois) a 4 (quatro) anos, e multa.*

• ***Razões do veto [Ministério da Justiça]:***

"Verifica-se que o § 1º do art. 27 ofende o princípio da proporcionalidade, quando estabelece pena de 2 a 4 anos de detenção, para a modalidade

culposa, em relação ao caput *deste dispositivo, que prevê a forma dolosa do crime com pena de 1 a 4 anos de reclusão, e também em face do Capítulo em que se insere, para não falar em relação ao próprio Código Penal Brasileiro.*

Embora o tipo penal não contenha nenhuma inconstitucionalidade ou ilegalidade, o mesmo não pode ser dito do preceito sancionador.

Inicialmente, a pena cominada é desnecessária, em sua quantidade, em face da gravidade do delito. Ao mais, a pena mostra-se inadequada, em relação à pena cominada para mesma figura delitiva, na sua modalidade dolosa: a pena mínima do crime doloso é inferior à pena mínima da forma culposa."

§ 2º. Agrava-se a pena:

I – de 1/6 (um sexto) a 1/3 (um terço), se resultar dano à propriedade alheia;

II – de 1/3 (um terço) até a metade, se resultar dano ao meio ambiente;

III – da metade até 2/3 (dois terços), se resultar lesão corporal de natureza grave em outrem;

IV – de 2/3 (dois terços) até o dobro, se resultar a morte de outrem.

Art. 28. Utilizar, comercializar, registrar, patentear e licenciar tecnologias genéticas de restrição do uso:

Pena – reclusão, de 2 (dois) a 5 (cinco) anos, e multa.

Art. 29. Produzir, armazenar, transportar, comercializar, importar ou exportar OGM ou seus derivados, sem autorização ou em desacordo com as normas estabelecidas pela CTNBio e pelos órgãos e entidades de registro e fiscalização:

Pena – reclusão, de 1 (um) a 2 (dois) anos, e multa.

Capítulo IX
DISPOSIÇÕES FINAIS E TRANSITÓRIAS

Art. 30. Os OGM que tenham obtido decisão técnica da CTNBio favorável a sua liberação comercial até a entrada em vigor desta Lei poderão ser registrados e comercializados, salvo manifestação contrária do CNBS, no prazo de 60 (sessenta) dias, a contar da data da publicação desta Lei.

Art. 31. A CTNBio e os órgãos e entidades de registro e fiscalização, referidos no art. 16 desta Lei, deverão rever suas deliberações de caráter normativo, no prazo de 120 (cento e vinte) dias, a fim de promover sua adequação às disposições desta Lei.

- ***Vide no "Apêndice" rol das Instruções Normativas e Resoluções ainda em vigor e que deverão ser substituídas.***

Art. 32. Permanecem em vigor os Certificados de Qualidade em Biossegurança, comunicados e decisões técnicas já emitidos pela CTNBio, bem como, no que não contrariarem o disposto nesta Lei, os atos normativos emitidos ao amparo da Lei nº 8.974, de 5 de janeiro de 1995.

- ***Vide Lei nº 8.974, de 5.1.1995 na Legislação Complementar.***

Art. 33. As instituições que desenvolverem atividades reguladas por esta Lei na data de sua publicação deverão adequar-se as suas disposições no prazo de 120 (cento e vinte) dias, contado da publicação do decreto que a regulamentar.

Art. 34. Ficam convalidados e tornam-se permanentes os registros provisórios concedidos sob a égide da Lei nº 10.814, de 15 de dezembro de 2003.

- ***Vide Lei nº 10.814, de 15.12.2003 na Legislação Complementar.***

Art. 35. Ficam autorizadas a produção e a comercialização de sementes de cultivares de soja geneticamente modificadas tolerantes a glifosato registradas no Registro Nacional de Cultivares – RNC do Ministério da Agricultura, Pecuária e Abastecimento.

Art. 36. Fica autorizado o plantio de grãos de soja geneticamente modificada tolerante a glifosato, reservados pelos produtores rurais para uso próprio, na safra 2004/2005, sendo vedada a comercialização da produção como semente.

Parágrafo único. O Poder Executivo poderá prorrogar a autorização de que trata o *caput* deste artigo.

Art. 37. A descrição do Código 20 do Anexo VIII da Lei nº 6.938, de 31 de agosto de 1981, acrescido pela Lei nº 10.165, de 27 de dezembro de 2000, passa a vigorar com a seguinte redação:

ANEXO VIII

Código	Categoria	Descrição	Pp/gu
(...)	(...)	(...)	(...)
20	Uso de Recursos Naturais	Silvicultura; exploração econômica da madeira ou lenha e subprodutos florestais; importação ou exportação da fauna e flora nativas brasileiras; atividade de criação e exploração econômica de fauna exótica e de fauna silvestre; utilização do patrimônio genético natural; exploração de recursos aquáticos vivos; introdução de espécies exóticas, exceto para melhoramento genético vegetal e uso na agricultura; introdução de espécies geneticamente modificadas previamente identificadas pela CTNBio como potencialmente causadoras de significativa degradação do meio ambiente; uso da diversidade biológica pela biotecnologia em atividades previamente identificadas pela CTNBio como potencialmente causadoras de significativa degradação do meio ambiente.	Médio
(...)	(...)	(...)	(...)

Art. 38. (Vetado).

• ***Redação original:***

*"**Art. 38.** O Poder Executivo adotará medidas administrativas no sentido de ampliar a capacidade operacional da CTNBio e dos órgãos e entidades de registro, autorização, licenciamento e fiscalização de OGM e derivados, bem como de capacitar seus recursos humanos na área de biossegurança, com vistas no adequado cumprimento de suas atribuições."*

• ***Razões do veto [Casa Civil da Presidência da República]:***

"Este projeto é de iniciativa exclusiva do Presidente da República, por criar órgãos públicos (CTNBio e CNBS), segundo o disposto no art. 61, § 1º, II, e, da Constituição. O dispositivo vetado impõe uma obrigação onerosa e extremamente genérica, sem contornos objetivos, ao Poder Executivo. Não há como aumentar a capacidade operacional de órgãos sem custo, logo sem aumento de despesa.

Portanto, o veto se impõe pela inconstitucionalidade do dispositivo.

Ademais, o comando contido no artigo é por demais aberto. Não há parâmetros para estabelecer o seu cumprimento pelo Poder Executivo. Seu descumprimento poderia sempre ser alegado, inobstante os melhores esforços do Poder Executivo. Disso decorre o risco inaceitável, e contrário ao interesse público, de o Presidente da República, supremo mandatário e chefe do Poder Executivo, vir a ser processado por crime de responsabilidade por atentar contra o cumprimento de lei (art. 85, VII) que não há como ser cumprida.

Logo, o veto igualmente se impõe porquanto o dispositivo contraria o interesse público."

Art. 39. Não se aplica aos OGM e seus derivados o disposto na Lei nº 7.802, de 11 de julho de 1989, e suas alterações, exceto para os casos em que eles sejam desenvolvidos para servir de matéria-prima para a produção de agrotóxicos.

- ***Lei nº 7.802, de 11.7.1989:*** *Dispõe sobre a pesquisa, a experimentação, a produção, a embalagem e rotulagem, o transporte, o armazenamento, a comercialização, a propaganda comercial, a utilização, a importação, a exportação, o destino final dos resíduos e embalagens, o registro, a classificação, o controle, a inspeção e a fiscalização de agrotóxicos, seus componentes e afins, e dá outras providências. –* ***Regulamentada pelo Decreto nº 4.074, de 4.1.2002.***

Art. 40. Os alimentos e ingredientes alimentares destinados ao consumo humano ou animal que contenham ou sejam produzidos a partir de OGM ou derivados deverão conter informação nesse sentido em seus rótulos, conforme regulamento.

Art. 41. Esta Lei entra em vigor na data de sua publicação.

Art. 42. Revogam-se a Lei nº 8.974, de 5 de janeiro de 1995, a Medida Provisória nº 2.191-9, de 23 de agosto de 2001, e os arts. 5º, 6º, 7º, 8º, 9º, 10 e 16 da Lei nº 10.814, de 15 de dezembro de 2003.

- ***Vide no "Apêndice" rol das Instruções Normativas e Resoluções ainda em vigor e que deverão ser substituídas.***

Brasília, 24 de março de 2005; 184º da Independência e 117º da República.

Luiz Inácio Lula da Silva

DOU de 28.3.2005

Legislação Complementar

LEI Nº 8.501, DE 30 DE NOVEMBRO DE 1992

Dispõe sobre a utilização de cadáver não reclamado, para fins de estudos ou pesquisas científicas e dá outras providências.

O Vice-Presidente da República no exercício do cargo de Presidente da República.

Faço saber que o Congresso Nacional decreta e eu sanciono a seguinte Lei:

Art. 1º. Esta Lei visa disciplinar a destinação de cadáver não reclamado junto às autoridades públicas, para fins de ensino e pesquisa.

Art. 2º. O cadáver não reclamado junto às autoridades públicas, no prazo de 30 (trinta) dias, poderá ser destinado às escolas de medicina, para fins de ensino e de pesquisa de caráter científico.

Art. 3º. Será destinado para estudo, na forma do artigo anterior, o cadáver:

I – sem qualquer documentação;

II – identificado, sobre o qual inexistem informações relativas a endereços de parentes ou responsáveis legais.

§ 1º. Na hipótese do inciso II deste artigo, a autoridade competente fará publicar, nos principais jornais da cidade, a título de utilidade pública, pelo menos 10 (dez) dias, a notícia do falecimento.

§ 2º. Se a morte resultar de causa não natural, o corpo será, obrigatoriamente, submetido à necrópsia no órgão competente.

§ 3º. É defeso encaminhar o cadáver para fins de estudo, quando houver indício de que a morte tenha resultado de ação criminosa.

§ 4º. Para fins de reconhecimento, a autoridade ou instituição responsável manterá, sobre o falecido:

a) os dados relativos às características gerais;

b) a identificação;

c) as fotos do corpo;

d) a ficha datiloscópica;

e) o resultado da necrópsia, se efetuada; e

f) outros dados e documentos julgados pertinentes.

Art. 4º. Cumpridas as exigências estabelecidas nos artigos anteriores, o cadáver poderá ser liberado para fins de estudo.

Art. 5º. A qualquer tempo, os familiares ou representantes legais terão acesso aos elementos de que trata o § 4º do art. 3º desta Lei.

Art. 6º. Esta Lei entra em vigor na data de sua publicação.

Art. 7º. Revogam-se as disposições em contrário.

Itamar Franco

DOU de 1º.12.1992 – Ret. em 15.12.1992

LEI Nº 9.434, DE 4 DE FEVEREIRO DE 1997

Dispõe sobre a remoção de órgãos, tecidos e partes do corpo humano para fins de transplante e tratamento e dá outras providências.

O Presidente da República

Faço saber que o Congresso Nacional decreta e eu sanciono a seguinte Lei:

Capítulo I – Das Disposições Gerais

Art. 1º. A disposição gratuita de tecidos, órgãos e partes do corpo humano, em vida ou *post mortem*, para fins de transplante e tratamento, é permitida na forma desta Lei.

Parágrafo único. Para os efeitos desta Lei, não estão compreendidos entre os tecidos a que se refere este artigo o sangue, o esperma e o óvulo.

Art. 2º. A realização de transplantes ou enxertos de tecidos, órgãos ou partes do corpo humano só poderá ser realizada por estabelecimento de saúde, público ou privado, e por equipes médico-cirúrgicas de remoção e transplante previamente autorizados pelo órgão de gestão nacional do Sistema Único de Saúde.

Parágrafo único. A realização de transplantes ou enxertos de tecidos, órgãos e partes do corpo humano só poderá ser autorizada após a realização, no doador, de todos os testes de triagem para diagnóstico de infecção e infestação exigidos em normas regulamentares expedidas pelo Ministério da Saúde.

• Parágrafo único com redação dada pela Lei nº 10.211, de 23.3.2001.

Capítulo II – Da Disposição Post Mortem *de Tecidos, Órgãos e Partes do Corpo Humano para Fins de Transplante*

Art. 3º. A retirada *post mortem* de tecidos, órgãos ou partes do corpo humano destinados a transplante ou tratamento deverá ser precedida de diagnóstico de morte encefálica, constatada e registrada por dois médicos não participantes das equipes de remoção e transplante, mediante a utilização de critérios clínicos e tecnológicos definidos por resolução do Conselho Federal de Medicina.

§ 1º. Os prontuários médicos, contendo os resultados ou os laudos dos exames referentes aos diagnósticos de morte encefálica e cópias dos documentos de que tratam os arts. 2º, parágrafo único; 4º e seus parágrafos; 5º; 7º; 9º, §§ 2º, 4º, 6º e 8º; e 10, quando couber, e detalhando os atos cirúrgicos relativos aos transplantes e enxertos, serão mantidos nos arquivos das instituições referidas no art. 2º por um período mínimo de 5 (cinco) anos.

§ 2º. As instituições referidas no art. 2º enviarão anualmente um relatório contendo os nomes dos pacientes receptores ao órgão gestor estadual do Sistema Único de Saúde.

§ 3º. Será admitida a presença de médico de confiança da família do falecido no ato da comprovação e atestação da morte encefálica.

Art. 4º. A retirada de tecidos, órgãos e partes do corpo de pessoas falecidas para transplantes ou outra finalidade terapêutica, dependerá da autorização do cônjuge ou parente, maior de idade, obedecida a linha sucessória, reta ou colateral, até o segundo grau inclusive, firmada em documento subscrito por duas testemunhas presentes à verificação da morte.

• *Art. 4º com redação dada pela Lei nº 10.211, de 23.3.2001.*

Parágrafo único. (Vetado)

• *A Lei nº 10.211, de 23.3.2001 revogou expressamente os §§ 1º a 5º deste art. 4º e alterou-os para Parágrafo único, o qual foi vetado.*

Art. 5º. A remoção *post mortem* de tecidos, órgãos ou partes do corpo de pessoa juridicamente incapaz poderá ser feita desde que permitida expressamente por ambos os pais ou por seus responsáveis legais.

Art. 6º. É vedado a remoção *post mortem* de tecidos, órgãos ou partes do corpo de pessoas não identificadas.

Art. 7º. (Vetado)

Parágrafo único. No caso de morte sem assistência médica, de óbito em decorrência de causa mal definida ou de outras situações nas quais houver indicação de verificação da causa médica da morte, a remoção de tecidos, órgão ou partes de cadáver para fins de transplante ou terapêutica somente poderá ser realizada após a autorização do patologista do serviço de verificação de óbito responsável pela investigação e citada em relatório de necrópsia.

Art. 8º. Após a retirada de tecidos, órgãos e partes, o cadáver será imediatamente necropsiado, se verificada a hipótese do parágrafo único do art. 7º, e, em qualquer caso, condignamente recomposto para ser entregue, em seguida, aos parentes do morto ou seus responsáveis legais para sepultamento.

• *Art. 8º com redação dada pela Lei nº 10.211, de 23.3.2001.*

Capítulo III – Da Disposição de Tecidos, Órgãos e Partes do Corpo Humano Vivo para Fins de Transplante ou Tratamento

Art. 9º. É permitida à pessoa juridicamente capaz dispor gratuitamente de tecidos, órgãos e partes do próprio corpo vivo, para fins terapêuticos ou para transplantes em cônjuge ou parentes consangüíneos até o quarto grau, inclusive, na forma do § 4º deste artigo, ou em qualquer outra pessoa, mediante autorização judicial, dispensada esta em relação à medula óssea.

• *Art. 9º, caput, com redação dada pela Lei nº 10.211, de 23.3.2001.*

§ 1º. (Vetado)

§ 2º. (Vetado)

§ 3º. Só é permitida a doação referida neste artigo quando se tratar de órgãos duplos, de partes de órgãos, tecidos ou partes do corpo cuja retirada não impeça o organismo do doador de continuar vivendo sem risco para a sua integridade e não represente grave comprometimento de suas aptidões vitais e saúde mental e não cause mutilação ou deformação inaceitável, e corresponda a uma necessidade terapêutica comprovadamente indispensável à pessoa receptora.

§ 4º. O doador deverá autorizar, preferencialmente por escrito e diante de testemunhas, especificamente o tecido, órgão ou parte do corpo objeto da retirada.

§ 5º. A doação poderá ser revogada pelo doador ou pelos responsáveis legais a qualquer momento antes de sua concretização.

§ 6º. O indivíduo juridicamente incapaz, com compatibilidade imunológica comprovada, poderá fazer doação nos casos de transplante de medula óssea, desde que haja consentimento de ambos os pais ou seus responsáveis legais e autorização judicial e o ato não oferecer risco para a sua saúde.

§ 7º. É vedado à gestante dispor de tecidos, órgãos ou partes de seu corpo vivo, exceto quando se tratar de doação de tecido para ser utilizado em transplante de medula óssea e o ato não oferecer risco à sua saúde ou ao feto.

§ 8º. O auto-transplante depende apenas do consentimento do próprio indivíduo, registrado em seu prontuário médico ou, se ele for juridicamente incapaz, de um de seus pais ou responsáveis legais.

Capítulo IV – Das Disposições Complementares

Art. 10. O transplante ou enxerto só se fará com o consentimento expresso do receptor, assim inscrito em lista única de espera, após aconselhamento sobre a excepcionalidade e os riscos do procedimento.

• *Art. 10, caput, com redação dada pela Lei nº 10.211, de 23.3.2001.*

§ 1º. Nos casos em que o receptor seja juridicamente incapaz ou cujas condições de saúde impeçam ou comprometam a manifestação válida da sua vontade, o consentimento de que trata este artigo será dado por um de seus pais ou responsáveis legais.

•*§ 1º com redação dada pela Lei nº 10.211, de 23.3.2001.*

§ 2º. A inscrição em lista única de espera não confere ao pretenso receptor ou à sua família direito subjetivo a indenização, se o transplante não se realizar em decorrência de alteração do estado de órgãos, tecidos e partes, que lhe seriam destinados, provocado por acidente ou incidente em seu transporte.

• *§ 2º com redação dada pela Lei nº 10.211, de 23.3.2001.*

Art. 11. É proibida a veiculação, através de qualquer meio de comunicação social, de anúncio que configure:

a) publicidade de estabelecimentos autorizados a realizar transplantes e enxertos, relativa a estas atividades;

b) apelo público no sentido da doação de tecido, órgão ou parte do corpo humano para pessoa determinada, identificada ou não, ressalvado o disposto no parágrafo único;

c) apelo público para a arrecadação de fundos para o financiamento de transplante ou enxerto em benefício de particulares.

Parágrafo único. Os órgãos de gestão nacional, regional e local do Sistema Único de Saúde realizarão periodicamente, através dos meios adequados de comunicação social, campanhas de esclarecimento público dos benefícios esperados a partir da vigência desta Lei e de estímulo à doação de órgãos.

Art. 12. (Vetado)

Art. 13. É obrigatório, para todos os estabelecimentos de saúde, notificar, às centrais de notificação, captação e distribuição de órgãos da unidade federada onde ocorrer, o diagnóstico de morte encefálica feito em pacientes por eles atendidos.

Capítulo V – Das Sanções Penais e Administrativas

Seção I – Dos Crimes

Art. 14. Remover tecidos, órgãos ou partes do corpo de pessoa ou cadáver, em desacordo com as disposições desta Lei:

Pena – reclusão, de dois a seis anos, e multa, de 100 a 360 dias-multa.

§ 1º. Se o crime é cometido mediante paga ou promessa de recompensa ou por outro motivo torpe:

Pena – reclusão, de três a oito anos, e multa, de 100 a 150 dias-multa.

§ 2º. Se o crime é praticado em pessoa viva, e resulta para o ofendido:

I – incapacidade para as ocupações habituais, por mais de trinta dias;

II – perigo de vida;

III – debilidade permanente de membro, sentido ou função;

IV – aceleração de parto:

Pena – reclusão, de três a dez anos, e multa, de 100 a 200 dias-multa.

§ 3º. Se o crime é praticado em pessoa viva, e resulta para o ofendido:

I – incapacidade permanente para o trabalho;

II – enfermidade incurável;

III – perda ou inutilização de membro, sentido ou função;

IV – deformidade permanente;

V – aborto:

Pena – reclusão, de quatro a doze anos, e multa, de 150 a 300 dias-multa.

§ 4º. Se o crime é praticado em pessoa viva e resulta morte:

Pena – reclusão, de oito a vinte anos, e multa de 200 a 360 dias-multa.

Art. 15. Comprar ou vender tecidos, órgãos ou partes do corpo humano:

Pena – reclusão, de três a oito anos, e multa, de 200 a 360 dias-multa.

Parágrafo único. Incorre na mesma pena quem promove, intermedeia, facilita ou aufere qualquer vantagem com a transação.

Art. 16. Realizar transplante ou enxerto utilizando tecidos, órgãos ou partes do corpo humano de que se tem ciência terem sido obtidos em desacordo com os dispositivos desta Lei:

Pena – reclusão, de um a seis anos, e multa, de 150 a 300 dias-multa.

Art. 17. Recolher, transportar, guardar ou distribuir partes do corpo humano de que se tem ciência terem sido obtidos em desacordo com os dispositivos desta Lei:

Pena – reclusão, de seis meses a dois anos, e multa de 100 a 250 dias-multa.

Art. 18. Realizar transplante ou enxerto em desacordo com o disposto no art. 10 desta Lei e seu parágrafo único:

Pena – detenção, de seis meses a dois anos.

Art. 19. Deixar de recompor cadáver, devolvendo-lhe aspecto condigno, para sepultamento ou deixar de entregar ou retardar sua entrega aos familiares ou interessados:

Pena – detenção, de seis meses a dois anos.

Art. 20. Publicar anúncio ou apelo público em desacordo com o disposto no art. 11:

Pena – multa, de 100 a 200 dias-multa.

Seção II – Das Sanções Administrativas

Art. 21. No caso dos crimes previstos nos arts. 14,15,16 e 17, o estabelecimento de saúde e as equipes médico-cirúrgicas envolvidas poderão ser desautorizadas temporária ou permanentemente pelas autoridades competentes.

§ 1º. Se a instituição é particular, a autoridade competente poderá multá-la em 200 a 360 dias-multa e, em caso de reincidência, poderá ter suas atividades suspensas temporária ou definitivamente, sem direito a qualquer indenização ou compensação por investimentos realizados.

§ 2º. Se a instituição é particular, é proibida de estabelecer contratos ou convênios com entidades públicas, bem como se beneficiar de créditos oriundos de instituições governamentais ou daquelas em que o Estado é acionista, pelo prazo de cinco anos.

Art. 22. As instituições que deixarem de manter em arquivo relatórios dos transplantes realizados, conforme o disposto no art. 3º, § 1º, ou que não enviarem os relatórios mencionados no art. 3º, § 2º, ao órgão de gestão estadual do Sistema Único de Saúde, estão sujeitas a multa, de 100 a 200 dias-multa.

§ 1º. Incorre na mesma pena o estabelecimento de saúde que deixar de fazer as notificações previstas no art. 13.

§ 2º. Em caso de reincidência, além de multa, o órgão de gestão estadual do Sistema Único de Saúde poderá determinar a desautorização temporária ou permanente da instituição.

Art. 23. Sujeita-se às penas do art. 59 da Lei nº 4.117, de 27 de agosto de 1962, a empresa de comunicação social que veicular anúncio em desacordo com o disposto no art. 11.

Capítulo VI – Das Disposições Finais

Art. 24. (Vetado)

Art. 25. Revogam-se as disposições em contrário, particularmente a Lei nº 8.489, de 18 de novembro de 1992, e o Decreto nº 879, de 22 de julho de 1993.

Brasília, 4 de fevereiro de 1997; 176º da Independência e 109º da República.

Fernando Henrique Cardoso

***DOU* de 4.2.1997**

LEI Nº 9.456, DE 25 DE ABRIL DE 1997

Institui a Lei de Proteção de Cultivares e dá outras providências.

O Presidente da República

Faço saber que o Congresso Nacional decreta e eu sanciono a seguinte Lei:

TÍTULO I – DAS DISPOSIÇÕES PRELIMINARES

Art. 1º. Fica instituído o direito de Proteção de Cultivares, de acordo com o estabelecido nesta Lei.

Art. 2º. A proteção dos direitos relativos à propriedade intelectual referente a cultivar se efetua mediante a concessão de Certificado de Proteção de Cultivar, considerado bem móvel para todos os efeitos legais e única forma de proteção de cultivares e de direito que poderá obstar a livre utilização de plantas ou de suas partes de reprodução ou de multiplicação vegetativa, no País.

Art. 3º. Considera-se, para os efeitos desta Lei:

I – melhorista: a pessoa física que obtiver cultivar e estabelecer descritores que a diferenciem das demais;

II – descritor: a característica morfológica, fisiológica, bioquímica ou molecular que seja herdada geneticamente, utilizada na identificação de cultivar;

III – margem mínima: o conjunto mínimo de descritores, a critério do órgão competente, suficiente para diferenciar uma nova cultivar ou uma cultivar essencialmente derivada das demais cultivares conhecidas;

IV – cultivar: a variedade de qualquer gênero ou espécie vegetal superior que seja claramente distinguível de outras cultivares conhecidas por margem mínima de descritores, por sua denominação própria, que seja homogênea e estável quanto aos descritores através de gerações sucessivas e seja de espécie passível de uso pelo complexo agroflorestal, descrita em publicação especializada disponível e acessível ao público, bem como a linhagem componente de híbridos;

V – nova cultivar: a cultivar que não tenha sido oferecida à venda no Brasil há mais de doze meses em relação à data do pedido de proteção e que, observado o prazo de comercialização no Brasil, não tenha sido oferecida à venda em outros países, com o consentimento do obtentor, há mais de seis anos para espécies de árvores e videiras e há mais de quatro anos para as demais espécies;

VI – cultivar distinta: a cultivar que se distingue claramente de qualquer outra cuja existência na data do pedido de proteção seja reconhecida;

VII – cultivar homogênea: a cultivar que, utilizada em plantio, em escala comercial, apresente variabilidade mínima quanto aos descritores que a identifiquem, segundo critérios estabelecidos pelo órgão competente;

VIII – cultivar estável: a cultivar que, reproduzida em escala comercial, mantenha a sua homogeneidade através de gerações sucessivas;

IX – cultivar essencialmente derivada: a essencialmente derivada de outra cultivar se, cumulativamente, for:

a) predominantemente derivada da cultivar inicial ou de outra cultivar essencialmente derivada, sem perder a expressão das características essenciais que resultem do genótipo ou da combinação de genótipos da cultivar da qual derivou, exceto no que diz respeito às diferenças resultantes da derivação;

b) claramente distinta da cultivar da qual derivou, por margem mínima de descritores, de acordo com critérios estabelecidos pelo órgão competente;

c) não tenha sido oferecida à venda no Brasil há mais de 12 (doze) meses em relação à data do pedido de proteção e que, observado o prazo de comercialização no Brasil, não tenha sido oferecida à venda em outros países, com o consentimento do obtentor, há mais de 6 (seis) anos para espécies de árvores e videiras e há mais de 4 (quatro) anos para as demais espécies;

X – linhagens: os materiais genéticos homogêneos, obtidos por algum processo autogâmico continuado;

XI – híbrido: o produto imediato do cruzamento entre linhagens geneticamente diferentes;

XII – teste de distinguibilidade, homogeneidade e estabilidade (DHE): o procedimento técnico de comprovação de que a nova cultivar ou a cultivar essencialmente derivada são distinguíveis de outra cujos descritores sejam conhecidos, homogêneas quanto às suas características em cada ciclo reprodutivo e estáveis quanto à repetição das mesmas características ao longo de gerações sucessivas;

XIII – amostra viva: a fornecida pelo requerente do direito de proteção que, se utilizada na propagação da cultivar, confirme os descritores apresentados;

XIV – semente: toda e qualquer estrutura vegetal utilizada na propagação de uma cultivar;

XV – propagação: a reprodução e a multiplicação de uma cultivar, ou a concomitância dessas ações;

XVI – material propagativo: toda e qualquer parte da planta ou estrutura vegetal utilizada na sua reprodução e multiplicação;

XVII – planta inteira: a planta com todas as suas partes passíveis de serem utilizadas na propagação de uma cultivar;

XVIII – complexo agroflorestal: o conjunto de atividades relativas ao cultivo de gêneros e espécies vegetais visando, entre outras, à alimentação humana ou animal, à produção de combustíveis, óleos, corantes, fibras e demais insumos para fins industrial, medicinal, florestal e ornamental.

TÍTULO II – DA PROPRIEDADE INTELECTUAL

CAPÍTULO I – DA PROTEÇÃO

Seção I – Da Cultivar Passível de Proteção

Art. 4º. É passível de proteção a nova cultivar ou a cultivar essencialmente derivada, de qualquer gênero ou espécie vegetal.

§ 1º. São também passíveis de proteção as cultivares não enquadráveis no disposto no *caput* e que já tenham sido oferecidas à venda até a data do pedido, obedecidas as seguintes condições cumulativas:

I – que o pedido de proteção seja apresentado até 12 (doze) meses após cumprido o disposto no § 2º deste artigo, para cada espécie ou cultivar;

II – que a primeira comercialização da cultivar haja ocorrido há, no máximo, 10 (dez) anos da data do pedido de proteção;

III – a proteção produzirá efeitos tão somente para fins de utilização da cultivar para obtenção de cultivares essencialmente derivadas;

IV – a proteção será concedida pelo período remanescente aos prazos previstos no art. 11, considerada, para tanto, a data da primeira comercialização.

§ 2º. Cabe ao órgão responsável pela proteção de cultivares divulgar, progressivamente, as espécies vegetais e respectivos descritores mínimos necessários à abertura de pedidos de proteção, bem como as respectivas datas-limite para efeito do inciso I do parágrafo anterior.

§ 3º. A divulgação de que trata o parágrafo anterior obedecerá a uma escala de espécies, observado o seguinte cronograma, expresso em total cumulativo de espécies protegidas:

I – na data de entrada em vigor da regulamentação desta Lei: pelo menos 5 (cinco) espécies;

II – após 3 (três) anos: pelo menos 10 (dez) espécies;

III – após 6 (seis) anos: pelo menos 18 (dezoito) espécies;

IV – após 8 (oito) anos: pelo menos 24 (vinte e quatro) espécies.

Seção II – Dos Obtentores

Art. 5º. À pessoa física ou jurídica que obtiver nova cultivar ou cultivar essencialmente derivada no País será assegurada a proteção que lhe garanta o direito de propriedade nas condições estabelecidas nesta Lei.

§ 1º. A proteção poderá ser requerida por pessoa física ou jurídica que tiver obtido cultivar, por seus herdeiros ou sucessores ou por eventuais cessionários mediante apresentação de documento hábil.

§ 2º. Quando o processo de obtenção for realizado por duas ou mais pessoas, em cooperação, a proteção poderá ser requerida em conjunto ou isoladamente, mediante nomeação e qualificação de cada uma, para garantia dos respectivos direitos.

§ 3º. Quando se tratar de obtenção decorrente de contrato de trabalho, prestação de serviços ou outra atividade laboral, o pedido de proteção deverá indicar o nome de todos os melhoristas que, nas condições de empregados ou de prestadores de serviço, obtiveram a nova cultivar ou a cultivar essencialmente derivada.

Art. 6º. Aplica-se, também, o disposto nesta Lei:

I – aos pedidos de proteção de cultivar proveniente do exterior e depositados no País por quem tenha proteção assegurada por Tratado em vigor no Brasil;

II – aos nacionais ou pessoas domiciliadas em país que assegure aos brasileiros ou pessoas domiciliadas no Brasil a reciprocidade de direitos iguais ou equivalentes.

Art. 7º. Os dispositivos dos Tratados em vigor no Brasil são aplicáveis, em igualdade de condições, às pessoas físicas ou jurídicas nacionais ou domiciliadas no País.

Seção III – Do Direito de Proteção

Art. 8º. A proteção da cultivar recairá sobre o material de reprodução ou de multiplicação vegetativa da planta inteira.

Art. 9º. A proteção assegura a seu titular o direito à reprodução comercial no território brasileiro, ficando vedados a terceiros, durante o prazo de proteção, a produção com fins comerciais, o oferecimento à venda ou a comercialização, do material de propagação da cultivar, sem sua autorização.

Art. 10. Não fere o direito de propriedade sobre a cultivar protegida aquele que:

I – reserva e planta sementes para uso próprio, em seu estabelecimento ou em estabelecimento de terceiros cuja posse detenha;

II – usa ou vende como alimento ou matéria-prima o produto obtido do seu plantio, exceto para fins reprodutivos;

III – utiliza a cultivar como fonte de variação no melhoramento genético ou na pesquisa científica;

IV – sendo pequeno produtor rural, multiplica sementes, para doação ou troca, exclusivamente para outros pequenos produtores rurais, no âmbito de programas de financiamento ou de apoio a pequenos produtores rurais, conduzidos por órgãos públicos ou organizações não-governamentais, autorizados pelo Poder Público.

§ 1º. Não se aplicam as disposições do *caput* especificamente para a cultura da cana-de-açúcar, hipótese em que serão observadas as seguintes disposições adicionais, relativamente ao direito de propriedade sobre a cultivar:

I – para multiplicar material vegetativo, mesmo que para uso próprio, o produtor obrigar-se-á a obter a autorização do titular do direito sobre a cultivar;

II – quando, para a concessão de autorização, for exigido pagamento, não poderá este ferir o equilíbrio econômico-financeiro da lavoura desenvolvida pelo produtor;

III – somente se aplica o disposto no inciso I às lavouras conduzidas por produtores que detenham a posse ou o domínio de propriedades rurais com área equivalente a, no mínimo, 4 (quatro) módulos fiscais, calculados de acordo com o estabelecido na Lei nº 4.504, de 30 de novembro de 1964, quando destinadas à produção para fins de processamento industrial;

IV – as disposições deste parágrafo não se aplicam aos produtores que, comprovadamente, tenham iniciado, antes da data de promulgação desta Lei, processo de multiplicação, para uso próprio, de cultivar que venha a ser protegida.

§ 2º. Para os efeitos do inciso III do *caput*, sempre que:

I – for indispensável a utilização repetida da cultivar protegida para produção comercial de outra cultivar ou de híbrido, fica o titular da segunda obrigado a obter a autorização do titular do direito de proteção da primeira;

II – uma cultivar venha a ser caracterizada como essencialmente derivada de uma cultivar protegida, sua exploração comercial estará condicionada à autorização do titular da proteção desta mesma cultivar protegida.

§ 3º. Considera-se pequeno produtor rural, para fins do disposto no inciso IV do *caput*, aquele que, simultaneamente, atenda os seguintes requisitos:

I – explore parcela de terra na condição de proprietário, posseiro, arrendatário ou parceiro;

II – mantenha até 2 (dois) empregados permanentes, sendo admitido ainda o recurso eventual à ajuda de terceiros, quando a natureza sazonal da atividade agropecuária o exigir;

III – não detenha a qualquer título, área superior a 4 (quatro) módulos fiscais, quantificados segundo a legislação em vigor;

IV – tenha, no mínimo, 80% (oitenta por cento) de sua renda bruta anual proveniente da exploração agropecuária ou extrativa; e

V – resida na propriedade ou em aglomerado urbano ou rural próximo.

Seção IV – Da Duração da Proteção

Art. 11. A proteção da cultivar vigorará, a partir da data da concessão do Certificado Provisório de Proteção, pelo prazo de 15 (quinze) anos, excetuadas as videiras, as árvores frutíferas, as árvores florestais e as árvores ornamentais, inclusive, em cada caso, o seu porta-enxerto, para as quais a duração será de 18 (dezoito) anos.

Art. 12. Decorrido o prazo de vigência do direito de proteção, a cultivar cairá em domínio público e nenhum outro direito poderá obstar sua livre utilização.

Seção V – Do Pedido de Proteção

Art. 13. O pedido de proteção será formalizado mediante requerimento assinado pela pessoa física ou jurídica que obtiver cultivar, ou por seu procurador, e protocolado no órgão competente.

Parágrafo único. A proteção, no território nacional, de cultivar obtida por pessoa física ou jurídica domiciliada no exterior, nos termos dos incisos I e II do art. 6º, deverá ser solicitada diretamente por seu procurador, com domicílio no Brasil, nos termos do art. 50 desta Lei.

Art. 14. Além do requerimento, o pedido de proteção, que só poderá se referir a uma única cultivar, conterá:

I – a espécie botânica;

II – o nome da cultivar;

III – a origem genética;

IV – relatório descritivo mediante preenchimento de todos os descritores exigidos;

V – declaração garantindo a existência de amostra viva à disposição do órgão competente e sua localização para eventual exame;

VI – o nome e o endereço do requerente e dos melhoristas;

VII – comprovação das características de DHE, para as cultivares nacionais e estrangeiras;

VIII – relatório de outros descritores indicativos de sua distinguibilidade, homogeneidade e estabilidade, ou a comprovação da efetivação, pelo requerente, de ensaios com a cultivar junto com controles específicos ou designados pelo órgão competente;

IX – prova do pagamento da taxa de pedido de proteção;

X – declaração quanto à existência de comercialização da cultivar no País ou no exterior;

XI – declaração quanto à existência, em outro país, de proteção, ou de pedido de proteção, ou de qualquer requerimento de direito de prioridade, referente à cultivar cuja proteção esteja sendo requerida;

XII – extrato capaz de identificar o objeto do pedido.

§ 1º. O requerimento, o preenchimento dos descritores definidos e a indicação dos novos descritores deverão satisfazer as condições estabelecidas pelo órgão competente.

§ 2º. Os documentos a que se refere este artigo deverão ser apresentados em língua portuguesa.

Art. 15. Toda cultivar deverá possuir denominação que a identifique, destinada a ser sua denominação genérica, devendo para fins de proteção, obedecer aos seguintes critérios:

I – ser única, não podendo ser expressa apenas de forma numérica;

II – ter denominação diferente de cultivar preexistente;

III – não induzir a erro quanto às suas características intrínsecas ou quanto à sua procedência.

Art. 16. O pedido de proteção, em extrato capaz de identificar o objeto do pedido, será publicado, no prazo de até 60 (sessenta) dias corridos, contados da sua apresentação.

Parágrafo único. Publicado o pedido de proteção, correrá o prazo de 90 (noventa) dias para apresentação de eventuais impugnações, dando-se ciência ao requerente.

Art. 17. O relatório descritivo e os descritores indicativos de sua distinguibilidade, homogeneidade e estabilidade não poderão ser modificados pelo requerente, exceto:

I – para retificar erros de impressão ou datilográficos;

II – se imprescindível para esclarecer ou precisar o pedido e somente até a data da publicação do mesmo;

III – se cair em exigência por não atender o disposto no § 2º do art. 18.

Art. 18. No ato de apresentação do pedido de proteção, proceder-se-á à verificação formal preliminar quanto à existência de sinonímia e, se inexistente, será protocolado, desde que devidamente instruído.

§ 1º. Do protocolo de pedido de proteção de cultivar constarão hora, dia, mês, ano e número de apresentação do pedido, nome e endereço completo do interessado e de seu procurador, se houver.

§ 2º. O exame, que não ficará condicionado a eventuais impugnações oferecidas, verificará se o pedido de proteção está de acordo com as prescrições legais, se está tecnicamente bem definido e se não há anterioridade, ainda que com denominação diferente.

§ 3º. O pedido será indeferido se a cultivar contrariar as disposições do art. 4º.

§ 4º. Se necessário, serão formuladas exigências adicionais julgadas convenientes, inclusive no que se refere à apresentação do novo relatório descritivo, sua complementação e outras informações consideradas relevantes para conclusão do exame do pedido.

§ 5º. A exigência não cumprida ou não contestada no prazo de 60 (sessenta) dias, contados da ciência da notificação acarretará o arquivamento do pedido, encerrando-se a instância administrativa.

§ 6º. O pedido será arquivado se for considerada improcedente a contestação oferecida à exigência.

§ 7º. Salvo o disposto no § 5º deste artigo, da decisão que denegar ou deferir o pedido de proteção caberá recurso no prazo de 60 (sessenta) dias a contar da data de sua publicação.

§ 8º. Interposto o recurso, o órgão competente terá o prazo de até 60 (sessenta) dias para decidir sobre o mesmo.

Art. 19. Publicado o pedido de proteção, será concedido, a título precário, Certificado Provisório de Proteção, assegurando, ao titular, o direito de exploração comercial da cultivar, nos termos desta Lei.

Seção VI – Da Concessão do Certificado de Proteção de Cultivar

Art. 20. O Certificado de Proteção de Cultivar será imediatamente expedido depois de decorrido o prazo para recurso ou, se este interposto, após a publicação oficial de sua decisão.

§ 1º. Deferido o pedido e não havendo recurso tempestivo, na forma do § 7º do art. 18, a publicação será efetuada no prazo de até 15 (quinze) dias.

§ 2º. Do Certificado de Proteção de Cultivar deverão constar o número respectivo, nome e nacionalidade do titular ou, se for o caso, de seu herdeiro, sucessor ou cessionário, bem como o prazo de duração da proteção.

§ 3º. Além dos dados indicados no parágrafo anterior, constarão do Certificado de Proteção de Cultivar o nome do melhorista e, se for o caso, a circunstância de que a obtenção resultou de contrato de trabalho ou de prestação de serviços ou outra atividade laboral, fato que deverá ser esclarecido no respectivo pedido de proteção.

Art. 21. A proteção concedida terá divulgação, mediante publicação oficial, no prazo de até 15 (quinze) dias a partir da data de sua concessão.

Art. 22. Obtido o Certificado Provisório de Proteção ou o Certificado de Proteção de Cultivar, o titular fica obrigado a manter, durante o período de proteção, amostra viva da cultivar protegida à disposição do órgão competente, sob pena de cancelamento do respectivo Certificado se, notificado, não a apresentar no prazo de 60 (sessenta) dias.

Parágrafo único. Sem prejuízo do disposto no *caput* deste artigo, quando da obtenção do Certificado Provisório de Proteção ou do Certificado de Proteção de Cultivar, o titular fica obrigado a enviar ao órgão competente duas amostras vivas da cultivar protegida, uma para manipulação e exame, outra para integrar a coleção de germoplasma.

Seção VII – Das Alterações no Certificado de Proteção de Cultivar

Art. 23. A titularidade da proteção de cultivar poderá ser transferida por ato *inter vivos* ou em virtude de sucessão legítima ou testamentária.

Art. 24. A transferência, por ato *inter vivos* ou sucessão legítima ou testamentária de Certificado de Proteção de Cultivar, a alteração de nome, domicílio ou sede de seu titular, as condições de licenciamento compulsório ou de uso público restrito, suspensão transitória ou cancelamento da proteção, após anotação no respectivo processo, deverão ser averbados no Certificado de Proteção.

§ 1º. Sem prejuízo de outras exigências cabíveis, o documento original de transferência conterá a qualificação completa do cedente e do cessionário, bem como das testemunhas e a indicação precisa da cultivar protegida.

§ 2º. Serão igualmente anotados e publicados os atos que se refiram, entre outros, à declaração de licenciamento compulsório ou de uso público restrito, suspensão transitória, extinção da proteção ou cancelamento do certificado, por decisão de autoridade administrativa ou judiciária.

§ 3º. A averbação não produzirá qualquer efeito quanto à remuneração devida por terceiros ao titular, pela exploração da cultivar protegida, quando se referir a cultivar cujo direito de proteção esteja extinto ou em processo de nulidade ou cancelamento.

§ 4º. A transferência só produzirá efeito em relação a terceiros, depois de publicado o ato de deferimento.

§ 5º. Da denegação da anotação ou averbação caberá recurso, no prazo de 60 (sessenta) dias, contados da ciência do respectivo despacho.

Art. 25. A requerimento de qualquer pessoa, com legítimo interesse, que tenha ajuizado ação judicial relativa à ineficácia dos atos referentes a pedido de proteção, de transferência de titularidade ou alteração de nome, endereço ou sede de titular, poderá o juiz ordenar a suspensão do processo de proteção, de anotação ou averbação, até decisão final.

Art. 26. O pagamento das anuidades pela proteção da cultivar, a serem definidas em regulamento, deverá ser feito a partir do exercício seguinte ao da data da concessão do Certificado de Proteção.

Seção VIII – Do Direito de Prioridade

Art. 27. Às pessoas físicas ou jurídicas que tiverem requerido um pedido de proteção em país que mantenha acordo com o Brasil ou em organização internacional da qual o Brasil faça parte e que produza efeito de depósito nacional, será assegurado direito de prioridade durante um prazo de até 12 (doze) meses.

§ 1º. Os fatos ocorridos no prazo previsto no *caput,* tais como a apresentação de outro pedido de proteção, a publicação ou a utilização da cultivar objeto do primeiro pedido de proteção, não constituem motivo de rejeição do pedido posterior e não darão origem a direito a favor de terceiros.

§ 2º. O prazo previsto no *caput* será contado a partir da data de apresentação do primeiro pedido, excluído o dia de apresentação.

§ 3º. Para beneficiar-se das disposições do *caput,* o requerente deverá:

I – mencionar, expressamente, no requerimento posterior de proteção, a reivindicação de prioridade do primeiro pedido;

II – apresentar, no prazo de até 3 (três) meses, cópias dos documentos que instruíram o primeiro pedido, devidamente certificadas pelo órgão ou autoridade ante a qual tenham sido apresentados, assim como a prova suficiente de que a cultivar objeto dos dois pedidos é a mesma.

§ 4º. As pessoas físicas ou jurídicas mencionadas no *caput* deste artigo terão um prazo de até 2 (dois) anos após a expiração do prazo de prioridade para fornecer informações, documentos complementares ou amostra viva, caso sejam exigidos.

CAPÍTULO II – DA LICENÇA COMPULSÓRIA

Art. 28. A cultivar protegida nos termos desta Lei poderá ser objeto de licença compulsória, que assegurará:

I – a disponibilidade da cultivar no mercado, a preços razoáveis, quando a manutenção de fornecimento regular esteja sendo injustificadamente impedida pelo titular do direito de proteção sobre a cultivar;

II – a regular distribuição da cultivar e manutenção de sua qualidade;

III – remuneração razoável ao titular do direito de proteção da cultivar.

Parágrafo único. Na apuração da restrição injustificada à concorrência, a autoridade observará, no que couber, o disposto no art. 21 da Lei nº 8.884, de 11.6.1994.

Art. 29. Entende-se por licença compulsória o ato da autoridade competente que, a requerimento de legítimo interessado, autorizar a exploração da cultivar independentemente da autorização de seu titular, por prazo de 3 (três) anos prorrogável por iguais períodos, sem exclusividade e mediante remuneração na forma a ser definida em regulamento.

Art. 30. O requerimento de licença compulsória conterá, dentre outros:

I – qualificação do requerente;

II – qualificação do titular do direito sobre a cultivar;

III – descrição suficiente da cultivar;

IV – os motivos do requerimento, observado o disposto no art. 28 desta Lei;

V – prova de que o requerente diligenciou, sem sucesso, junto ao titular da cultivar no sentido de obter licença voluntária;

VI – prova de que o requerente goza de capacidade financeira e técnica para explorar a cultivar.

Art. 31. O requerimento de licença será dirigido ao Ministério da Agricultura e do Abastecimento e decidido pelo Conselho Administrativo de Defesa Econômica – CADE, criado pela Lei nº 8.884, de 11 de junho de 1994.

§ 1º. Recebido o requerimento, o Ministério intimará o titular do direito de proteção a se manifestar, querendo, no prazo de 10 (dez) dias.

§ 2º. Com ou sem a manifestação de que trata o parágrafo anterior, o Ministério encaminhará o processo ao CADE, com parecer técnico do órgão competente e no prazo máximo de 15 (quinze) dias, recomendando ou não a concessão da licença compulsória.

§ 3º. Se não houver necessidade de diligências complementares, o CADE apreciará o requerimento no prazo máximo de 30 (trinta) dias.

Art. 32. O Ministério da Agricultura e do Abastecimento e o Ministério da Justiça, no âmbito das respectivas atribuições, disporão de forma complementar sobre o procedimento e as condições para apreciação e concessão da licença compulsória, observadas as exigências procedimentais inerentes à ampla defesa e à proteção ao direito de propriedade instituído por esta Lei.

Art. 33. Da decisão do CADE que conceder licença requerida não caberá recurso no âmbito da Administração nem medida liminar judicial, salvo, quanto à última, ofensa ao devido processo legal.

Art. 34. Aplica-se à licença compulsória, no que couber, as disposições previstas na Lei nº 9.279, de 14 de maio de 1996.

Art. 35. A licença compulsória somente poderá ser requeria após decorridos 3 (três) anos da concessão do Certificado Provisório de Proteção, exceto na hipótese de abuso do poder econômico.

CAPÍTULO III – DO USO PÚBLICO RESTRITO

Art. 36. A cultivar protegida será declarada de uso público restrito, *ex officio* pelo Ministro da Agricultura e do Abastecimento, com base em parecer técnico dos respectivos órgãos competentes, no exclusivo interesse público, para atender às necessidades da política agrícola, nos casos de emergência nacional, abuso do poder econômico, ou outras circunstâncias de extrema urgência e em casos de uso público não comercial.

Parágrafo único. Considera-se de uso público restrito a cultivar que, por ato do Ministro da Agricultura e do Abastecimento, puder ser explorada diretamente pela União Federal ou por terceiros por ela designados, sem exclusividade, sem autorização de seu titular, pelo prazo de 3 (três) anos, prorrogável por iguais períodos, desde que notificado e remunerado o titular na forma a ser definida em regulamento.

CAPÍTULO IV – DAS SANÇÕES

Art. 37. Aquele que vender, oferecer à venda, reproduzir, importar, exportar, bem como embalar ou armazenar para esses fins, ou ceder a qualquer título, material de propagação de cultivar protegida, com denominação correta ou com outra, sem autorização do titular, fica obrigado a indenizá-lo, em valores a serem determinados em regulamento, além de ter o material apreendido, assim como pagará multa equivalente a 20% (vinte por cento) do valor comercial do material apreendido, incorrendo, ainda, em crime de violação dos direitos do melhorista, sem prejuízo das demais sanções penais cabíveis.

§ 1º. Havendo reincidência quanto ao mesmo ou outro material, será duplicado o percentual da multa em relação à aplicada na última punição, sem prejuízo das demais sanções cabíveis.

§ 2º. O órgão competente destinará gratuitamente o material apreendido – se de adequada qualidade – para distribuição, como semente para plantio, a agricultores assentados em programas de Reforma Agrária ou em áreas onde se desenvolvam programas públicos de apoio à agricultura familiar, vedada sua comercialização.

§ 3º. O disposto no *caput* e no § 1º deste artigo não se aplica aos casos previstos no art. 10.

CAPÍTULO V
DA OBTENÇÃO OCORRIDA NA VIGÊNCIA DO CONTRATO DE TRABALHO OU DE PRESTAÇÃO DE SERVIÇOS OU OUTRA ATIVIDADE LABORAL

Art. 38. Pertencerão exclusivamente ao empregador ou ao tomador dos serviços os direitos sobre as novas cultivares, bem como as cultivares essencialmente derivadas, desenvolvidas ou obtidas pelo empregado ou prestador de serviços durante a vigência do Contrato de Trabalho ou de Prestação de Serviços ou outra atividade laboral, resultantes de cumprimento de dever funcional ou de execução de contrato, cujo objeto seja a atividade de pesquisa no Brasil, devendo constar obrigatoriamente do pedido e do Certificado de Proteção o nome do melhorista.

§ 1º. Salvo expressa disposição contratual em contrário, a contraprestação do empregado ou do prestador de serviço ou outra atividade laboral, na hipótese prevista neste artigo, será limitada ao salário ou remuneração ajustada.

§ 2º. Salvo convenção em contrário, será considerada obtida durante a vigência do Contrato de Trabalho ou de Prestação de Serviços ou outra atividade laboral, a nova cultivar ou a cultivar essencialmente derivada, cujo Certificado de Proteção seja requerido pelo empregado ou prestador de serviços até 36 (trinta e seis) meses após a extinção do respectivo contrato.

Art. 39. Pertencerão a ambas as partes, salvo expressa estipulação em contrário, as novas cultivares, bem como as cultivares essencialmente derivadas, obtidas pelo empregado ou prestador de serviços ou outra atividade laboral, não compreendidas no disposto no art. 38, quando decorrentes de contribuição pessoal e mediante a utilização de recursos, dados, meios, materiais, instalações ou equipamentos do empregador ou do tomador dos serviços.

§ 1º. Para os fins deste artigo, fica assegurado ao empregador ou tomador dos serviços ou outra atividade laboral, o direito exclusivo de exploração da nova cultivar ou da cultivar essencialmente derivada e garantida ao empregado ou prestador de serviços ou outra atividade laboral a remuneração que for acordada entre as partes, sem prejuízo do pagamento do salário ou da remuneração ajustada.

§ 2º. Sendo mais de um empregado ou prestador de serviços ou outra atividade laboral, a parte que lhes couber será dividida igualmente entre todos, salvo ajuste em contrário.

CAPÍTULO VI – DA EXTINÇÃO DO DIREITO DE PROTEÇÃO

Art. 40. A proteção da cultivar extingue-se:

I – pela expiração do prazo de proteção estabelecido nesta Lei;

II – pela renúncia do respectivo titular ou de seus sucessores;

III – pelo cancelamento do Certificado de Proteção nos termos do art. 42.

Parágrafo único. A renúncia à proteção somente será admitida se não prejudicar direitos de terceiros.

Art. 41. Extinta a proteção, seu objeto cai em domínio público.

Art. 42. O Certificado de Proteção será cancelado administrativamente *ex officio* ou a requerimento de qualquer pessoa com legítimo interesse, em qualquer das seguintes hipóteses:

I – pela perda de homogeneidade ou estabilidade;

II – na ausência de pagamento da respectiva anuidade;

III – quando não forem cumpridas as exigências do art. 50;

IV – pela não apresentação da amostra viva, conforme estabelece o art. 22;

V – pela comprovação de que a cultivar tenha causado, após a sua comercialização, impacto desfavorável ao meio ambiente ou à saúde humana.

§ 1º. O titular será notificado da abertura do processo de cancelamento, sendo-lhe assegurado o prazo de 60 (sessenta) dias para contestação, a contar da data da notificação.

§ 2º. Da decisão que conceder ou denegar o cancelamento, caberá recurso no prazo de 60 (sessenta) dias corridos, contados de sua publicação.

§ 3º. A decisão pelo cancelamento produzirá efeitos a partir da data do requerimento ou da publicação de instauração *ex officio* do processo.

CAPÍTULO VII – DA NULIDADE DA PROTEÇÃO

Art. 43. É nula a proteção quando:

I – não tenham sido observadas as condições de novidade e distinguibilidade da cultivar, de acordo com os incisos V e VI do art. 3º desta Lei;

II – tiver sido concedida contrariando direitos de terceiros;

III – o título não corresponder a seu verdadeiro objeto;

IV – no seu processamento tiver sido omitida qualquer das providências determinadas por esta Lei, necessárias à apreciação do pedido e expedição do Certificado de Proteção.

Parágrafo único. A nulidade do Certificado produzirá efeitos a partir da data do pedido.

Art. 44. O processo de nulidade poderá ser instaurado *ex officio* ou a pedido de qualquer pessoa com legítimo interesse.

TÍTULO III – DO SERVIÇO NACIONAL DE PROTEÇÃO DE CULTIVARES

CAPÍTULO I – DA CRIAÇÃO

Art. 45. Fica criado, no âmbito do Ministério da Agricultura e do Abastecimento, o Serviço Nacional de Proteção de Cultivares – SNPC, a quem compete a proteção de cultivares.

§ 1º. A estrutura, as atribuições e as finalidades do SNPC serão definidas em regulamento.

§ 2º. O Serviço Nacional de Proteção de Cultivares – SNPC manterá o Cadastro Nacional de Cultivares Protegidas.

TÍTULO IV – DAS DISPOSIÇÕES GERAIS

CAPÍTULO I – DOS ATOS, DOS DESPACHOS E DOS PRAZOS

Art. 46. Os atos, despachos e decisões nos processos administrativos referentes à proteção de cultivares só produzirão efeito após sua publicação no *Diário Oficial* da União, exceto:

I – despachos interlocutórios que não necessitam ser do conhecimento das partes;

II – pareceres técnicos, a cuja vista, no entanto, terão acesso as partes, caso requeiram;

III – outros que o Decreto de regulamentação indicar.

Art. 47. O Serviço Nacional de Proteção de Cultivares – SNPC editará publicação periódica especializada para divulgação do Cadastro Nacional de Cultivares Protegidas, previsto no § 2º do art. 45 e no disposto no *caput, e* seus incisos I, II, e III, do art. 46.

Art. 48. Os prazos referidos nesta Lei contam-se a partir da data de sua publicação.

CAPÍTULO II – DAS CERTIDÕES

Art. 49. Será assegurado, no prazo de 30 (trinta) dias a contar da data da protocolização do requerimento, o fornecimento de certidões relativas às matérias de que trata esta Lei, desde que regularmente requeridas e comprovado o recolhimento das taxas respectivas.

CAPÍTULO III – DA PROCURAÇÃO DE DOMICILIADO NO EXTERIOR

Art. 50. A pessoa física ou jurídica domiciliada no exterior deverá constituir e manter procurador, devidamente qualificado e domiciliado no Brasil, com poderes para representá-la e receber notificações administrativas e citações judiciais referentes à matéria desta Lei, desde a data do pedido da proteção e durante a vigência do mesmo, sob pena de extinção do direito de proteção.

§ 1º. A procuração deverá outorgar poderes para efetuar pedido de proteção e sua manutenção junto ao SNPC e ser específica para cada caso.

§ 2º. Quando o pedido de proteção não for efetuado pessoalmente, deverá ser instruído com procuração, contendo os poderes necessários, devidamente traduzida por tradutor público juramentado, caso lavrada no exterior.

CAPÍTULO IV – DAS DISPOSIÇÕES FINAIS

Art. 51. O pedido de proteção de cultivar essencialmente derivada de cultivar passível de ser protegida nos termos do § 1º do art. 4º somente será apreciado e, se for o caso, concedidos os respectivos Certificados, após decorrido o prazo previsto no inciso I do mesmo parágrafo, respeitando-se a ordem cronológica de apresentação dos pedidos.

Parágrafo único. Poderá o SNPC dispensar o cumprimento do prazo mencionado no *caput* nas hipóteses em que, em relação à cultivar passível de proteção nos termos do § 1º do art. 4º:

I – houver sido concedido Certificado de Proteção; ou

II – houver expressa autorização de seu obtentor.

Art. 52. As cultivares já comercializadas no Brasil cujo pedido de proteção, devidamente instruído, não for protocolizado no prazo previsto no inciso I do § 1º do art. 4º serão consideradas automaticamente de domínio público.

Art. 53. Os serviços de que trata esta Lei, serão remunerados pelo regime de preços de serviços públicos específicos, cabendo ao Ministério da Agricultura e do Abastecimento fixar os respectivos valores e forma de arrecadação.

Art. 54. O Poder Executivo regulamentará esta Lei nº prazo de 90 (noventa) dias após sua publicação.

Art. 55. Esta Lei entra em vigor na data de sua publicação.

Art. 56. Revogam-se as disposições em contrário.

Brasília, 25 de abril de 1997; 176º da Independência e 109º da República.

Fernando Henrique Cardoso

DOU de 28.4.1997 – Retificação DOU de 25.9.1997

MEDIDA PROVISÓRIA Nº 2.186-16, DE 23 DE AGOSTO DE 2001

Regulamenta o inciso II do § 1º e o § 4º do art. 225 da Constituição, os arts. 1º, 8º, alínea "j", 10, alínea "c", 15 e 16, alíneas 3 e 4 da Convenção sobre Diversidade Biológica, dispõe sobre o acesso ao patrimônio genético, a proteção e o acesso ao conhecimento tradicional associado, a repartição de benefícios e o acesso à tecnologia e a transferência de tecnologia para sua conservação e utilização, e dá outras providências.

O Presidente da República, no uso da atribuição que lhe confere o art. 62 da Constituição, adota a seguinte Medida Provisória, com força de lei:

CAPÍTULO I – DAS DISPOSIÇÕES GERAIS

Art. 1º. Esta Medida Provisória dispõe sobre os bens, os direitos e as obrigações relativos:

I – ao acesso a componente do patrimônio genético existente no território nacional, na plataforma continental e na zona econômica exclusiva para fins de pesquisa científica, desenvolvimento tecnológico ou bioprospecção;

II – ao acesso ao conhecimento tradicional associado ao patrimônio genético, relevante à conservação da diversidade biológica, à integridade do patrimônio genético do País e à utilização de seus componentes;

III – à repartição justa e eqüitativa dos benefícios derivados da exploração de componente do patrimônio genético e do conhecimento tradicional associado; e

IV – ao acesso à tecnologia e transferência de tecnologia para a conservação e a utilização da diversidade biológica.

§ 1º. O acesso a componente do patrimônio genético para fins de pesquisa científica, desenvolvimento tecnológico ou bioprospecção far-se-á na forma desta Medida Provisória, sem prejuízo dos direitos de propriedade material ou imaterial que incidam sobre o componente do patrimônio genético acessado ou sobre o local de sua ocorrência.

§ 2º. O acesso a componente do patrimônio genético existente na plataforma continental observará o disposto na Lei nº 8.617, de 4 de janeiro de 1993.

Art. 2º. O acesso ao patrimônio genético existente no País somente será feito mediante autorização da União e terá o seu uso, comercialização e aproveitamento para quaisquer fins submetidos à fiscalização, restrições e repartição de benefícios nos termos e nas condições estabelecidos nesta Medida Provisória e no seu regulamento.

Art. 3º. Esta Medida Provisória não se aplica ao patrimônio genético humano.

Art. 4º. É preservado o intercâmbio e a difusão de componente do patrimônio genético e do conhecimento tradicional associado praticado entre si por comunidades indígenas e comunidades locais para seu próprio benefício e baseados em prática costumeira.

Art. 5º. É vedado o acesso ao patrimônio genético para práticas nocivas ao meio ambiente e à saúde humana e para o desenvolvimento de armas biológicas e químicas.

Art. 6º. A qualquer tempo, existindo evidência científica consistente de perigo de dano grave e irreversível à diversidade biológica, decorrente de atividades praticadas na forma desta Medida Provisória, o Poder Público, por intermédio do Conselho de Gestão do Patrimônio Genético, previsto no art. 10, com base em critérios e parecer técnico, determinará medidas destinadas a impedir o dano, podendo, inclusive, sustar a atividade, respeitada a competência do órgão responsável pela biossegurança de organismos geneticamente modificados.

CAPÍTULO II – DAS DEFINIÇÕES

Art. 7º. Além dos conceitos e das definições constantes da Convenção sobre Diversidade Biológica, considera-se para os fins desta Medida Provisória:

I – patrimônio genético: informação de origem genética, contida em amostras do todo ou de parte de espécime vegetal, fúngico, microbiano ou animal, na forma de moléculas e substâncias provenientes do metabolismo destes seres vivos e de extratos obtidos destes organismos vivos ou mortos, encontrados em condições *in situ*, inclusive domesticados, ou mantidos em coleções *ex situ*, desde que coletados em condições *in situ* no território nacional, na plataforma continental ou na zona econômica exclusiva;

II – conhecimento tradicional associado: informação ou prática individual ou coletiva de comunidade indígena ou de comunidade local, com valor real ou potencial, associada ao patrimônio genético;

III – comunidade local: grupo humano, incluindo remanescentes de comunidades de quilombos, distinto por suas condições culturais, que se organiza, tradicionalmente, por gerações sucessivas e costumes próprios, e que conserva suas instituições sociais e econômicas;

IV – acesso ao patrimônio genético: obtenção de amostra de componente do patrimônio genético para fins de pesquisa científica, desenvolvimento tecnológico ou bioprospecção, visando a sua aplicação industrial ou de outra natureza;

V – acesso ao conhecimento tradicional associado: obtenção de informação sobre conhecimento ou prática individual ou coletiva, associada ao patrimônio genético, de comunidade indígena ou de comunidade local, para fins de pesquisa científica, desenvolvimento tecnológico ou bioprospecção, visando sua aplicação industrial ou de outra natureza;

VI – acesso à tecnologia e transferência de tecnologia: ação que tenha por objetivo o acesso, o desenvolvimento e a transferência de tecnologia para a conservação e a utilização da diversidade biológica ou tecnologia desenvolvida a partir de amostra de componente do patrimônio genético ou do conhecimento tradicional associado;

VII – bioprospecção: atividade exploratória que visa identificar componente do patrimônio genético e informação sobre conhecimento tradicional associado, com potencial de uso comercial;

VIII – espécie ameaçada de extinção: espécie com alto risco de desaparecimento na natureza em futuro próximo, assim reconhecida pela autoridade competente;

IX – espécie domesticada: aquela em cujo processo de evolução influiu o ser humano para atender às suas necessidades;

X – Autorização de Acesso e de Remessa: documento que permite, sob condições específicas, o acesso a amostra de componente do patrimônio genético e sua remessa à instituição destinatária e o acesso a conhecimento tradicional associado;

XI – Autorização Especial de Acesso e de Remessa: documento que permite, sob condições específicas, o acesso a amostra de componente do patrimônio genético e sua remessa à instituição destinatária e o acesso a conhecimento tradicional associado, com prazo de duração de até dois anos, renovável por iguais períodos;

XII – Termo de Transferência de Material: instrumento de adesão a ser firmado pela instituição destinatária antes da remessa de qualquer amostra de componente do patrimônio genético, indicando, quando for o caso, se houve acesso a conhecimento tradicional associado;

XIII – Contrato de Utilização do Patrimônio Genético e de Repartição de Benefícios: instrumento jurídico multilateral, que qualifica as partes, o objeto e as condições de acesso e de remessa de componente do patrimônio genético e de conhecimento tradicional associado, bem como as condições para repartição de benefícios;

XIV – condição *ex situ*: manutenção de amostra de componente do patrimônio genético fora de seu *habitat* natural, em coleções vivas ou mortas.

CAPÍTULO III – DA PROTEÇÃO AO CONHECIMENTO TRADICIONAL ASSOCIADO

Art. 8º. Fica protegido por esta Medida Provisória o conhecimento tradicional das comunidades indígenas e das comunidades locais, associado ao patrimônio genético, contra a utilização e exploração ilícita e outras ações lesivas ou não autorizadas pelo Conselho de Gestão de que trata o art. 10, ou por instituição credenciada.

§ 1º. O Estado reconhece o direito das comunidades indígenas e das comunidades locais para decidir sobre o uso de seus conhecimentos tradicionais associados ao patrimônio genético do País, nos termos desta Medida Provisória e do seu regulamento.

§ 2º. O conhecimento tradicional associado ao patrimônio genético de que trata esta Medida Provisória integra o patrimônio cultural brasileiro e poderá ser objeto de cadastro, conforme dispuser o Conselho de Gestão ou legislação específica.

§ 3º. A proteção outorgada por esta Medida Provisória não poderá ser interpretada de modo a obstar a preservação, a utilização e o desenvolvimento de conhecimento tradicional de comunidade indígena ou comunidade local.

§ 4º. A proteção ora instituída não afetará, prejudicará ou limitará direitos relativos à propriedade intelectual.

Art. 9º. À comunidade indígena e à comunidade local que criam, desenvolvem, detêm ou conservam conhecimento tradicional associado ao patrimônio genético, é garantido o direito de:

I – ter indicada a origem do acesso ao conhecimento tradicional em todas as publicações, utilizações, explorações e divulgações;

II – impedir terceiros não autorizados de:

a) utilizar, realizar testes, pesquisas ou exploração, relacionados ao conhecimento tradicional associado;

b) divulgar, transmitir ou retransmitir dados ou informações que integram ou constituem conhecimento tradicional associado;

III – perceber benefícios pela exploração econômica por terceiros, direta ou indiretamente, de conhecimento tradicional associado, cujos direitos são de sua titularidade, nos termos desta Medida Provisória.

Parágrafo único. Para efeito desta Medida Provisória, qualquer conhecimento tradicional associado ao patrimônio genético poderá ser de titularidade da comunidade, ainda que apenas um indivíduo, membro dessa comunidade, detenha esse conhecimento.

CAPÍTULO IV – DAS COMPETÊNCIAS E ATRIBUIÇÕES INSTITUCIONAIS

Art. 10. Fica criado, no âmbito do Ministério do Meio Ambiente, o Conselho de Gestão do Patrimônio Genético, de caráter deliberativo e normativo, composto de representantes de órgãos e de entidades da Administração Pública Federal que detêm competência sobre as diversas ações de que trata esta Medida Provisória.

§ 1º. O Conselho de Gestão será presidido pelo representante do Ministério do Meio Ambiente.

§ 2º. O Conselho de Gestão terá sua composição e seu funcionamento dispostos no regulamento.

Art. 11. Compete ao Conselho de Gestão:

I – coordenar a implementação de políticas para a gestão do patrimônio genético;

II – estabelecer:

a) normas técnicas;

b) critérios para as autorizações de acesso e de remessa;

c) diretrizes para elaboração do Contrato de Utilização do Patrimônio Genético e de Repartição de Benefícios;

d) critérios para a criação de base de dados para o registro de informação sobre conhecimento tradicional associado;

III – acompanhar, em articulação com órgãos federais, ou mediante convênio com outras instituições, as atividades de acesso e de remessa de amostra de componente do patrimônio genético e de acesso a conhecimento tradicional associado;

IV – deliberar sobre:

a) autorização de acesso e de remessa de amostra de componente do patrimônio genético, mediante anuência prévia de seu titular;

b) autorização de acesso a conhecimento tradicional associado, mediante anuência prévia de seu titular;

c) autorização especial de acesso e de remessa de amostra de componente do patrimônio genético à instituição nacional, pública ou privada, que exerça atividade de pesquisa e desenvolvimento nas áreas biológicas e afins, e à universidade nacional, pública ou privada, com prazo de duração de até dois anos, renovável por iguais períodos, nos termos do regulamento;

d) autorização especial de acesso a conhecimento tradicional associado à instituição nacional, pública ou privada, que exerça atividade de pesquisa e desenvolvimento nas áreas biológicas e afins, e à universidade nacional, pública ou privada, com prazo de duração de até dois anos, renovável por iguais períodos, nos termos do regulamento;

e) credenciamento de instituição pública nacional de pesquisa e desenvolvimento ou de instituição pública federal de gestão para autorizar outra instituição nacional, pública ou privada, que exerça atividade de pesquisa e desenvolvimento nas áreas biológicas e afins:

1. a acessar amostra de componente do patrimônio genético e de conhecimento tradicional associado;

2. a remeter amostra de componente do patrimônio genético para instituição nacional, pública ou privada, ou para instituição sediada no exterior;

f) credenciamento de instituição pública nacional para ser fiel depositária de amostra de componente do patrimônio genético;

V – dar anuência aos Contratos de Utilização do Patrimônio Genético e de Repartição de Benefícios quanto ao atendimento dos requisitos previstos nesta Medida Provisória e no seu regulamento;

VI – promover debates e consultas públicas sobre os temas de que trata esta Medida Provisória;

VII – funcionar como instância superior de recurso em relação a decisão de instituição credenciada e dos atos decorrentes da aplicação desta Medida Provisória;

VIII – aprovar seu regimento interno.

§ 1º. Das decisões do Conselho de Gestão caberá recurso ao plenário, na forma do regulamento.

§ 2º. O Conselho de Gestão poderá organizar-se em câmaras temáticas, para subsidiar decisões do plenário.

Art. 12. A atividade de coleta de componente do patrimônio genético e de acesso a conhecimento tradicional associado, que contribua para o avanço do conhecimento e que não esteja associada à bioprospecção, quando envolver a participação de pessoa jurídica estrangeira, será autorizada pelo órgão responsável pela política nacional de pesquisa científica e tecnológica, observadas as determinações desta Medida Provisória e a legislação vigente.

Parágrafo único. A autorização prevista no *caput* deste artigo observará as normas técnicas definidas pelo Conselho de Gestão, o qual exercerá supervisão dessas atividades.

Art. 13. Compete ao Presidente do Conselho de Gestão firmar, em nome da União, Contrato de Utilização do Patrimônio Genético e de Repartição de Benefícios.

§ 1º. Mantida a competência de que trata o *caput* deste artigo, o Presidente do Conselho de Gestão subdelegará ao titular de instituição pública federal de pesquisa e desenvolvimento ou instituição pública federal de gestão a competência prevista no *caput* deste artigo, conforme sua respectiva área de atuação.

§ 2º. Quando a instituição prevista no § 1º for parte interessada no contrato, este será firmado pelo Presidente do Conselho de Gestão.

Art. 14. Caberá à instituição credenciada de que tratam os números 1 e 2 da alínea "e" do inciso IV do art. 11 desta Medida Provisória uma ou mais das seguintes atribuições, observadas as diretrizes do Conselho de Gestão:

I – analisar requerimento e emitir, a terceiros, autorização:

a) de acesso a amostra de componente do patrimônio genético existente em condições *in situ* no território nacional, na plataforma continental e na zona econômica exclusiva, mediante anuência prévia de seus titulares;

b) de acesso a conhecimento tradicional associado, mediante anuência prévia dos titulares da área;

c) de remessa de amostra de componente do patrimônio genético para instituição nacional, pública ou privada, ou para instituição sediada no exterior;

II – acompanhar, em articulação com órgãos federais, ou mediante convênio com outras instituições, as atividades de acesso e de remessa de amostra de componente do patrimônio genético e de acesso a conhecimento tradicional associado;

III – criar e manter:

a) cadastro de coleções *ex situ*, conforme previsto no art. 18 desta Medida Provisória;

b) base de dados para registro de informações obtidas durante a coleta de amostra de componente do patrimônio genético;

c) base de dados relativos às Autorizações de Acesso e de Remessa, aos Termos de Transferência de Material e aos Contratos de Utilização do Patrimônio Genético e de Repartição de Benefícios, na forma do regulamento;

IV – divulgar, periodicamente, lista das Autorizações de Acesso e de Remessa, dos Termos de Transferência de Material e dos Contratos de Utilização do Patrimônio Genético e de Repartição de Benefícios;

V – acompanhar a implementação dos Termos de Transferência de Material e dos Contratos de Utilização do Patrimônio Genético e de Repartição de Benefícios referente aos processos por ela autorizados.

§ 1º. A instituição credenciada deverá, anualmente, mediante relatório, dar conhecimento pleno ao Conselho de Gestão sobre a atividade realizada e repassar cópia das bases de dados à unidade executora prevista no art. 15.

§ 2º. A instituição credenciada, na forma do art. 11, deverá observar o cumprimento das disposições desta Medida Provisória, do seu regulamento e das decisões do Conselho de Gestão, sob pena de seu descredenciamento, ficando, ainda, sujeita à aplicação, no que couber, das penalidades previstas no art. 30 e na legislação vigente.

Art. 15. Fica autorizada a criação, no âmbito do Ministério do Meio Ambiente, de unidade executora que exercerá a função de secretaria executiva do Conselho de

Gestão, de que trata o art. 10 desta Medida Provisória, com as seguintes atribuições, dentre outras:

I – implementar as deliberações do Conselho de Gestão;

II – dar suporte às instituições credenciadas;

III – emitir, de acordo com deliberação do Conselho de Gestão e em seu nome:

a) Autorização de Acesso e de Remessa;

b) Autorização Especial de Acesso e de Remessa;

IV – acompanhar, em articulação com os demais órgãos federais, as atividades de acesso e de remessa de amostra de componente do patrimônio genético e de acesso a conhecimento tradicional associado;

V – credenciar, de acordo com deliberação do Conselho de Gestão e em seu nome, instituição pública nacional de pesquisa e desenvolvimento ou instituição pública federal de gestão para autorizar instituição nacional, pública ou privada:

a) a acessar amostra de componente do patrimônio genético e de conhecimento tradicional associado;

b) a enviar amostra de componente do patrimônio genético para instituição nacional, pública ou privada, ou para instituição sediada no exterior, respeitadas as exigências do art. 19 desta Medida Provisória;

VI – credenciar, de acordo com deliberação do Conselho de Gestão e em seu nome, instituição pública nacional para ser fiel depositária de amostra de componente do patrimônio genético;

VII – registrar os Contratos de Utilização do Patrimônio Genético e de Repartição de Benefícios, após anuência do Conselho de Gestão;

VIII – divulgar lista de espécies de intercâmbio facilitado constantes de acordos internacionais, inclusive sobre segurança alimentar, dos quais o País seja signatário, de acordo com o § 2º do art. 19 desta Medida Provisória;

IX – criar e manter:

a) cadastro de coleções *ex situ*, conforme previsto no art. 18;

b) base de dados para registro de informações obtidas durante a coleta de amostra de componente do patrimônio genético;

c) base de dados relativos às Autorizações de Acesso e de Remessa, aos Termos de Transferência de Material e aos Contratos de Utilização do Patrimônio Genético e de Repartição de Benefícios;

X – divulgar, periodicamente, lista das Autorizações de Acesso e de Remessa, dos Termos de Transferência de Material e dos Contratos de Utilização do Patrimônio Genético e de Repartição de Benefícios.

CAPÍTULO V – DO ACESSO E DA REMESSA

Art. 16. O acesso a componente do patrimônio genético existente em condições *in situ* no território nacional, na plataforma continental e na zona econômica exclusiva, e ao conhecimento tradicional associado far-se-á mediante a coleta de amostra e de informação, respectivamente, e somente será autorizado a instituição nacional, pública ou privada, que exerça atividades de pesquisa e desenvolvimento nas áreas biológicas e afins, mediante prévia autorização, na forma desta Medida Provisória.

§ 1º. O responsável pela expedição de coleta deverá, ao término de suas atividades em cada área acessada, assinar com o seu titular ou representante declaração contendo listagem do material acessado, na forma do regulamento.

§ 2º. Excepcionalmente, nos casos em que o titular da área ou seu representante não for identificado ou localizado por ocasião da expedição de coleta, a declaração contendo listagem do material acessado deverá ser assinada pelo responsável pela expedição e encaminhada ao Conselho de Gestão.

§ 3º. Sub-amostra representativa de cada população componente do patrimônio genético acessada deve ser depositada em condição *ex situ* em instituição credenciada como fiel depositária, de que trata a alínea "f" do inciso IV do art. 11 desta Medida Provisória, na forma do regulamento.

§ 4º. Quando houver perspectiva de uso comercial, o acesso a amostra de componente do patrimônio genético, em condições *in situ*, e ao conhecimento tradicional associado só poderá ocorrer após assinatura de Contrato de Utilização do Patrimônio Genético e de Repartição de Benefícios.

§ 5º. Caso seja identificado potencial de uso econômico, de produto ou processo, passível ou não de proteção intelectual, originado de amostra de componente do patrimônio genético e de informação oriunda de conhecimento tradicional associado, acessado com base em autorização que não estabeleceu esta hipótese, a instituição beneficiária obriga-se a comunicar ao Conselho de Gestão ou a instituição onde se originou o processo de acesso e de remessa, para a formalização de Contrato de Utilização do Patrimônio Genético e de Repartição de Benefícios.

§ 6º. A participação de pessoa jurídica estrangeira em expedição para coleta de amostra de componente do patrimônio genético *in situ* e para acesso de conhecimento tradicional associado somente será autorizada quando em conjunto com instituição pública nacional, ficando a coordenação das atividades obrigatoriamente a cargo desta última e desde que todas as instituições envolvidas exerçam atividades de pesquisa e desenvolvimento nas áreas biológicas e afins.

§ 7º. A pesquisa sobre componentes do patrimônio genético deve ser realizada preferencialmente no território nacional.

§ 8º. A Autorização de Acesso e de Remessa de amostra de componente do patrimônio genético de espécie de endemismo estrito ou ameaçada de extinção dependerá da anuência prévia do órgão competente.

§ 9º. A Autorização de Acesso e de Remessa dar-se-á após a anuência prévia:

I – da comunidade indígena envolvida, ouvido o órgão indigenista oficial, quando o acesso ocorrer em terra indígena;

II – do órgão competente, quando o acesso ocorrer em área protegida;

III – do titular de área privada, quando o acesso nela ocorrer;

IV – do Conselho de Defesa Nacional, quando o acesso se der em área indispensável à segurança nacional;

V – da autoridade marítima, quando o acesso se der em águas jurisdicionais brasileiras, na plataforma continental e na zona econômica exclusiva.

§ 10. O detentor de Autorização de Acesso e de Remessa de que tratam os incisos I a V do § 9º deste artigo fica responsável a ressarcir o titular da área por eventuais danos ou prejuízos, desde que devidamente comprovados.

§ 11. A instituição detentora de Autorização Especial de Acesso e de Remessa encaminhará ao Conselho de Gestão as anuências de que tratam os §§ 8º e 9º deste artigo antes ou por ocasião das expedições de coleta a serem efetuadas durante o período de vigência da Autorização, cujo descumprimento acarretará o seu cancelamento.

Art. 17. Em caso de relevante interesse público, assim caracterizado pelo Conselho de Gestão, o ingresso em área pública ou privada para acesso a amostra de componente do patrimônio genético dispensará anuência prévia dos seus titulares, garantido a estes o disposto nos arts. 24 e 25 desta Medida Provisória.

§ 1º. No caso previsto no *caput* deste artigo, a comunidade indígena, a comunidade local ou o proprietário deverá ser previamente informado.

§ 2º. Em se tratando de terra indígena, observar-se-á o disposto no § 6º do art. 231 da Constituição Federal.

Art. 18. A conservação *ex situ* de amostra de componente do patrimônio genético deve ser realizada no território nacional, podendo, suplementarmente, a critério do Conselho de Gestão, ser realizada no exterior.

§ 1º. As coleções *ex situ* de amostra de componente do patrimônio genético deverão ser cadastradas junto à unidade executora do Conselho de Gestão, conforme dispuser o regulamento.

§ 2º. O Conselho de Gestão poderá delegar o cadastramento de que trata o § 1º deste artigo a uma ou mais instituições credenciadas na forma das alíneas "d" e "e" do inciso IV do art. 11 desta Medida Provisória.

Art. 19. A remessa de amostra de componente do patrimônio genético de instituição nacional, pública ou privada, para outra instituição nacional, pública ou privada, será efetuada a partir de material em condições *ex situ*, mediante a informação do uso pretendido, observado o cumprimento cumulativo das seguintes condições, além de outras que o Conselho de Gestão venha a estabelecer:

I – depósito de sub-amostra representativa de componente do patrimônio genético em coleção mantida por instituição credenciada, caso ainda não tenha sido cumprido o disposto no § 3º do art. 16 desta Medida Provisória;

II – nos casos de amostra de componente do patrimônio genético acessado em condições *in situ*, antes da edição desta Medida Provisória, o depósito de que trata o inciso um será feito na forma acessada, se ainda disponível, nos termos do regulamento;

III – fornecimento de informação obtida durante a coleta de amostra de componente do patrimônio genético para registro em base de dados mencionada na alínea "b" do inciso III do art. 14 e alínea "b" do inciso IX do art. 15 desta Medida Provisória;

IV – prévia assinatura de Termo de Transferência de Material.

§ 1º. Sempre que houver perspectiva de uso comercial de produto ou processo resultante da utilização de componente do patrimônio genético será necessária a prévia assinatura de Contrato de Utilização do Patrimônio Genético e de Repartição de Benefícios.

§ 2º. A remessa de amostra de componente do patrimônio genético de espécies consideradas de intercâmbio facilitado em acordos internacionais, inclusive sobre segurança alimentar, dos quais o País seja signatário, deverá ser efetuada em conformidade com as condições neles definidas, mantidas as exigências deles constantes.

§ 3º. A remessa de qualquer amostra de componente do patrimônio genético de instituição nacional, pública ou privada, para instituição sediada no exterior, será efetuada a partir de material em condições *ex situ*, mediante a informação do uso pretendido e a prévia autorização do Conselho de Gestão ou de instituição credenciada, observado o cumprimento cumulativo das condições estabelecidas nos incisos I a IV e §§ 1º e 2º deste artigo.

Art. 20. O Termo de Transferência de Material terá seu modelo aprovado pelo Conselho de Gestão.

CAPÍTULO VI – DO ACESSO À TECNOLOGIA E TRANSFERÊNCIA DE TECNOLOGIA

Art. 21. A instituição que receber amostra de componente do patrimônio genético ou conhecimento tradicional associado facilitará o acesso à tecnologia e transferência de tecnologia para a conservação e utilização desse patrimônio ou desse conhecimento à instituição nacional responsável pelo acesso e remessa da amostra e da informação sobre o conhecimento, ou instituição por ela indicada.

Art. 22. O acesso à tecnologia e transferência de tecnologia entre instituição nacional de pesquisa e desenvolvimento, pública ou privada, e instituição sediada no exterior, poderá realizar-se, dentre outras atividades, mediante:

I – pesquisa científica e desenvolvimento tecnológico;

II – formação e capacitação de recursos humanos;

III – intercâmbio de informações;

IV – intercâmbio entre instituição nacional de pesquisa e instituição de pesquisa sediada no exterior;

V – consolidação de infra-estrutura de pesquisa científica e de desenvolvimento tecnológico;

VI – exploração econômica, em parceria, de processo e produto derivado do uso de componente do patrimônio genético; e

VII – estabelecimento de empreendimento conjunto de base tecnológica.

Art. 23. A empresa que, no processo de garantir o acesso à tecnologia e transferência de tecnologia à instituição nacional, pública ou privada, responsável pelo acesso e remessa de amostra de componente do patrimônio genético e pelo acesso à informação sobre conhecimento tradicional associado, investir em atividade de pesquisa e desenvolvimento no País, fará jus a incentivo fiscal para a capacitação tecnológica da indústria e da agropecuária, e a outros instrumentos de estímulo, na forma da legislação pertinente.

CAPÍTULO VII – DA REPARTIÇÃO DE BENEFÍCIOS

Art. 24. Os benefícios resultantes da exploração econômica de produto ou processo desenvolvido a partir de amostra de componente do patrimônio genético e de conhecimento tradicional associado, obtidos por instituição nacional ou instituição sediada no exterior, serão repartidos, de forma justa e eqüitativa, entre as partes contratantes, conforme dispuser o regulamento e a legislação pertinente.

Parágrafo único. À União, quando não for parte no Contrato de Utilização do Patrimônio Genético e de Repartição de Benefícios, será assegurada, no que couber, a participação nos benefícios a que se refere o *caput* deste artigo, na forma do regulamento.

Art. 25. Os benefícios decorrentes da exploração econômica de produto ou processo, desenvolvido a partir de amostra do patrimônio genético ou de conhecimento tradicional associado, poderão constituir-se, dentre outros, de:

I – divisão de lucros;

II – pagamento de *royalties*;

III – acesso e transferência de tecnologias;

IV – licenciamento, livre de ônus, de produtos e processos; e

V – capacitação de recursos humanos.

Art. 26. A exploração econômica de produto ou processo desenvolvido a partir de amostra de componente do patrimônio genético ou de conhecimento tradicional associado, acessada em desacordo com as disposições desta Medida Provisória, sujeitará o infrator ao pagamento de indenização correspondente a, no mínimo, vinte por cento do faturamento bruto obtido na comercialização de produto ou de royalties obtidos de terceiros pelo infrator, em decorrência de licenciamento de produto ou processo ou do uso da tecnologia, protegidos ou não por propriedade intelectual, sem prejuízo das sanções administrativas e penais cabíveis.

Art. 27. O Contrato de Utilização do Patrimônio Genético e de Repartição de Benefícios deverá indicar e qualificar com clareza as partes contratantes, sendo, de um lado, o proprietário da área pública ou privada, ou o representante da comunidade indígena e do órgão indigenista oficial, ou o representante da comunidade local e, de outro, a instituição nacional autorizada a efetuar o acesso e a instituição destinatária.

Art. 28. São cláusulas essenciais do Contrato de Utilização do Patrimônio Genético e de Repartição de Benefícios, na forma do regulamento, sem prejuízo de outras, as que disponham sobre:

I – objeto, seus elementos, quantificação da amostra e uso pretendido;

II – prazo de duração;

III – forma de repartição justa e eqüitativa de benefícios e, quando for o caso, acesso à tecnologia e transferência de tecnologia;

IV – direitos e responsabilidades das partes;

V – direito de propriedade intelectual;

VI – rescisão;

VII – penalidades; e

VIII – foro no Brasil.

Parágrafo único. Quando a União for parte, o contrato referido no *caput* deste artigo reger-se-á pelo regime jurídico de direito público.

Art. 29. Os Contratos de Utilização do Patrimônio Genético e de Repartição de Benefícios serão submetidos para registro no Conselho de Gestão e só terão eficácia após sua anuência.

Parágrafo único. Serão nulos, não gerando qualquer efeito jurídico, os Contratos de Utilização do Patrimônio Genético e de Repartição de Benefícios firmados em desacordo com os dispositivos desta Medida Provisória e de seu regulamento.

CAPÍTULO VIII – DAS SANÇÕES ADMINISTRATIVAS

Art. 30. Considera-se infração administrativa contra o patrimônio genético ou ao conhecimento tradicional associado toda ação ou omissão que viole as normas desta Medida Provisória e demais disposições legais pertinentes.

§ 1º. As infrações administrativas serão punidas na forma estabelecida no regulamento desta Medida Provisória, com as seguintes sanções:

I – advertência;

II – multa;

III – apreensão das amostras de componentes do patrimônio genético e dos instrumentos utilizados na coleta ou no processamento ou dos produtos obtidos a partir de informação sobre conhecimento tradicional associado;

IV – apreensão dos produtos derivados de amostra de componente do patrimônio genético ou do conhecimento tradicional associado;

V – suspensão da venda do produto derivado de amostra de componente do patrimônio genético ou do conhecimento tradicional associado e sua apreensão;

VI – embargo da atividade;

VII – interdição parcial ou total do estabelecimento, atividade ou empreendimento;

VIII – suspensão de registro, patente, licença ou autorização;

IX – cancelamento de registro, patente, licença ou autorização;

X – perda ou restrição de incentivo e benefício fiscal concedidos pelo governo;

XI – perda ou suspensão da participação em linha de financiamento em estabelecimento oficial de crédito;

XII – intervenção no estabelecimento;

XIII – proibição de contratar com a Administração Pública, por período de até cinco anos.

§ 2º. As amostras, os produtos e os instrumentos de que tratam os incisos III, IV e V do § 1º deste artigo terão sua destinação definida pelo Conselho de Gestão.

§ 3º. As sanções estabelecidas neste artigo serão aplicadas na forma processual estabelecida no regulamento desta Medida Provisória, sem prejuízo das sanções civis ou penais cabíveis.

§ 4º. A multa de que trata o inciso II do § 1º deste artigo será arbitrada pela autoridade competente, de acordo com a gravidade da infração e na forma do regulamento, podendo variar de R$ 200,00 (duzentos reais) a R$ 100.000,00 (cem mil reais), quando se tratar de pessoa física.

§ 5º. Se a infração for cometida por pessoa jurídica, ou com seu concurso, a multa será de R$ 10.000,00 (dez mil reais) a R$ 50.000.000,00 (cinqüenta milhões de reais), arbitrada pela autoridade competente, de acordo com a gravidade da infração, na forma do regulamento.

§ 6º. Em caso de reincidência, a multa será aplicada em dobro.

CAPÍTULO IX – DAS DISPOSIÇÕES FINAIS

Art. 31. A concessão de direito de propriedade industrial pelos órgãos competentes, sobre processo ou produto obtido a partir de amostra de componente do patrimônio genético, fica condicionada à observância desta Medida Provisória, devendo o requerente informar a origem do material genético e do conhecimento tradicional associado, quando for o caso.

Art. 32. Os órgãos federais competentes exercerão a fiscalização, a interceptação e a apreensão de amostra de componente do patrimônio genético ou de produto obtido a partir de informação sobre conhecimento tradicional associado, acessados em desacordo com as disposições desta Medida Provisória, podendo, ainda, tais atividades serem descentralizadas, mediante convênios, de acordo com o regulamento.

Art. 33. A parcela dos lucros e dos royalties devidos à União, resultantes da exploração econômica de processo ou produto desenvolvido a partir de amostra de componente do patrimônio genético, bem como o valor das multas e indenizações de que trata esta Medida Provisória serão destinados ao Fundo Nacional do Meio Ambiente, criado pela Lei nº 7.797, de 10 de julho de 1989, ao Fundo Naval, criado pelo Decreto nº 20.923, de 8 de janeiro de 1932, e ao Fundo Nacional de Desenvolvimento Científico e Tecnológico, criado pelo Decreto-Lei nº 719, de 31 de julho de 1969, e restabelecido pela Lei nº 8.172, de 18 de janeiro de 1991, na forma do regulamento.

Parágrafo único. Os recursos de que trata este artigo serão utilizados exclusivamente na conservação da diversidade biológica, incluindo a recuperação, criação e manutenção de bancos depositários, no fomento à pesquisa científica, no desenvolvimento tecnológico associado ao patrimônio genético e na capacitação de recursos humanos associados ao desenvolvimento das atividades relacionadas ao uso e à conservação do patrimônio genético.

Art. 34. A pessoa que utiliza ou explora economicamente componentes do patrimônio genético e conhecimento tradicional associado deverá adequar suas atividades às normas desta Medida Provisória e do seu regulamento.

Art. 35. O Poder Executivo regulamentará esta Medida Provisória até 30 de dezembro de 2001.

Art. 36. As disposições desta Medida Provisória não se aplicam à matéria regulada pela Lei nº 8.974, de 5 de janeiro de 1995.

Art. 37. Ficam convalidados os atos praticados com base na Medida Provisória nº 2.186-15, de 26 de julho de 2001.

Art. 38. Esta Medida Provisória entra em vigor na data de sua publicação.

Brasília, 23 de agosto de 2001; 180º da Independência e 113º da República.

Fernando Henrique Cardoso ***DOU de 24.08.2001***

LEI Nº 10.332, DE 19 DE DEZEMBRO DE 2001

Institui mecanismo de financiamento para o Programa de Ciência e Tecnologia para o Agronegócio, para o Programa de Fomento à Pesquisa em Saúde, para o Programa Biotecnologia e Recursos Genéticos – Genoma, para o Programa de Ciência e Tecnologia para o Setor Aeronáutico e para o Programa de Inovação para Competitividade, e dá outras providências.

O Presidente da República

Faço saber que o Congresso Nacional decreta e eu sanciono a seguinte Lei:

Art. 1º. Do total da arrecadação da Contribuição de Intervenção no Domínio Econômico, instituída pela Lei nº 10.168, de 29 de dezembro de 2000, serão destinados, a partir de 1º de janeiro de 2002:

I – 17,5% (dezessete inteiros e cinco décimos por cento) ao Programa de Ciência e Tecnologia para o Agronegócio;

II – 17,5% (dezessete inteiros e cinco décimos por cento) ao Programa de Fomento à Pesquisa em Saúde;

III – 7,5% (sete inteiros e cinco décimos por cento) ao Programa Biotecnologia e Recursos Genéticos – Genoma;

IV – 7,5% (sete inteiros e cinco décimos por cento) ao Programa de Ciência e Tecnologia para o Setor Aeronáutico;

V – 10% (dez por cento) ao Programa de Inovação para Competitividade.

Art. 2º. Os Programas referidos no art. 1º desta Lei, previstos na Lei nº 9.989, de 21 de julho de 2000, objetivam incentivar o desenvolvimento científico e tecnológico brasileiro, por meio de financiamento de atividades de pesquisa e desenvolvimento científico-tecnológico de interesse das áreas do agronegócio, da saúde, da biotecnologia e recursos genéticos, do setor aeronáutico e da inovação para a competitividade.

§ 1º. As parcelas de recursos destinadas ao financiamento dos Programas referidos no *caput* do art. 1º serão alocadas ao Fundo Nacional de Desenvolvimento Científico e Tecnológico – FNDCT, criado pelo Decreto-Lei nº 719, de 31 de julho de 1969, e restabelecido pela Lei nº 8.172, de 18 de janeiro de 1991, em categorias de programação específicas.

§ 2º. No mínimo 30% (trinta por cento) dos recursos de cada Programa serão destinados a projetos desenvolvidos por empresas e instituições de ensino e pesquisa sediadas nas regiões Norte, Nordeste e Centro-Oeste, incluindo as respectivas áreas de abrangência das Agências de Desenvolvimento Regionais.

Art. 3º. Os recursos destinados ao Programa de Inovação para Competitividade, previstos no inciso V do art. 1º e no art. 5º desta Lei, serão utilizados para:

I – estímulo ao desenvolvimento tecnológico empresarial, por meio de programas de pesquisa científica e tecnológica cooperativa entre universidades, centros de pesquisas e o setor produtivo;

II – a equalização dos encargos financeiros incidentes nas operações de financiamento à inovação tecnológica, com recursos da Financiadora de Estudos e Projetos – Finep;

III – a participação minoritária no capital de microempresas e pequenas empresas de base tecnológica e fundos de investimento, através da Finep;

IV – a concessão de subvenção econômica a empresas que estejam executando Programas de Desenvolvimento Tecnológico Industrial – PDTI ou Programas de Desenvolvimento Tecnológico Agropecuário – PDTA, aprovados em conformidade com a Lei nº 8.661, de 2 de junho de 1993; e

V – a constituição de uma reserva técnica para viabilizar a liquidez dos investimentos privados em fundos de investimento em empresas de base tecnológica, por intermédio da Finep, conforme disposto em regulamento.

§ 1º. O Poder Executivo regulamentará a subvenção econômica de que trata o inciso IV deste artigo, observado o limite de até 50% (cinqüenta por cento) do total dos investimentos de custeio realizados na execução dos PDTI ou PDTA, e fixará os limites máximos admissíveis para fins da equalização, da participação no capital e da constituição da reserva técnica, previstos nos incisos II, III e V deste artigo.

§ 2º. A regulamentação da subvenção econômica de que trata o inciso IV e dos demais instrumentos do Programa de Inovação para Competitividade dará prioridade aos processos de inovação, agregação de valor e aumento da competitividade do setor empresarial.

Art. 4º. Serão constituídos, no âmbito do Ministério da Ciência e Tecnologia, comitês gestores com a finalidade de estabelecer as diretrizes gerais e definir os planos anuais de investimentos, acompanhar a implementação das ações e avaliar os resultados alcançados, relativamente aos Programas de que trata esta Lei.

§ 1º. Os comitês gestores serão compostos por representantes do Governo Federal, do setor industrial e do segmento acadêmico-científico.

§ 2º. A participação nos comitês gestores não será remunerada.

§ 3º. As despesas operacionais, de planejamento, prospecção, acompanhamento, avaliação e divulgação de resultados, relativas à manutenção dos Programas previstos no art. 1º desta Lei, não poderão ultrapassar o montante correspondente a 5% (cinco por cento) dos respectivos orçamentos anuais.

Art. 5º. A proposta orçamentária anual da União destinará ao Programa de Estímulo à Interação Universidade-Empresa para o Apoio à Inovação, instituído pela Lei nº 10.168, de 2000, recursos não inferiores ao equivalente a 43% (quarenta e três por cento) da receita estimada da arrecadação do Imposto sobre Produtos Industrializados – IPI incidente sobre os bens e produtos beneficiados com os incentivos fiscais previstos na Lei nº 10.176, de 11 de janeiro de 2001.

Parágrafo único. Os recursos de que trata o *caput* deste artigo serão adicionais àqueles previstos no art. 2º da Lei nº 10.168, de 2000, devendo ser alocados ao FNDCT, na forma prevista em regulamento.

Art. 6º. O art. 2º da Lei nº 10.168, de 2000, passa a vigorar com a seguinte redação:

"***Art. 2º.*** *(...)*

§ 2º. A partir de 1º de janeiro de 2002, a contribuição de que trata o caput deste artigo passa a ser devida também pelas pessoas jurídicas signatárias de contratos que tenham por objeto serviços técnicos e de assistência administrativa e semelhantes a serem prestados por residentes ou domiciliados no exterior, bem assim pelas pessoas jurídicas que pagarem, creditarem, entregarem, empregarem ou remeterem royalties, a qualquer título, a beneficiários residentes ou domiciliados no exterior.

§ 3º. A contribuição incidirá sobre os valores pagos, creditados, entregues, empregados ou remetidos, a cada mês, a residentes ou domiciliados no exterior, a título de remuneração decorrente das obrigações indicadas no caput e no § 2º deste artigo.

§ 4º. A alíquota da contribuição será de 10% (dez por cento).

§ 5º. O pagamento da contribuição será efetuado até o último dia útil da quinzena subseqüente ao mês de ocorrência do fato gerador." (NR)

Art. 7º. A Lei nº 10.168, de 2000, passa a vigorar acrescida do seguinte art. 2º-A:

"***Art. 2º-A.*** *Fica reduzida para 15% (quinze por cento), a partir de 1º de janeiro de 2002, a alíquota do imposto de renda na fonte incidente sobre as importâncias* *pagas, creditadas, entregues, empregadas ou remetidas ao exterior a título de remuneração de serviços de assistência administrativa e semelhantes."*

Art. 8º. O art. 2º da Lei nº 10.052, de 28 de novembro de 2000, passa a vigorar acrescido do seguinte parágrafo:

*"**Art. 2º.** (...)*

§ 9º. As despesas operacionais de planejamento, prospecção, análise e estruturação de operações, contratação, aplicação de recursos, acompanhamento de operações contratadas, avaliação de operações e divulgação de resultados, necessárias à implantação e manutenção das atividades do Funttel, não poderão ultrapassar o montante correspondente a 5% (cinco por cento) dos recursos arrecadados anualmente." (NR)

Art. 9º. (Vetado).

Art. 10. Esta Lei entra em vigor na data de sua publicação.

Brasília, 19 de dezembro de 2001; 180º da Independência e 113º da República.

Fernando Henrique Cardoso

DOU de 20.12.2001

DECRETO Nº 2.268, DE 30 DE JUNHO DE 1997

Regulamenta a Lei nº 9.434, de 4 de fevereiro de 1997, que dispõe sobre a remoção de órgãos, tecidos e partes do corpo humano para fins de transplante e tratamento, e dá outras providências.

O Presidente da República, no uso da atribuição que lhe confere o art. 84, inciso IV, da Constituição, e tendo em vista o disposto na Lei nº 9.434, de 4 de fevereiro de 1997,

Decreta:

DISPOSIÇÕES PRELIMINARES

Art. 1º. A remoção de órgãos, tecidos e partes do corpo humano e sua aplicação em transplantes, enxertos ou outra finalidade terapêutica, nos termos da Lei nº 9.434, de 4 de fevereiro de 1997, observará o disposto neste Decreto.

Parágrafo único. Não estão compreendidos entre os tecidos a que se refere este Decreto o sangue, o esperma e o óvulo.

CAPÍTULO I – DO SISTEMA NACIONAL DE TRANSPLANTE – SNT

Seção I – Da Estrutura

Art. 2º. Fica organizado o Sistema Nacional de Transplante – SNT, que desenvolverá o processo de captação e distribuição de tecidos, órgãos e partes retirados do corpo humano para finalidades terapêuticas.

Parágrafo único. O SNT tem como âmbito de intervenção as atividades de conhecimento de morte encefálica verificada em qualquer ponto do território nacional e a determinação do destino dos tecidos, órgãos e partes retiradas.

Art. 3º. Integram o SNT:

I – o Ministério da Saúde;

II – as Secretarias de Saúde dos Estados e do Distrito Federal ou órgãos equivalentes;

III – as Secretarias de Saúde dos Municípios ou órgãos equivalentes;

IV – os estabelecimentos hospitalares autorizados;

V – a rede de serviços auxiliares necessários à realização de transplantes.

Seção II – Do Órgão Central

Art. 4º. O Ministério da Saúde, por intermédio de unidade própria, prevista em sua estrutura regimental, exercerá as funções de órgão central do SNT, cabendo-lhe, especificamente:

I – coordenar as atividades de que trata este Decreto;

II – expedir normas e regulamentos técnicos para disciplinar os procedimentos estabelecidos neste Decreto e para assegurar o funcionamento ordenado e harmônico do SNT e o controle, inclusive social, das atividades que desenvolva;

III – gerenciar a lista única nacional de receptores, com todas as indicações necessárias à busca em todo o território nacional, de tecidos, órgãos e partes compatíveis com as suas condições orgânicas;

IV – autorizar estabelecimentos de saúde e equipes especializadas a promover retiradas, transplantes ou enxertos de tecidos, órgãos e partes;

V – avaliar o desempenho do SNT, mediante análise de relatórios recebidos dos órgãos estaduais e municipais que o integram;

VI – articular-se com todos os integrantes do SNT para a identificação e correção de falhas verificadas no seu funcionamento;

VII – difundir informações e iniciativas bem sucedidas, no âmbito do SNT e promover intercâmbio com o exterior sobre atividades de transplantes;

VIII – credenciar centrais de notificação, captação e distribuição de órgãos, de que trata a Seção IV deste Capítulo;

IX – indicar, dentre os órgãos mencionados no inciso anterior, aquele de vinculação dos estabelecimentos de saúde e das equipes especializadas, que tenha autorizado, com sede ou exercício em Estado, onde ainda não se encontre estruturado ou tenha sido cancelado ou desativado o serviço, ressalvado o disposto no § 3º do artigo seguinte.

Seção III – Dos Órgãos Estaduais

Art. 5º. As Secretarias de Saúde dos Estados, do Distrito Federal e dos Municípios ou órgãos equivalentes, para que se integrem ao SNT, deverão instituir, na respectiva estrutura organizacional, unidade com o perfil e as funções indicadas na Seção seguinte.

§ 1º. Instituída a unidade referida neste artigo, a Secretaria de Saúde, a que se vincular, solicitará ao órgão central o seu credenciamento junto ao SNT, assumindo os encargos que lhes são próprios, após deferimento.

§ 2º. O credenciamento será concedido por prazo indeterminado, sujeito a cancelamento, em caso de desarticulação com o SNT.

§ 3º. Os Estados poderão estabelecer mecanismos de cooperação para o desenvolvimento em comum das atividades de que trata este Decreto, sob coordenação de qualquer unidade integrante do SNT.

Seção IV
Das Centrais de Notificação, Captação e Distribuição de Órgãos – CNCDOs

Art. 6º. As Centrais de Notificação, Captação e Distribuição de Órgãos – CNCDOs serão as unidades executivas das atividades do SNT, afetas ao Poder Público, como previstas neste Decreto.

Art. 7º. Incumbe às CNCDOs:

I – coordenar as atividades de transplantes no âmbito estadual;

II – promover a inscrição de potenciais receptores, como todas as indicações necessárias à sua rápida localização e à verificação de compatibilidade do respectivo organismo para o transplante ou enxerto de tecidos, órgãos e partes disponíveis, de que necessite;

III – classificar os receptores e agrupá-los segundo as indicações do inciso anterior, em ordem estabelecida pela data de inscrição, fornecendo-se-lhes o necessário comprovante;

IV – comunicar ao órgão central do SNT as inscrições que efetuar para a organização da lista nacional de receptores;

V – receber notificações de morte encefálica ou outra que enseje a retirada de tecidos, órgãos e partes para transplante, ocorrida em sua área de atuação;

VI – determinar o encaminhamento e providenciar o transporte de tecidos, órgãos e partes retirados ao estabelecimento de saúde autorizado, em que se encontrar o receptor ideal, observado o disposto no inciso III deste artigo e em instruções ou regulamentos técnicos, expedidos na forma do art. 28 deste Decreto;

VII – notificar o órgão central do SNT de tecidos, órgãos e partes não aproveitáveis entre os receptores inscritos em seus registros para utilização dentre os relacionados na lista nacional;

VIII – encaminhar relatórios anuais ao órgão central do SNT sobre o desenvolvimento das atividades de transplante em sua área de atuação;

IX – exercer controle e fiscalização sobre as atividades de que trata este Decreto;

X – aplicar penalidades administrativas por infração às disposições da Lei nº 9.434, de 1997;

XI – suspender, cautelarmente, pelo prazo máximo de sessenta dias, estabelecimentos e equipes especializadas, antes ou no curso do processo de apuração de infração que tenham cometido, se, pelos indícios conhecidos, houver fundadas razões de continuidade de risco de vida ou de agravos intoleráveis à saúde das pessoas;

XII – comunicar a aplicação de penalidade ao órgão central do SNT, que a registrará para consulta quanto às restrições estabelecidas no § 2º do art. 21 da Lei nº 9.434, de 1997, e cancelamento, se for o caso, da autorização concedida;

XIII – acionar o Ministério Público do Estado e outras instituições públicas competentes, para reprimir ilícitos cuja apuração não esteja compreendida no âmbito de sua atuação.

§ 1º. O Município considerado pólo de região administrativa poderá instituir CNCDO, que ficará vinculada à CNCDO estadual.

§ 2º. Os receptores inscritos nas CNCDOs regionais, cujos dados tenham sido previamente encaminhados às CNCDOs estaduais, poderão receber tecidos, órgãos e partes retirados no âmbito de atuação do órgão regional.

§ 3º. Às centrais regionais aplica-se o disposto nos incisos deste artigo, salvo a apuração de infrações e a aplicação de penalidades.

§ 4º. Para o exercício da competência estabelecida no inciso X deste artigo, a CNCDO observará o devido processo legal, assegurado ao infrator o direito de ampla defesa, com os recursos a ela inerentes e, em especial, as disposições da Lei nº 9.434, de 1997, e, no que forem aplicáveis, as da Lei nº 6.437, de 20 de agosto de 1977, e do Decreto nº 77.052, de 19 de janeiro de 1976.

CAPÍTULO II – DA AUTORIZAÇÃO

Seção I – Das Condições Gerais e Comuns

Art. 8º. A retirada de tecidos, órgãos e partes e o seu transplante ou enxerto só poderão ser realizados por equipes especializadas e em estabelecimentos de saúde, públicos ou privados, prévia e expressamente autorizados pelo Ministério da Saúde.

§ 1º. O pedido de autorização poderá ser formulado para uma ou mais atividades de que trata este Regulamento, podendo restringir-se a tecidos, órgãos ou partes especificados.

§ 2º. A autorização será concedida, distintamente, para estabelecimentos de saúde, equipes especializadas de retirada e de transplante ou enxerto.

§ 3º. Os membros de uma equipe especializada poderão integrar a de outra, desde que nominalmente identificados na relação de ambas, assim como atuar em qualquer estabelecimento de saúde autorizado para os fins deste Decreto.

§ 4º. Os estabelecimentos de saúde e as equipes especializadas firmarão compromisso, no pedido de autorização, de que se sujeitam à fiscalização e ao controle do Poder Público, facilitando o acesso de seus agentes credenciados a instalações, equipamentos e prontuários, observada, quanto a estes a necessária habilitação, em face do caráter sigiloso destes documentos, conforme for estabelecido pelo Conselho Federal de Medicina.

§ 5º. A autorização terá validade pelo prazo de dois anos, renovável por períodos iguais e sucessivos, verificada a observância dos requisitos estabelecidos nas Seções seguintes.

§ 6º. A renovação deverá ser requerida sessenta dias antes do término de sua vigência, prorrogando-se automaticamente a autorização anterior até a manifestação definitiva do Ministério da Saúde.

§ 7º. Os pedidos formulados depois do prazo fixado no parágrafo precedente sujeitam-se à manifestação ali prevista, ficando sem eficácia a autorização a partir da data de expiração de sua vigência e até a decisão sobre o pedido de renovação.

§ 8º. Salvo motivo de força maior, devidamente justificado, a decisão de que trata os §§ 6º e 7º será tomada no prazo de até sessenta dias, a contar do pedido de renovação, sob pena de responsabilidade administrativa.

Seção II – Dos Estabelecimentos de Saúde

Art. 9º. Os estabelecimentos de saúde deverão contar com serviços e instalações adequados à execução de retirada, transplante ou enxerto de tecidos, órgãos ou partes, atendidas, no mínimo, as seguintes exigências, comprovadas no requerimento de autorização:

I – atos constitutivos, com indicação da representação da instituição, em juízo ou fora dele;

II – ato de designação e posse da diretoria;

III – equipes especializadas de retirada, transplante ou enxerto, com vínculo sob qualquer modalidade contratual ou funcional, autorizadas na forma da Seção III deste Capítulo;

IV – disponibilidade de pessoal qualificado e em número suficiente para desempenho de outras atividades indispensáveis à realização dos procedimentos;

V – condições necessárias de ambientação e de infra-estrutura operacional;

VI – capacidade para a realização de exames e análises laboratoriais necessários aos procedimentos de transplantes;

VII – instrumental e equipamento indispensáveis ao desenvolvimento da atividade a que se proponha.

§ 1º. A transferência da propriedade, a modificação da razão social e a alteração das equipes especializadas por outros profissionais, igualmente autorizados, na forma da Seção seguinte, quando comunicadas no decêndio posterior à sua ocorrência, não prejudicam a validade da autorização concedida.

§ 2º. O estabelecimento de saúde, autorizado na forma deste artigo, só poderá realizar transplante, se, em caráter permanente, observar o disposto no § 1º do artigo seguinte.

Seção III – Das Equipes Especializadas

Art. 10. A composição das equipes especializadas será determinada em função do procedimento, mediante integração de profissionais autorizados na forma desta Seção.

§ 1º. Será exigível, no caso de transplante, a definição, em número e habilitação, de profissionais necessários à realização do procedimento, não podendo a equipe funcionar na falta de algum deles.

§ 2º. A autorização será concedida por equipes especializadas, qualquer que seja a sua composição, devendo o pedido, no caso do parágrafo anterior, ser formalizado em conjunto e só será deferido se todos satisfizerem os requisitos exigidos nesta Seção.

Art. 11. Além da necessária habilitação profissional, os médicos deverão instruir o pedido de autorização com:

I – certificado de pós-graduação, em nível, no mínimo, de residência médica ou título de especialista reconhecido no País;

II – certidão negativa de infração ética, passada pelo órgão de classe em que forem inscritos.

Parágrafo único. Eventuais condenações, anotadas no documento a que se refere o inciso II deste artigo, não são indutoras do indeferimento do pedido, salvo em casos de omissão ou de erro médico que tenha resultado em morte ou lesão corporal de natureza grave.

Seção IV – Disposições Complementares

Art. 12. O Ministério da Saúde poderá estabelecer outras exigências, que se tornem indispensáveis à prevenção de quaisquer irregularidades nas práticas de que trata este Decreto.

Art. 13. O pedido de autorização será apresentado às Secretarias de Saúde do Estado ou do Distrito Federal, que o instruirão com relatório conclusivo quanto à satisfação das exigências estabelecidas neste Decreto e em normas regulamentares, no âmbito de sua área de competência definida na Lei nº 8.080, de 19 de setembro de 1990.

§ 1º. A Secretaria de Saúde diligenciará junto ao requerente para a satisfação de exigência acaso não cumprida, de verificação a seu cargo.

§ 2º. Com manifestação favorável sob os aspectos pertinentes à sua análise, a Secretaria de Saúde remeterá o pedido ao órgão central do SNT, para expedir a autorização, se satisfeitos todos os requisitos estabelecidos neste Decreto e em normas complementares.

CAPÍTULO III – DA DOAÇÃO DE PARTES

Seção I – Da Disposição para *Post Mortem*

Art. 14. A retirada de tecidos, órgãos e partes, após a morte, poderá ser efetuada, independentemente de consentimento expresso da família se, em vida, o falecido a isso não tiver manifestado sua objeção.

§ 1º. A manifestação de vontade em sentido contrário à retirada de tecidos, órgãos e partes será plenamente reconhecida se constar da Carteira de Identidade Civil, expedida pelos órgãos de identificação da União, dos Estados e do Distrito Federal, e da Carteira Nacional de Habilitação, mediante inserção, nesses documentos, da expressão "não-doador de órgãos e tecidos".

§ 2º. Sem prejuízo para a validade da manifestação de vontade, como doador presumido, resultante da inexistência de anotações nos documentos de pessoas falecidas, admitir-se-á a doação expressa para retirada após a morte, na forma prevista do Decreto nº 2.170, de 4 de março de 1997, e na Resolução nº 828, de 18 de fevereiro de 1977, expedida pelo Conselho Nacional de Trânsito, com a anotação "doador de órgãos e tecidos" ou, ainda, a doação de tecidos, órgãos ou partes específicas, que serão indicados após a expressão "doador de...".

§ 3º. Os documentos de que trata o § 1º deste artigo, que venham a ser expedidos, na vigência deste Decreto, conterão, a pedido do interessado, as indicações previstas nos parágrafos anteriores.

§ 4º. Os órgãos públicos referidos no § 1º deverão incluir, nos formulários a serem preenchidos para a expedição dos documentos ali mencionados, espaço a ser utilizado para quem desejar manifestar, em qualquer sentido, a sua vontade em relação à retirada de tecidos, órgãos e partes, após a sua morte.

§ 5º. É vedado aos funcionários dos órgãos de expedição dos documentos mencionados neste artigo, sob pena de responsabilidade administrativa, induzir a opção do interessado, salvo a obrigatoriedade de informá-lo de que, se não assinalar qualquer delas, será considerado doador presumido de seus órgãos para a retirada após a morte.

§ 6º. Equiparam-se à Carteira de Identidade Civil, para os efeitos deste artigo, as carteiras expedidas pelos órgãos de classe, reconhecidas por lei como prova de identidade.

§ 7º. O interessado poderá comparecer aos órgãos oficiais de identificação civil e de trânsito, que procederão à gravação da sua opção na forma dos §§ 1º e 2º deste artigo, em documentos expedidos antes da vigência deste Decreto.

§ 8º. A manifestação de vontade poderá ser alterada, a qualquer tempo, mediante renovação dos documentos.

Seção II – Da Disposição do Corpo Vivo

Art. 15. Qualquer pessoa capaz, nos termos da lei civil, pode dispor de tecidos, órgãos e partes de seu corpo para serem retirados, em vida, para fins de transplantes ou terapêuticos.

§ 1º. Só é permitida a doação referida neste artigo, quando se tratar de órgãos duplos ou partes de órgãos, tecidos ou partes, cuja retirada não cause ao doador comprometimento de suas funções vitais e aptidões físicas ou mentais e nem lhe provoque deformação.

§ 2º. A retirada, nas condições deste artigo, só será permitida, se corresponder a uma necessidade terapêutica, comprovadamente indispensável e inadiável, da pessoa receptora.

§ 3º. Exigir-se-á ainda, para a retirada de rins, a comprovação de, pelo menos, quatro compatibilidades em relação aos antígenos leucocitários humanos (HLA), salvo entre cônjuges e consangüíneos, na linha reta ou colateral, até o terceiro grau inclusive.

§ 4º. O doador especificará, em documento escrito, firmado também por duas testemunhas, qual tecido, órgão ou parte do seu corpo está doando para transplante ou enxerto em pessoa que identificará, todos devidamente qualificados, inclusive quanto à indicação de endereço.

§ 5º. O documento de que trata o parágrafo anterior, será expedido, em duas vias, uma das quais será destinada ao órgão do Ministério Público em atuação no lugar de domicílio do doador, com protocolo de recebimento na outra, como condição para concretizar a doação.

§ 6º. Excetua-se do disposto nos §§ 2º, 4º e 5º a doação de medula óssea.

§ 7º. A doação poderá ser revogada pelo doador a qualquer momento, antes de iniciado o procedimento de retirada do tecido, órgão ou parte por ele especificado.

§ 8º. A extração de parte da medula óssea de pessoa juridicamente incapaz poderá ser autorizada judicialmente, com o consentimento de ambos os pais ou responsáveis legais, se o ato não oferecer risco para a sua saúde.

§ 9º. A gestante não poderá doar tecidos, órgãos ou partes de seu corpo, salvo da medula óssea, desde que não haja risco para a sua saúde e a do feto.

CAPÍTULO IV – DA RETIRADA DE PARTES

Seção I – Da Comprovação da Morte

Art. 16. A retirada de tecidos, órgãos e partes poderá ser efetuada no corpo de pessoas com morte encefálica.

§ 1º. O diagnóstico de morte encefálica será confirmado, segundo os critérios clínicos e tecnológicos definidos em resolução do Conselho Federal de Medicina, por dois médicos, no mínimo, um dos quais com título de especialista em neurologia, reconhecido no País.

§ 2º. São dispensáveis os procedimentos previstos no parágrafo anterior, quando a morte encefálica decorrer de parada cardíaca irreversível, comprovada por resultado incontestável de exame eletrocardiográfico.

§ 3º. Não podem participar do processo de verificação de morte encefálica médicos integrantes das equipes especializadas autorizadas, na forma deste Decreto, a proceder à retirada, transplante ou enxerto de tecidos, órgãos e partes.

§ 4º. Os familiares, que estiverem em companhia do falecido ou que tenham oferecido meios de contato, serão obrigatoriamente informados do início do procedimento para a verificação da morte encefálica.

§ 5º. Será admitida a presença de médicos de confiança da família do falecido no ato de comprovação e atestação da morte encefálica, se a demora de seu comparecimento não tornar, pelo decurso do tempo, inviável a retirada, mencionando-se essa circunstância no respectivo relatório.

§ 6º. A família carente de recursos financeiros poderá pedir que o diagnóstico de morte encefálica seja acompanhado por médico indicado pela direção local do SUS, observado o disposto no parágrafo anterior.

Art. 17. Antes da realização da necropsia, obrigatória por lei, a retirada de tecidos, órgãos ou partes poderá ser efetuada se estes não tiverem relação com a *causa mortis*, circunstância a ser mencionada no respectivo relatório, com cópia que acompanhará o corpo à instituição responsável pelo procedimento médico-legal.

Parágrafo único. Excetuam-se do disposto neste artigo os casos de morte ocorrida sem assistência médica ou em decorrência de causa mal definida ou que necessite de ser esclarecida diante da suspeita de crime, quando a retirada, observadas as demais condições estabelecidas neste Decreto, dependerá de autorização expressa do médico patologista ou legista.

Seção II – Do Procedimento de Retirada

Art. 18. Todos os estabelecimentos de saúde deverão comunicar à CNCDO do respectivo Estado, em caráter de urgência, a verificação em suas dependências de morte encefálica.

Parágrafo único. Se o estabelecimento de saúde não dispuser de condições para a comprovação da morte encefálica ou para a retirada de tecidos, órgãos e partes, segundo as exigências deste Decreto, a CNCDO acionará os profissionais habilitados que se encontrarem mais próximos para efetuarem ambos os procedimentos, observado o disposto no § 3º do art. 16 deste Decreto.

Art. 19. Não se efetuará a retirada se não for possível a identificação do falecido por qualquer dos documentos previstos nos §§ 1º e 6º do art. 14 deste Decreto.

§ 1º. Se dos documentos do falecido constarem opções diferentes, será considerado válido, para interpretação de sua vontade, o de expedição mais recente.

§ 2º. Não supre as exigências deste artigo o simples reconhecimento de familiares, se nenhum dos documentos de identificação do falecido for encontrado.

§ 3º. Qualquer rasura ou vestígio de adulteração dos documentos, em relação aos dados previstos nos §§ 1º e 6º do art. 14, constituem impedimento para a retirada de tecidos, órgãos e partes, salvo se, no mínimo, dois consangüíneos do falecido, seja na linha reta ou colateral, até o segundo grau inclusive, conhecendo a sua vontade, quiserem autorizá-la.

§ 4º. A retirada de tecidos, órgãos e partes do cadáver de pessoas incapazes dependerá de autorização expressa de ambos os pais, se vivos, ou de quem lhes detinha, ao tempo da morte, o pátrio poder, a guarda judicial, a tutela ou curatela.

Art. 20. A retirada de tecidos, órgãos e partes do corpo vivo será precedida da comprovação de comunicação ao Ministério Público e da verificação das condições de saúde do doador para melhor avaliação de suas conseqüências e comparação após o ato cirúrgico.

Parágrafo único. O doador será prévia e obrigatoriamente informado sobre as conseqüências e riscos possíveis da retirada de tecidos, órgãos ou partes de seu corpo, para doação em documento lavrado na ocasião, lido em sua presença e acrescido de outros esclarecimentos que pedir e, assim, oferecido à sua leitura e assinatura e de duas testemunhas presentes ao ato.

Seção III – Da Recomposição do Cadáver

Art. 21. Efetuada a retirada, o cadáver será condignamente recomposto, de modo a recuperar, tanto quanto possível, sua aparência anterior, com cobertura das regiões com ausência de pele e enchimento, com material adequado, das cavidades resultantes da ablação.

CAPÍTULO V – DO TRANSPLANTE OU ENXERTO

Seção I – Do Consentimento do Receptor

Art. 22. O transplante ou enxerto só se fará com o consentimento expresso do receptor, após devidamente aconselhado sobre a excepcionalidade e os riscos do procedimento.

§ 1º. Se o receptor for juridicamente incapaz ou estiver privado dos meios de comunicação oral ou escrita ou, ainda, não souber ler e escrever, o consentimento para a realização do transplante será dado por um de seus pais ou responsáveis legais, na ausência dos quais, a decisão caberá ao médico assistente, se não for possível, por outro modo, mantê-lo vivo.

§ 2º. A autorização será aposta em documento, que conterá as informações sobre o procedimento e as perspectivas de êxito ou insucesso, transmitidas ao receptor, ou, se for o caso, às pessoas indicadas no parágrafo anterior.

§ 3º. Os riscos considerados aceitáveis pela equipe de transplante ou enxerto, em razão dos testes aplicados na forma do art. 24, serão informados ao receptor que poderá assumi-los, mediante expressa concordância, aposta no documento previsto no parágrafo anterior, com indicações das seqüelas previsíveis.

Seção II – Do Procedimento de Transplante

Art. 23. Os transplantes somente poderão ser realizados em pacientes com doença progressiva ou incapacitante, irreversível por outras técnicas terapêuticas, cuja classificação, com esse prognóstico, será lançada no documento previsto no § 2º do artigo anterior.

Art. 24. A realização de transplantes ou enxertos de tecidos, órgãos ou partes do corpo humano só será autorizada após a realização, no doador, de todos os testes para diagnóstico de infecções e afecções, principalmente em relação ao sangue, observando-se, quanto a este, inclusive os exigidos na triagem para doação, segundo dispõem a Lei nº 7.649, de 25 de janeiro de 1988, e regulamentos do Poder Executivo.

§ 1º. As equipes de transplantes ou enxertos só poderão realizá-los se os exames previstos neste artigo apresentarem resultados que afastem qualquer prognóstico de doença incurável ou letal para o receptor.

§ 2º. Não serão transplantados tecidos, órgãos e partes de portadores de doenças que constem de listas de exclusão expedidas pelo órgão central do SNT.

§ 3º. O transplante dependerá, ainda, dos exames necessários à verificação de compatibilidade sangüínea e histocompatibilidade com o organismo de receptor inscrito, em lista de espera, nas CNCDOs.

§ 4º. A CNCDO, em face das informações que lhe serão passadas pela equipe de retirada, indicará a destinação dos tecidos, órgãos e partes removidos, em estrita observância à ordem de receptores inscritos, com compatibilidade para recebê-los.

§ 5º. A ordem de inscrição, prevista no parágrafo anterior, poderá deixar de ser observada, se, em razão da distância e das condições de transporte, o tempo estimado de deslocamento do receptor selecionado tornar inviável o transplante de tecidos, órgãos ou partes retirados ou se deles necessitar quem se encontre em iminência de óbito, segundo avaliação da CNCDO, observados os critérios estabelecidos pelo órgão central do SNT.

Seção III – Dos Prontuários

Art. 25. Além das informações usuais e sem prejuízo do disposto no § 1º do art. 3º da Lei nº 9.434, 1997, os prontuários conterão:

I – no do doador morto, os laudos dos exames utilizados para a comprovação da morte encefálica e para a verificação da viabilidade da utilização, nas finalidade previstas neste Decreto, dos tecidos, órgãos ou partes que lhe tenham sido retirados e, assim, relacionados, bem como o original ou cópia autenticada dos documentos utilizados para a sua identificação;

II – no do doador vivo, o resultado dos exames realizados para avaliar as possibilidades de retirada e transplante dos tecidos, órgãos e partes doados, assim como a comunicação, ao Ministério Público, da doação efetuada de acordo com o disposto nos §§ 4º e 5º do art. 15 deste Decreto;

III – no do receptor, a prova de seu consentimento, na forma do art. 22, cópia dos laudos dos exames previsto nos incisos anteriores, conforme o caso e, bem assim, os realizados para o estabelecimento da compatibilidade entre seu organismo e o do doador.

Art. 26. Os prontuários, com os dados especificados no artigo anterior, serão mantidos pelo prazo de cinco anos nas instituições onde foram realizados os procedimentos que registram.

Parágrafo único. Vencido o prazo previsto neste artigo, os prontuários poderão ser confiados à responsabilidade da CNCDO do Estado de sede da instituição responsável pelo procedimento a que se refiram, devendo, de qualquer modo, permanecer disponíveis pelo prazo de 20 anos, para eventual investigação criminal.

DISPOSIÇÕES FINAIS E TRANSITÓRIAS

Art. 27. Aplica-se o disposto no § 3º do art. 19 à retirada de tecidos, órgãos ou partes de pessoas falecidas até seis meses após a publicação deste Decreto, cujos documentos tenham sido expedidos em data anterior à sua vigência.

Art. 28. É o Ministério da Saúde autorizado a expedir instruções e regulamentos necessários à aplicação deste Decreto.

Art. 29. Enquanto não for estabelecida a estrutura regimental do Ministério da Saúde, a sua Secretaria de Assistência à Saúde exercerá as funções de órgão central do SNT.

Art. 30. A partir da vigência deste Decreto, tecidos, órgãos ou partes não poderão ser transplantados em receptor não indicado pelas CNCDOs.

Parágrafo único. Até a criação das CNCDOs, as competências que lhes são cometidas por este Decreto, poderão, pelo prazo máximo de um ano, ser exercidas pelas Secretarias de Saúde dos Estados e do Distrito Federal.

Art. 31. Não se admitirá inscrição de receptor de tecidos, órgãos ou partes em mais de uma CNCDO.

§ 1º. Verificada a duplicidade de inscrição, o órgão central do SNT notificará o receptor para fazer a sua opção por uma delas, no prazo de quinze dias, vencido o qual, sem resposta, excluirá da lista a mais recente e comunicará o fato à CNCDO, onde ocorreu a inscrição, para igual providência.

§ 2º. A inscrição em determinada CNCDO não impedirá que o receptor se submeta a transplante ou enxerto em qualquer estabelecimento de saúde autorizado, se, pela lista sob controle do órgão central do SNT, for o mais indicado para receber tecidos, órgãos ou partes retirados e não aproveitados, de qualquer procedência.

Art. 32. Ficam convalidadas as inscrições de receptores efetuadas por CNCDOs ou órgãos equivalentes, que venham funcionando em Estados da Federação, se atualizadas pela ordem crescente das respectivas datas e comunicadas ao órgão central do SNT.

Art. 33. Caberá aos estabelecimentos de saúde e às equipes especializadas autorizados a execução de todos os procedimentos médicos previstos neste Decreto, que serão remunerados segundo os respectivos valores fixados em tabela aprovada pelo Ministério da Saúde.

Parágrafo único. Os procedimentos de diagnóstico de morte encefálica, de manutenção homeostática do doador e da retirada de tecidos, órgãos ou partes, realizados por estabelecimento hospitalar privado, poderão, conjunta ou separadamente, ser custeados na forma do *caput*, independentemente de contrato ou convênio, mediante declaração do receptor, ou, no caso do óbito, por sua família, na presença de funcionários da CNCDO, de que tais serviços não lhe foram cobrados.

Art. 34. Este Decreto entrará em vigor na data de sua publicação.

Art. 35. Fica revogado o Decreto nº 879, de 22 de julho de 1993.

Brasília, 30 de junho de 1997; 176º da Independência e 109º da República.

Fernando Henrique Cardoso

DOU de 1º.7.1997

DECRETO Nº 2.366, DE 5 DE NOVEMBRO DE 1997

Regulamenta a Lei nº 9.456, de 25 de abril de 1997, que institui a Proteção de Cultivares, dispõe sobre o Serviço Nacional de Proteção de Cultivares – SNPC, e dá outras providências.

O Presidente da República, no uso da atribuição que lhe confere o art. 84, inciso IV, da Constituição, e tendo em vista o disposto na Lei nº 9.456, de 25 de abril de 1997,

Decreta:

CAPÍTULO I – DAS DISPOSIÇÕES GERAIS

Seção I – Das Disposições Preliminares

Art. 1º. A proteção de cultivares, nos termos da Lei nº 9.456, de 25 de abril de 1997, dar-se-á em conformidade com as normas previstas neste Decreto.

Art. 2º. A proteção dos direitos relativos à propriedade intelectual referente a cultivar se efetua mediante a concessão de Certificado de Proteção de Cultivar, considerado bem móvel para todos os efeitos legais e única forma de proteção de cultivares e de direito que poderá obstar a livre utilização de plantas ou de suas partes de reprodução ou de multiplicação vegetativa, no País.

Seção II – Do órgão de Proteção de Cultivar

Art. 3º. O Serviço Nacional de Proteção de Cultivares – SNPC, criado pela Lei nº 9.456, de 1997, no âmbito do Ministério da Agricultura e do Abastecimento, é o órgão competente para a proteção de cultivares no País, cabendo-lhe especialmente:

I – proteger as novas cultivares e as cultivares essencialmente derivadas, outorgando-lhes os certificados de proteção correspondentes;

II – divulgar, progressivamente, as espécies vegetais e respectivos descritores mínimos, necessários à abertura de pedidos de proteção, bem como a data-limite, na hipótese da alínea *"a"* do § 1º do art. 6º deste Decreto, para apresentação dos pedidos;

III – elaborar e submeter à aprovação do Ministro de Estado da Agricultura e do Abastecimento normas complementares, no âmbito de sua competência, sobre a proteção de novas cultivares e de cultivares essencialmente derivadas, bem assim de cultivares passíveis de proteção na forma do art. 4º, § 1º, da Lei nº 9.456, de 1997, de qualquer gênero ou espécie vegetal, e estabelecer os formulários necessários à tramitação do pedido de proteção;

IV – receber, protocolizar, deferir e indeferir pedidos de proteção, formalizados mediante requerimento assinado pela pessoa física ou jurídica que obtiver cultivar, ou por seu procurador devidamente habilitado;

V – receber, protocolizar, julgar, deferir e indeferir pedidos de impugnação apresentados por terceiros ou pelo requerente do direito de proteção;

VI – receber, protocolizar, instruir e encaminhar ao Ministro de Estado da Agricultura e do Abastecimento recursos apresentados por terceiros ou pelo requerente do pedido de proteção;

VII – divulgar, mediante publicação no *Diário Oficial* da União e em publicação periódica especializada, os extratos dos pedidos de proteção, a proteção concedida, as transferências de titularidade, a declaração de licenciamento compulsório ou de uso público restrito, a suspensão transitória, a extinção da proteção e a nulidade ou o cancelamento dos certificados de proteção e outros atos, despachos e decisões administrativas decorrentes da proteção de cultivares;

VIII – conceder, manter, transferir, cancelar e anular Certificado Provisório de Proteção e Certificado de Proteção de Cultivar;

IX – estruturar ou credenciar bancos destinados à conservação de amostras vivas que integrarão a coleção de germoplasma de cultivares protegidas;

X – determinar a realização de ensaios de campo e testes em laboratório para diferenciação da cultivar, quando julgar necessários;

XI – fiscalizar o cumprimento das normas legais pertinentes à proteção e ao direito de proteção;

XII – fornecer certidões relativas às matérias de que trata a Lei nº 9.456, de 1997;

XIII – estabelecer os modelos de certificados de proteção;

XIV – emitir parecer técnico conclusivo em processos de requerimento de licença compulsória da cultivar protegida, bem como adotar as medidas complementares, referentes à comunicação às partes interessadas e acompanhamento da implementação da licença concedida;

XV – emitir parecer técnico conclusivo com vistas a subsidiar declaração de uso público restrito de cultivar protegida;

XVI – criar grupo de trabalho composto de especialistas para prestar assessoramento em matérias específicas;

XVII – opinar sobre a conveniência de assinatura, ratificação ou denúncia de convenções, tratados, convênios e acordos sobre proteção de cultivares;

XVIII – averbar, no cadastro de cultivar protegida, as decisões relativas a processos de licença compulsória e de declaração de uso público restrito;

XIX – indicar a participação de servidores em reuniões técnicas, comitês e grupos de trabalho de âmbito nacional e internacional sobre proteção de cultivares;

XX – relacionar-se com instituições públicas e privadas, de âmbito nacional, internacional e estrangeira, com o objetivo de manter banco de dados de denominações e de descritores de cultivares, bem como para intercâmbio técnico-científico na área de proteção de cultivares;

XXI – implantar e manter atualizado o Cadastro Nacional de Cultivares Protegidas – CNCP.

Parágrafo único. Os serviços técnicos de que tratam os incisos IX e X deste artigo poderão ser realizados por convênios ou contratos, ou pelo sistema de credenciamento, com instituições públicas ou privadas.

Art. 4º. O SNPC, sempre que necessário, consultará o Instituto Nacional de Propriedade Industrial – INPI, para verificar se a denominação proposta para a cultivar consta como marca de produto ou serviço vinculado à área vegetal ou de aplicação da cultivar, depositada ou já registrada naquele Instituto.

Parágrafo único. O SNPC se articulará com o INPI visando a troca de informações pertinentes à proteção de cultivares com as marcas depositadas e registradas naquele Instituto.

Seção III – Da Proteção de Cultivar em Geral

Art. 5º. Considera-se, para os efeitos deste Decreto:

I – melhorista: a pessoa física que obtiver cultivar e estabelecer descritores que a diferenciem das demais;

II – descritor: a característica morfológica, fisiológica, bioquímica ou molecular que seja herdada geneticamente, utilizada na identificação de cultivar;

III – margem mínima: o conjunto mínimo de descritores, a critério do SNPC, suficiente para diferenciar uma nova cultivar ou uma cultivar essencialmente derivada das demais cultivares conhecidas;

IV – cultivar: a variedade de qualquer gênero ou espécie vegetal superior que seja claramente distinguível de outras cultivares conhecidas por margem mínima de descritores, por sua denominação própria, que seja homogênea e estável quanto aos descritores através de gerações sucessivas e seja de espécie passível de uso pelo complexo agroflorestal, descrita em publicação especializada disponível e acessível ao público, bem como a linhagem componente de híbridos;

V – nova cultivar: a cultivar que não tenha sido oferecida à venda no Brasil há mais de doze meses em relação à data do pedido de proteção e que, observado o prazo de comercialização no Brasil, não tenha sido oferecida à venda em outros países, com o consentimento do obtentor, há mais de seis anos para espécies de árvores e videiras e há mais de quatro anos para as demais espécies;

VI – cultivar distinta: a cultivar que se distingue claramente de qualquer outra cuja existência na data do pedido de proteção seja reconhecida;

VII – cultivar homogênea: a cultivar que, utilizada em plantio, em escala comercial, apresente variabilidade mínima quanto aos descritores que a identifiquem, segundo critérios estabelecidos pelo SNPC;

VIII – cultivar estável: a cultivar que, reproduzia em escala comercial, mantenha a sua homogeneidade através de gerações sucessivas;

IX – cultivar essencialmente derivada: a essencialmente derivada de outra cultivar se, cumulativamente, for:

a) predominantemente derivada da cultivar inicial ou de outra cultivar essencialmente derivada, sem perder a expressão das características essenciais que resultem do genótipo ou da combinação de genótipos da cultivar da qual derivou, exceto no que diz respeito às diferenças resultantes da derivação;

b) claramente distinta da cultivar da qual derivou, por margem mínima de descritores, de acordo com critérios estabelecidos pelo SNPC;

c) não tenha sido oferecida à venda no País há mais de doze meses em relação à data do pedido de proteção e que, observado o prazo de comercialização no Brasil, não tenha sido oferecida à venda em outros países, com o consentimento do obtentor, há mais de seis anos para espécies de árvores e videiras e há mais de quatro anos para as demais espécies;

X – linhagens: os materiais genéticos homogêneos, obtidos por algum processo autogâmico continuado;

XI – híbrido: o produto imediato do cruzamento entre linhagens geneticamente diferentes;

XII – teste de distinguibilidade, homogeneidade e estabilidade (DHE): o procedimento técnico de comprovação de que a nova cultivar ou a cultivar essencialmente derivada são distinguíveis de outra cujos descritores sejam conhecidos, homogêneas quanto às suas características em cada ciclo reprodutivo e estáveis quanto à repetição das mesmas características ao longo de gerações sucessivas;

XIII – amostra viva: a fornecida pelo requerente do direito de proteção que, se utilizada na propagação da cultivar, confirme os descritores apresentados;

XIV – semente: toda e qualquer estrutura vegetal utilizada na propagação de uma cultivar;

XV – propagação: a reprodução e a multiplicação de uma cultivar, ou a concomitância dessas ações;

XVI – material propagativo: toda e qualquer parte da planta ou estrutura vegetal utilizada na sua reprodução e multiplicação;

XVII – planta inteira: a planta com todas as suas partes passíveis de serem utilizadas na propagação de uma cultivar;

XVIII – complexo agroflorestal: o conjunto de atividades relativas ao cultivo de gêneros e espécies vegetais visando, entre outras, à alimentação humana ou animal, à produção de combustíveis, óleos, corantes, fibras e demais insumos para fins industrial, medicinal, florestal e ornamental.

Art. 6º. É passível de proteção a nova cultivar ou a cultivar essencialmente derivada, de qualquer gênero ou espécie vegetal.

§ 1º. São também passíveis de proteção as cultivares não enquadráveis no disposto no *caput* e que já tenham sido oferecidas à venda até a data do pedido, obedecidas as seguintes condições cumulativas:

a) que o pedido de proteção seja apresentado até doze meses após cumprido o disposto no § 2º deste artigo, para cada espécie ou cultivar;

b) que a primeira comercialização da cultivar haja ocorrido há, no máximo, dez anos da data do pedido de proteção;

c) a proteção produzirá efeitos tão-somente para fins de utilização da cultivar para obtenção de cultivares essencialmente derivadas;

d) a proteção será concedida pelo período remanescente aos prazos previstos no art. 11 da Lei nº 9.456, de 1997, considerada, para tanto, a data da primeira comercialização.

§ 2º. Cabe ao SNPC divulgar, progressivamente, as espécies vegetais e respectivos descritores mínimos necessários à abertura de pedidos de proteção, bem como as respectivas datas-limite para efeito da alínea *"a"* do parágrafo anterior.

§ 3º. A divulgação de que trata o parágrafo anterior obedecerá a uma escala de espécies, observado o seguinte cronograma, expresso em total cumulativo de espécies protegidas:

a) na data de entrada em vigor deste Decreto: pelo menos cinco espécies;

b) após três anos: pelo menos dez espécies;

c) após seis anos: pelo menos dezoito espécies;

d) após oito anos: pelo menos 24 espécies.

Art. 7º. Da denominação de cultivar a ser protegida, deverá constar no mínimo uma palavra e, no máximo, três, uma combinação alfanumérica, uma combinação de palavras e letras, ou uma combinação de palavras e números.

§ 1º. O titular do direito de proteção não poderá utilizar, como denominação da cultivar, uma designação que:

a) não permita a identificação da cultivar;

b) seja suscetível de indução a erro ou a confusão quanto à origem, à procedência, às características, ao valor ou à identidade da cultivar, ou quanto à identidade do obtentor;

c) seja idêntica ou possa confundir-se com outra denominação que designe uma cultivar preexistente de uma mesma espécie botânica ou de uma espécie semelhante;

d) seja idêntica ou possa confundir-se com outra designação sobre a qual um terceiro possua direito de proteção anterior;

e) seja contrária à moral e aos bons costumes;

f) se refira unicamente a atributos comuns de outras cultivares da mesma espécie;

g) conste de um nome botânico ou comum de um gênero ou espécie;

h) sugira que a cultivar derive de outra cultivar ou com essa esteja relacionada, quando este fato não corresponder à realidade;

i) inclua termos como: variedade, cultivar, forma, híbrido, cruzamento ou traduções dos mesmos;

j) por motivos distintos, não resulte como denominação genérica da cultivar;

l) reproduza, no todo ou em parte, marca de produto ou serviço vinculado à área vegetal, ou de aplicação da cultivar, ou marca notória.

§ 2º. Quando a cultivar já se encontrar protegida ou em processo de proteção em outro país deverá ser mantida a mesma denominação, salvo quando esta for inadequada em face de razões lingüísticas ou por algum dos motivos enumerados no parágrafo anterior, cabendo, neste caso, ao requerente propor outra denominação, sob pena de arquivamento do processo do pedido de proteção.

Art. 8º. A pessoa física ou jurídica que produzir para fins comerciais, vender, oferecer à venda, reproduzir, importar, exportar, bem como embalar ou armazenar para esses fins material de propagação de cultivar protegida ficará obrigada a utilizar a denominação aprovada por ocasião da proteção da mesma.

Parágrafo único. Para os efeitos do *caput* deste artigo, a denominação da cultivar protegida poderá ser associada a uma marca industrial ou comercial ou a um nome comercial ou ainda a uma denominação similar, desde que seja facilmente reconhecida e devidamente autorizada pelo titular da referida cultivar.

Art. 9º. Durante o prazo de proteção da cultivar o titular deve garantir que a cultivar protegida permaneça conforme sua descrição, após reproduções ou multiplicações sucessivas ou, quando o mesmo haja definido um ciclo particular de reproduções ou multiplicações, ao final de cada ciclo.

Art. 10. O documento original de transferência *inter vivos* da titularidade da proteção de cultivar conterá a qualificação completa do cedente e do cessionário, bem como das testemunhas e a indicação precisa da cultivar protegida.

CAPÍTULO II – DAS DISPOSIÇÕES ESPECÍFICAS

Seção I – Do Pedido de Proteção de Cultivar

Art. 11. Somente será aceito pedido de proteção para nova cultivar ou para cultivar essencialmente derivada na hipótese de o SNPC ter, previamente, divulgado as espécies vegetais e seus respectivos descritores mínimos.

Parágrafo único. Aplica-se, também, o disposto no *caput* às cultivares passíveis de proteção, de que trata o art. 4º, § 1º, da Lei nº 9.456, de 1997.

Art. 12. O pedido de proteção de cultivar deverá ser apresentado em formulário próprio, a ser estabelecido pelo SNPC.

Parágrafo único. Quando se tratar de pedido de proteção de cultivar essencialmente derivada, o interessado deverá, sem prejuízo das exigências previstas no art. 14 da Lei nº 9.456, de 1997, indicar, além da origem genética prevista no seu inciso III, a condição de essencialmente derivada.

Art. 13. O pedido de proteção de cultivar será apresentado ao SNPC, que fará a verificação formal preliminar quanto à existência de sinonímia e, se inexistente, o protocolizará, desde que devidamente instruído.

Art. 14. Do protocolo do pedido de proteção de cultivar constarão a data e a hora do registro, o número de apresentação do pedido, o nome e endereço completo do interessado e de seu procurador, se houver, para fins de prevalência da proteção solicitada.

Art. 15. Protocolizado o pedido de proteção de cultivar, proceder-se-á a análise para verificação das exigências legais e técnicas, notadamente quanto aos descritores indicativos das características de DHE, comprovação da efetivação de testes e ensaios com a cultivar, dentre outros.

§ 1º. Caso seja detectada a similaridade entre duas ou mais cultivares da mesma espécie, no decorrer da análise do processo, prevalecerá a prioridade do pedido de proteção na forma estabelecida no artigo anterior.

§ 2º. Quando o pedido de proteção não oferecer os elementos suficientes para a completa análise processual, o SNPC solicitará ao requerente que, no prazo de sessenta dias, a contar da data do recebimento da notificação, apresente novo relatório técnico descritivo, bem como outras informações complementares.

§ 3º. Cumprida a exigência prevista no parágrafo anterior e persistindo dúvidas relativas à diferenciação da cultivar, o SNPC poderá realizar os testes ou ensaios comparativos de campo às expensas do requerente, caso este concorde, ou determinar o arquivamento do pedido.

§ 4º. No caso de diligência, o prazo para publicação do pedido de proteção de cultivar, de até sessenta dias, previsto no art. 16 da Lei nº 9.456, de 1997, passará a ser contado a partir da data do pleno atendimento da citada diligência.

§ 5º. Publicado o pedido, correrá o prazo de noventa dias para apresentação de eventuais impugnações.

§ 6º. Recebida a impugnação, o SNPC, no prazo de até trinta dias, cientificará o requerente da proteção, encaminhando-lhe cópia do inteiro teor da impugnação, para manifestar-se no prazo de trinta dias, a contar da data do recebimento da notificação.

§ 7º. Recebida a defesa do requerente em relação à impugnação, ou decorrido o prazo de trinta dias de que trata o parágrafo anterior, sem manifestação, o SNPC decidirá pelo deferimento ou não do pedido de proteção.

§ 8º. Da decisão que deferir ou denegar o pedido de proteção, caberá recurso no prazo de sessenta dias a contar da data de sua publicação, conforme o disposto no § 7º do art. 18 da Lei nº 9.456, de 1997.

§ 9º. Recebido e protocolizado o recurso, o SNPC instruirá o processo, submetendo-o ao Ministro de Estado da Agricultura e do Abastecimento, que decidirá no prazo de sessenta dias, a partir daquele registro.

Art. 16. Cabe ao SNPC fazer exigência, após publicado o pedido de proteção, para alteração do nome da cultivar quando for:

I – constatado algum fato que teria impedido a aceitação da denominação, se identificado por ocasião da análise do pedido de proteção;

II – solicitado pelo titular do direito ou seu representante legal, devidamente justificado;

III – solicitado por terceiro, caso seja constatada a existência de um direito anterior em relação à denominação.

§ 1º. Deferido o pedido de alteração da denominação, de que tratam os incisos II e III deste artigo, o SNPC solicitará ao detentor do direito a indicação de nova denominação, no prazo de sessenta dias, a contar da data do recebimento da notificação.

§ 2º. Caso a solicitação não seja atendida no prazo estipulado no parágrafo anterior, o pedido será arquivado e cancelado o Certificado Provisório de Proteção, se expedido.

§ 3º. Indicada nova denominação para a cultivar, o pedido de proteção será republicado, restabelecendo-se, em decorrência, o prazo de noventa dias para eventuais impugnações, dando-se ciência ao requerente.

Art. 17. O titular o direito de proteção de cultivar prestará ao SNPC todas as informações e esclarecimentos que lhe forem solicitados, inclusive quanto à inspeção dos meios adotados para a conservação da amostra viva da cultivar em seu poder.

§ 1º. As amostras fornecidas para integrar a coleção de germoplasma de cultivares, a que se refere o inciso IX do art. 3º deste Decreto, só poderão ser utilizadas para fins de comprovação de questões afetas à proteção de cultivares.

§ 2º. A manipulação e o exame das amostras vivas a que se refere o parágrafo único do art. 22 da Lei nº 9.456, de 1997, restringir-se-ão à comprovação do teste de DHE da cultivar.

Art. 18. No pedido de proteção de cultivar, o prazo de oferecimento à venda ou comercialização a ser observado, para os fins previstos no art. 6º deste Decreto, será o da primeira operação comercial da cultivar em referência, como semente básica, registrada, certificada ou fiscalizada.

Art. 19. Serão válidas, para instruir processo administrativo de pedido de proteção de cultivares, e acompanhamento de sua tramitação, as certidões dos originais das procurações públicas, expedidas pelos órgãos competentes.

Seção II – Do Cadastro Nacional de Cultivares Protegidas – CNCP

Art. 20. O Cadastro Nacional de Cultivares Protegidas – CNCP conterá, no mínimo:

I – o número do protocolo do pedido de proteção;

II – o número do Certificado Provisório de Proteção;

III – o número do Certificado de Proteção de Cultivar;

IV – o nome da espécie (nome botânico e nome comum);

V – a denominação da cultivar;

VI – a data do início da proteção;

VII – a data do término da proteção;

VIII – o nome e endereço do titular da proteção;

IX – o(s) nome(s) do(s) melhorista(s);

X – o nome e endereço do representante legal;

XI – o nome e endereço do responsável técnico;

XII – a indicação do país de origem da cultivar;

XIII – as alterações no certificado de proteção;

XIV – as averbações.

Seção III – Da Licença Compulsória

Art. 21. A licença compulsória é o instrumento utilizado pelo Poder Público para autorizar, a requerimento de legítimo interessado, a exploração de cultivar protegida, independentemente da autorização do seu titular, por prazo de três anos, prorrogável por iguais períodos, sem exclusividade, e mediante remuneração, na forma deste Decreto.

§ 1º. Considera-se legítimo interessado, para fins de requerer licença compulsória, o produtor de sementes como definido em lei, desde que contra ele não exista representação por infração à ordem econômica, nos termos da Lei nº 8.884, de 11.6.1994.

§ 2º. A remuneração a que se refere o *caput* será arbitrada pelo SNPC na falta de acordo entre o titular de cultivar protegida e o requerente da licença compulsória, tomando por base percentuais livremente negociados segundo as práticas correntes de mercado para a espécie.

Art. 22. O requerimento de licença compulsória deverá ser instruído com:

I – a qualificação do requerente;

II – a qualificação do titular do direito sobre a cultivar;

III – a denominação e a descrição suficiente da cultivar;

IV – os motivos do requerimento, observado o disposto no art. 28 da Lei nº 9.456, de 1997;

V – prova escrita de que o requerente esgotou todas as providências ao seu alcance, no sentido de negociar proposta de licença voluntária apresentada ao titular da cultivar ou ao seu procurador;

VI – prova de que o requerente goza de capacidade financeira e técnica para a exploração da cultivar, consubstanciada em:

a) área de sua propriedade ou cooperada;

b) capacidade de beneficiamento de sementes;

c) capacidade de armazenamento;

d) responsável técnico;

e) laboratório próprio ou de terceiros para análise de sementes;

f) rede de distribuição de sementes;

g) relação de clientes;

h) relação descritiva das cultivares por ele produzidas e comercializadas, por gênero ou espécie vegetal;

i) prova do seu registro, como produtor de sementes, no Ministério da Agricultura e do Abastecimento;

j) capital compatível com os custos da operação;

VII – outras provas exigidas em ato específico do Conselho Administrativo de Defesa Econômica – CADE, observado, se for o caso, o disposto no art. 35 deste Decreto.

§ 1º. O requerente indicará, ainda, a existência de licença voluntária sobre a cultivar, concedida a terceiros, e de ação judicial pendente, pertinente ao mesmo assunto, se delas tiver conhecimento.

§ 2º. É dever do SNPC e do CADE guardar sigilo, na forma da lei, sobre as informações prestadas pelo requerente.

Art. 23. Recebido o requerimento de licença compulsória, o Ministério da Agricultura e do Abastecimento, se entender satisfatoriamente cumpridos os requisitos do artigo anterior, determinará:

I – a autuação do requerimento com os anexos;

II – a elaboração de parecer técnico pelo SNPC;

III – a intimação do titular da cultivar e, quando couber, do titular de licença voluntária, para que se manifestem, querendo, no prazo de dez dias, a contar da data do recebimento da intimação;

IV – a publicação do extrato do pedido de licença compulsória, para conhecimento e impugnação de terceiros interessados, no prazo de dez dias.

§ 1º. Expirado o prazo de dez dias concedido ao titular da cultivar protegida e ao titular de licença voluntária, se houver, de que trata o inciso III deste artigo, o processo, com ou sem manifestação, será encaminhado ao CADE, instruído com o parecer técnico, na forma do artigo seguinte, no prazo máximo de quinze dias.

§ 2º. Se o requerimento não estiver suficientemente instruído com os documentos que comprovem as exigências previstas no artigo anterior, o Ministério da Agricultura e do Abastecimento poderá determinar que o requerente complemente a documentação especificada, no prazo de quinze dias, a contar da data do recebimento da notificação, sob pena de arquivamento do pedido.

Art. 24. O parecer técnico do SNPC sobre o requerimento da licença compulsória conterá:

I – relatório sobre o requerimento que, além de observar o disposto no art. 22 deste Decreto, indicará a existência, se for o caso, de pedidos anteriores de licença compulsória;

II – avaliação objetiva das conseqüências adversas ao comércio que a licença deseja reparar;

III – proposta de deferimento ou indeferimento da licença compulsória, com indicação objetiva dos motivos da recomendação.

Parágrafo único. O SNPC, quando solicitado, prestará ao CADE as informações adicionais necessárias à instrução do processo de licença compulsória.

Art. 25. Se não houver necessidade de diligências complementares, o CADE apreciará o requerimento da licença compulsória no prazo máximo de trinta dias.

Art. 26. Salvo por motivos legítimos, a juízo do CADE, com base no parecer técnico do SNPC, a licença compulsória caducará, independentemente de notificação se, no prazo de seis meses, contado da publicação da concessão, o requerente não adotar as providências necessárias à sua implementação.

Parágrafo único. O prazo para implementação do disposto neste artigo poderá ser prorrogado uma vez, a pedido do interessado, devidamente justificado.

Art. 27. Aplica-se à licença compulsória, no que couber, as disposições previstas na Lei nº 9.279, de 14 de maio de 1996.

Seção IV – Do Uso Público Restrito

Art. 28. A cultivar protegida será declarada de uso público restrito, *ex officio,* pelo Ministro de Estado da Agricultura e do Abastecimento, com base em parecer técnico dos respectivos órgãos competentes, no exclusivo interesse público, para atender às necessidades da política agrícola, nos casos de emergência nacional, abuso do poder econômico, ou outras circunstâncias de extrema urgência e em casos de uso público não comercial.

§ 1º. Considera-se de uso público restrito a cultivar que, por ato do Ministro de Estado da Agricultura e do Abastecimento, puder ser explorada diretamente pela União Federal ou por terceiros por ela designados, sem exclusividade, sem autorização de seu titular, pelo prazo de três anos, prorrogável por iguais períodos, desde que notificado e remunerado o titular na forma deste Decreto.

§ 2º. A notificação de que trata o parágrafo anterior será expedida imediatamente após a publicação da declaração de uso público restrito e conterá no mínimo:

a) razões da declaração;

b) relação de pessoas físicas ou jurídicas autorizadas a explorar a cultivar, contendo o nome, o endereço e o número do Cadastro de Pessoa Física – CPF ou Cadastro Geral de Contribuinte – CGC junto ao Ministério da Fazenda;

c) remuneração pertinente;

d) volume mínimo anual de material de reprodução ou multiplicação vegetativa da cultivar, necessário à sua exploração.

§ 3º. A remuneração pela exploração de cultivar protegida, declarada de uso público restrito, será calculada tomando-se por base os preços de mercado para a espécie, praticados na data da declaração, levando-se em consideração os fatores que a determinaram.

Seção V – Dos Serviços Públicos

Art. 29. Os serviços de que trata o art. 53 da Lei nº 9.456, de 1997, sujeitos à remuneração pelo regime de preços de serviços públicos específicos, compreendem:

I – pedido de proteção;

II – anuidade;

III – transferência de titularidade;

IV – outras alterações no certificado de proteção;

V – testes de laboratório;

VI – ensaios comparativos de campo sobre a DHE da cultivar;

VII – certidões.

Art. 30. Compete ao Ministério da Agricultura e do Abastecimento fixar, arrecadar e aplicar os valores decorrentes da prestação dos serviços de que trata o artigo anterior, bem como promover as suas atualizações.

Parágrafo único. O produto da arrecadação, a que se refere o *caput*, será aplicado na capacitação de pessoal e na implantação, aparelhamento, aperfeiçoamento e execução dos serviços de que trata este Decreto.

Seção VI – Da Comissão Nacional de Proteção de Cultivares – CNPC

Art. 31. Fica criada, no Ministério da Agricultura e do Abastecimento, de caráter consultivo e de assessoramento ao SNPC, a Comissão Nacional de Proteção de Cultivares – CNPC, sob a presidência do Titular do SNPC, composta de um representante de cada órgão e entidade a seguir discriminados:

I – Secretaria de Defesa Agropecuária, do Ministério da Agricultura e do Abastecimento;

II – Ministério das Relações Exteriores;

III – Ministério da Indústria, do Comércio e do Turismo;

IV – Ministério da Ciência e Tecnologia;

V – Ministério do Meio Ambiente, dos Recursos Hídricos e da Amazônia Legal;

VI – entidade nacional que congregue os Obtentores Vegetais;

VII – Associação Brasileira dos Produtores de Sementes;

VIII – Organização das Cooperativas Brasileiras;

IX – Confederação Nacional da Agricultura;

X – Confederação Nacional dos Trabalhadores na Agricultura;

XI – Conselho Federal de Engenharia, Arquitetura e Agronomia.

§ 1º. Os membros da CNPC serão designados pelo Ministro de Estado da Agricultura e do Abastecimento, para mandato de dois anos, permitida uma recondução.

§ 2º. No prazo de trinta dias, após a publicação deste Decreto, os órgãos e entidades relacionados no *caput* deste artigo indicarão os representantes, com seus respectivos suplentes, para compor a CNPC.

§ 3º. A comissão se reunirá com a presença da maioria simples de seus integrantes.

§ 4º. As decisões da comissão serão tomadas pela maioria dos membros presentes, cabendo ao Presidente o voto de qualidade.

§ 5º. Os membros da CNPC não serão remunerados, sendo os serviços por eles prestados considerados, para todos os efeitos, como relevantes em prol do desenvolvimento do País.

§ 6º. Os custos de deslocamento e hospedagem decorrentes da participação dos membros nas reuniões da CNPC correrão à conta dos respectivos órgãos e entidades representadas.

§ 7º. O SNPC prestará apoio administrativo e operacional à CNPC.

§ 8º. A CNPC terá prazo de sessenta dias, a contar da sua constituição, para elaborar o seu regimento interno, que será aprovado mediante portaria do Ministro de Estado da Agricultura e do Abastecimento.

Art. 32. À CNPC compete:

I – manifestar-se sobre as matérias submetidas à sua apreciação pelo SNPC;

II – sugerir normas e regulamentos sobre proteção de cultivares;

III – assessorar o SNPC nas matérias relacionadas à proteção de cultivares e, em especial, sobre convênios e acordos nacionais e internacionais.

CAPÍTULO III – DAS DISPOSIÇÕES FINAIS

Art. 33. Para os efeitos da indenização prevista no art. 37 da Lei nº 9.456, de 1997, a remuneração do titular será calculada com base nos preços de mercado para a espécie, praticados à época da constatação da infração, sem prejuízo dos acréscimos legais cabíveis.

Art. 34. Para fins de abertura de pedido de proteção de cultivares, ficam divulgados as seguintes espécies vegetais: algodão, arroz, batata, feijão, milho, soja, sorgo e trigo, cujos descritores mínimos estão definidos na forma dos Anexos I a VIII deste Decreto.

Parágrafo único. A divulgação das demais espécies vegetais, seus descritores mínimos e alterações, se necessárias, serão feitas pelo SNPC.

Art. 35. Os Ministros de Estado da Agricultura e do Abastecimento e da Justiça, no âmbito das respectivas atribuições, disporão, de forma complementar, sobre o procedimento e as condições para apreciação e concessão da licença compulsória, observadas as exigências procedimentais inerentes à ampla defesa e a proteção ao direito de propriedade instituído pela Lei nº 9.456, de 1997.

Art. 36. A estrutura do SNPC será definida na estrutura regimental do Ministério da Agricultura e do Abastecimento.

Parágrafo único. O Ministro de Estado da Agricultura e do Abastecimento, no prazo de sessenta dias, a contar da data de publicação deste Decreto, aprovará o regimento interno do SNPC, bem como promoverá a reorganização dos setores incumbidos das atividades de sementes e mudas, inclusive os inerentes aos laboratórios de análise de sementes, de forma a compatibilizá-los com a estrutura do SNPC.

Art. 37. Fica o Ministro de Estado da Agricultura e do Abastecimento autorizado, observado, se for o caso, o disposto no art. 35, a editar normas complementares necessárias à execução deste Decreto.

Art. 38. Este Decreto entra em vigor na data de sua publicação.

Brasília, 5 de novembro 1997; 176º da Independência e 109º da República.

Fernando Henrique Cardoso

DOU de 6.11.1997 – Republicação em 7.11.1997

DECRETO Nº 2.519, DE 16 DE MARÇO DE 1998

Promulga a Convenção sobre Diversidade Biológica, assinada no Rio de Janeiro, em 5 de junho de 1992.

O Presidente da República, no uso das atribuições que lhe confere o art. 84, inciso VIII, da Constituição,

Considerando que a Convenção sobre Diversidade Biológica foi assinada pelo Governo brasileiro no Rio de Janeiro, em 5 de junho de 1992;

Considerando que o ato multilateral em epígrafe foi oportunamente submetido ao Congresso Nacional, que o aprovou por meio do Decreto Legislativo nº 02, de 3 de fevereiro de 1994;

Considerando que Convenção em tela entrou em vigor internacional em 29 de dezembro de 1993;

Considerando que o Governo brasileiro depositou o instrumento de ratificação da Convenção em 28 de fevereiro de 1994, passando a mesma a vigorar, para o Brasil, em 29 de maio de 1994, na forma de seu art. 36,

Decreta:

Art. 1º. A Convenção sobre Diversidade Biológica, assinada no Rio de Janeiro, em 05 de junho de 1992, apensa por cópia ao presente Decreto, deverá ser executada tão inteiramente como nela se contém.

Art. 2º. O presente Decreto entra em vigor na data de sua publicação.

Brasília, 16 de março de 1998; 177º da Independência e 110º da República.

Fernando Henrique Cardoso

DOU de 17.3.1998

CONVENÇÃO SOBRE DIVERSIDADE BIOLÓGICA

Preâmbulo

As Partes Contratantes,

Conscientes do valor intrínseco da diversidade biológica e dos valores ecológico, genético, social, econômico, científico, educacional, cultural, recreativo e estético da diversidade biológica e de seus componentes;

Conscientes, também, da importância da diversidade biológica para a evolução e para a manutenção dos sistemas necessários à vida da biosfera,

Afirmando que a conservação da diversidade biológica é uma preocupação comum à humanidade,

Reafirmando que os Estados têm direitos soberanos sobre os seus próprios recursos biológicos,

Reafirmando, igualmente, que os Estados são responsáveis pela conservação de sua diversidade biológica e pela utilização sustentável de seus recursos biológicos,

Preocupados com a sensível redução da diversidade biológica causada por determinadas atividades humanas,

Conscientes da falta geral de informação e de conhecimento sobre a diversidade biológica e da necessidade urgente de desenvolver capacitação científica, técnica e institucional que proporcione o conhecimento fundamental necessário ao planejamento e implementação de medidas adequadas,

Observando que é vital prever, prevenir e combater na origem as causas da sensível redução ou perda da diversidade biológica,

Observando também que quando exista ameaça de sensível redução ou perda de diversidade biológica, a falta de plena certeza científica não deve ser usada como razão para postergar medidas para evitar ou minimizar essa ameaça,

Observando igualmente que a exigência fundamental para a conservação da diversidade biológica é a conservação *in situ* dos ecossistemas e dos *habitats* naturais e a manutenção e recuperação de populações viáveis de espécies no seu meio natural,

Observando ainda que medidas *ex situ*, preferivelmente no país de origem, desempenham igualmente um importante papel,

Reconhecendo a estreita e tradicional dependência de recursos biológicos de muitas comunidades locais e populações indígenas com estilos de vida tradicionais, e que é desejável repartir eqüitativamente os benefícios derivados da utilização do conhecimento tradicional, de inovações e de práticas relevantes à conservação da diversidade biológica e à utilização sustentável de seus componentes,

Reconhecendo, igualmente, o papel fundamental da mulher na conservação e na utilização sustentável da diversidade biológica e afirmando a necessidade da plena participação da mulher em todos os níveis de formulação e execução de políticas para a conservação da diversidade biológica,

Enfatizando a importância e a necessidade de promover a cooperação internacional, regional e mundial entre os Estados e as organizações intergovernamentais e o setor não-governamental para a conservação da diversidade biológica e a utilização sustentável de seus componentes,

Reconhecendo que cabe esperar que o aporte de recursos financeiros novos e adicionais e o acesso adequado às tecnologias pertinentes possam modificar sensivelmente a capacidade mundial de enfrentar a perda da diversidade biológica,

Reconhecendo, ademais, que medidas especiais são necessárias para atender as necessidades dos países em desenvolvimento, inclusive o aporte de recursos financeiros novos e adicionais e o acesso adequado às tecnologias pertinentes,

Observando, nesse sentido, as condições especiais dos países de menor desenvolvimento relativo e dos pequenos Estados insulares,

Reconhecendo que investimentos substanciais são necessários para conservar a diversidade biológica e que há expectativa de um amplo escopo de benefícios ambientais, econômicos e sociais resultantes desses investimentos,

Reconhecendo que o desenvolvimento econômico e social e a erradicação da pobreza são as prioridades primordiais e absolutas dos países em desenvolvimento,

Conscientes de que a conservação e a utilização sustentável da diversidade biológica é de importância absoluta para atender as necessidades de alimentação, de saúde e de outra natureza da crescente população mundial, para o que são essenciais o acesso à repartição de recursos genéticos e tecnologia,

Observando, enfim, que a conservação e a utilização sustentável da diversidade biológica fortalecerão as relações de amizade entre os Estados e contribuirão para a paz da humanidade,

Desejosas de fortalecer e complementar instrumentos internacionais existentes para a conservação da diversidade biológica e a utilização sustentável de seus componentes, e

Determinadas a conservar e utilizar de forma sustentável a diversidade biológica para benefício das gerações presentes e futuras.

Convieram no seguinte:

Artigo 1º – Objetivos

Os objetivos desta Convenção, a serem cumpridos de acordo com as disposições pertinentes, são a conservação da diversidade biológica, a utilização sustentável de seus componentes e a repartição justa e eqüitativa dos benefícios derivados da utilização dos recursos genéticos, mediante, inclusive, o acesso adequado aos recursos genéticos e a transferência adequada de tecnologias pertinentes, levando em conta todos os direitos sobre tais recursos e tecnologias, e mediante financiamento adequado.

Artigo 2º – Utilização de termos para os propósitos desta Convenção

Área protegida significa uma área definida geograficamente que é destinada, ou regulamentada, e administrada para alcançar objetivos específicos de conservação.

Biotecnologia significa qualquer aplicação tecnológica que utilize sistemas biológicos, organismos vivos, ou seus derivados, para fabricar ou modificar produtos ou processos para utilização específica.

Condições *in situ* significa as condições em que recursos genéticos existem em ecossistemas e *habitats* naturais e, no caso de espécies domesticadas ou cultivadas, nos meios onde tenham desenvolvido suas propriedades características.

Conservação *ex situ* significa a conservação de componentes da diversidade biológica fora de seus *habitats* naturais.

Conservação *in situ* significa a conservação de ecossistemas e *habitats* naturais e a manutenção e recuperação de populações viáveis de espécies em seus meios naturais e, no caso de espécies domesticadas ou cultivadas, nos meios onde tenham desenvolvido suas propriedades características.

Diversidade biológica significa a variabilidade de organismos vivos de todas as origens, compreendendo, dentre outros, os ecossistemas terrestres, marinhos e outros ecossistemas aquáticos e os complexos ecológicos de que fazem parte; compreendendo ainda a diversidade dentro de espécies, entre espécies e de ecossistemas.

Ecossistema significa um complexo dinâmico de comunidades vegetais, animais e de microorganismos e o seu meio inorgânico que interagem como uma unidade funcional.

Espécie domesticada ou cultivada significa espécie em cujo processo de evolução influiu o ser humano para atender suas necessidades.

Habitat significa o lugar ou tipo de local onde um organismo ou população ocorre naturalmente.

Material genético significa todo material de origem vegetal, animal, microbiana ou outra que contenha unidades funcionais de hereditariedade.

Organização regional de integração econômica significa uma organização constituída de Estados soberanos de uma determinada região, a que os Estados-Membros transferiram competência em relação a assuntos regidos por esta Convenção, e que foi devidamente autorizada, conforme seus procedimentos internos, a assinar, ratificar, aceitar, aprovar a mesma e a ela aderir.

País de origem de recursos genéticos significa o país que possui esses recursos genéticos em condições *in situ*.

País provedor de recursos genéticos significa o país que provê recursos genéticos coletados de fontes *in situ*, incluindo populações de espécies domesticadas e silvestres, ou obtidas de fontes *ex situ*, que possam ou não ter sido originados nesse país.

Recursos biológicos compreende recursos genéticos, organismos ou partes destes, populações, ou qualquer outro componente biótico de ecossistemas, de real ou potencial utilidade ou valor para a humanidade.

Recursos genéticos significa material genético de valor real ou potencial.

Tecnologia inclui biotecnologia.

Utilização sustentável significa a utilização de componentes da diversidade biológica de modo e em ritmo tais que não levem, no longo prazo, à diminuição da diversidade biológica, mantendo assim seu potencial para atender as necessidades e aspirações das gerações presentes e futuras.

Artigo 3º – Princípio

Os Estados, em conformidade com a Carta das Nações Unidas e com os princípios de Direito Internacional, têm o direito soberano de explorar seus próprios recursos segundo suas políticas ambientais, e a responsabilidade de assegurar que atividades sob sua jurisdição ou controle não causem dano ao meio ambiente de outros Estados ou de áreas além dos limites da jurisdição nacional.

Artigo 4º – Âmbito Jurisdicional

Sujeito aos direitos de outros Estados, e a não ser que de outro modo expressamente determinado nesta Convenção, as disposições desta Convenção aplicam-se em relação a cada Parte Contratante:

a) No caso de componentes da diversidade biológica, nas áreas dentro dos limites de sua jurisdição nacional; e

b) No caso de processos e atividades realizadas sob sua jurisdição ou controle, independentemente de onde ocorram seus efeitos, dentro da área de sua jurisdição nacional ou além dos limites da jurisdição nacional.

Artigo 5º – Cooperação

Cada Parte Contratante deve, na medida do possível e conforme o caso, cooperar com outras Partes Contratantes, diretamente ou, quando apropriado, mediante organizações internacionais competentes, no que respeita a áreas além da jurisdição nacional e em outros assuntos de mútuo interesse, para a conservação e a utilização sustentável da diversidade biológica.

Artigo 6º – Medidas Gerais para a Conservação e a Utilização Sustentável

Cada Parte Contratante deve, de acordo com suas próprias condições e capacidades:

a) Desenvolver estratégias, planos ou programas para a conservação e a utilização sustentável da diversidade biológica ou adaptar para esse fim estratégias, planos ou programas existentes que devem refletir, entre outros aspectos, as medidas estabelecidas nesta Convenção concernentes à Parte interessada; e

b) integrar, na medida do possível e conforme o caso, a conservação e a utilização sustentável da diversidade biológica em planos, programas e políticas setoriais ou intersetoriais pertinentes.

Artigo 7º – Identificação e Monitoramento

Cada Parte Contratante deve, na medida do possível e conforme o caso, em especial para os propósitos dos Artigos 8º a 10:

a) Identificar componentes da diversidade biológica importantes para sua conservação e sua utilização sustentável, levando em conta a lista indicativa de categorias constante no anexo I;

b) Monitorar, por meio de levantamento de amostras e outras técnicas, os componentes da diversidade biológica identificados em conformidade com a alínea "a" acima, prestando especial atenção aos que requeiram urgentemente medidas de conservação e aos que ofereçam o maior potencial de utilização sustentável;

c) Identificar processos e categorias de atividades que tenham ou possam ter sensíveis efeitos negativos na conservação e na utilização sustentável da diversidade biológica, e monitorar seus efeitos por meio de levantamento de amostras e outras técnicas; e

d) Manter e organizar, por qualquer sistema, dados derivados de atividades de identificação e monitoramento em conformidade com as alíneas "a", "b" e "c" acima.

Artigo 8º – Conservação *in situ*

Cada Parte Contratante deve, na medida do possível e conforme o caso:

a) Estabelecer um sistema de áreas protegidas ou áreas onde medidas especiais precisem ser tomadas para conservar a diversidade biológica;

b) Desenvolver, se necessário, diretrizes para a seleção, estabelecimento e administração de áreas protegidas ou áreas onde medidas especiais precisem ser tomadas para conservar a diversidade biológica;

c) Regulamentar ou administrar recursos biológicos importantes para a conservação da diversidade biológica, dentro ou fora de áreas protegidas, a fim de assegurar sua conservação e utilização sustentável;

d) Promover a proteção de ecossistemas, *habitats* naturais e manutenção de populações viáveis de espécies em seu meio natural;

e) Promover o desenvolvimento sustentável e ambientalmente sadio em áreas adjacentes às áreas protegidas a fim de reforçar a proteção dessas áreas;

f) Recuperar e restaurar ecossistemas degradados e promover a recuperação de espécies ameaçadas, mediante, entre outros meios, a elaboração e implementação de planos e outras estratégias de gestão;

g) Estabelecer ou manter meios para regulamentar, administrar ou controlar os riscos associados à utilização e liberação de organismos vivos modificados resultantes da biotecnologia que provavelmente provoquem impacto ambiental negativo que possa afetar a conservação e a utilização sustentável da diversidade biológica, levando também em conta os riscos para a saúde humana;

h) Impedir que se introduzam, controlar ou erradicar espécies exóticas que ameacem os ecossistemas, *habitats* ou espécies;

i) Procurar proporcionar as condições necessárias para compatibilizar as utilizações atuais com a conservação da diversidade biológica e a utilização sustentável de seus componentes;

j) Em conformidade com sua legislação nacional, respeitar, preservar e manter o conhecimento, inovações e práticas das comunidades locais e populações indígenas com estilo de vida tradicionais relevantes à conservação e à utilização sustentável da diversidade biológica e incentivar sua mais ampla aplicação com a aprovação e a participação dos detentores desse conhecimento, inovações e práticas; e encorajar a repartição eqüitativa dos benefícios oriundos da utilização desse conhecimento, inovações e práticas;

k) Elaborar ou manter em vigor a legislação necessária e/ou outras disposições regulamentares para a proteção de espécies e populações ameaçadas;

l) Quando se verifique um sensível efeito negativo à diversidade biológica, em conformidade com o Artigo 7º, regulamentar ou administrar os processos e as categorias de atividades em causa; e

m) Cooperar com o aporte de apoio financeiro e de outra natureza para a conservação *in situ* a que se referem as alíneas "a" a "l" acima, particularmente aos países em desenvolvimento.

Artigo 9º – Conservação *ex situ*

Cada Parte Contratante deve, na medida do possível e conforme o caso, e principalmente a fim de complementar medidas de conservação *in situ*:

a) Adotar medidas para a conservação *ex situ* de componentes da diversidade biológica, de preferência no país de origem desses componentes;

b) Estabelecer e manter instalações para a conservação *ex situ* e pesquisa de vegetais, animais e microorganismos, de preferência no país de origem dos recursos genéticos;

c) Adotar medidas para a recuperação e regeneração de espécies ameaçadas e para sua reintrodução em seu *habitat* natural em condições adequadas;

d) Regulamentar e administrar a coleta de recursos biológicos de *habitats* naturais com a finalidade de conservação *ex situ* de maneira a não ameaçar ecossistemas e populações *in situ* de espécies, exceto quando forem necessárias medidas temporárias especiais *ex situ* de acordo com a alínea "c" acima; e

e) Cooperar com o aporte de apoio financeiro e de outra natureza para a conservação *ex situ* a que se referem as alíneas "a" a "d" acima; e com o estabelecimento e a manutenção de instalações de conservação *ex situ* em países em desenvolvimento.

Artigo 10 – Utilização Sustentável de Componentes da Diversidade Biológica

Cada Parte Contratante deve, na medida do possível e conforme o caso:

a) Incorporar o exame da conservação e utilização sustentável de recursos biológicos no processo decisório nacional;

b) Adotar medidas relacionadas à utilização de recursos biológicos para evitar ou minimizar impactos negativos na diversidade biológica;

c) Proteger e encorajar a utilização costumeira de recursos biológicos de acordo com práticas culturais tradicionais compatíveis com as exigências de conservação ou utilização sustentável;

d) Apoiar populações locais na elaboração e aplicação de medidas corretivas em áreas degradadas onde a diversidade biológica tenha sido reduzida; e

e) Estimular a cooperação entre suas autoridades governamentais e seu setor privado na elaboração de métodos de utilização sustentável de recursos biológicos.

Artigo 11 – Incentivos

Cada Parte Contratante deve, na medida do possível e conforme o caso, adotar medidas econômica e socialmente racionais que sirvam de incentivo à conservação e utilização sustentável de componentes da diversidade biológica.

Artigo 12 – Pesquisa e Treinamento

As Partes Contratantes, levando em conta as necessidades especiais dos países em desenvolvimento, devem:

a) Estabelecer e manter programas de educação e treinamento científico e técnico sobre medidas para a identificação, conservação e utilização sustentável da diversidade biológica e seus componentes, e proporcionar apoio a esses programas de educação e treinamento destinados às necessidades específicas dos países em desenvolvimento;

b) Promover e estimular pesquisas que contribuam para a conservação e a utilização sustentável da diversidade biológica, especialmente nos países em desenvolvimento, conforme, entre outras, as decisões da Conferência das Partes tomadas em conseqüência das recomendações do Órgão Subsidiário de Assessoramento Científico, Técnico e Tecnológico; e

c) Em conformidade com as disposições dos Artigos 16, 18 e 20, promover e cooperar na utilização de avanços científicos da pesquisa sobre diversidade biológica para elaborar métodos de conservação e utilização sustentável de recursos biológicos.

Artigo 13 – Educação e Conscientização Pública

As Partes Contratantes devem:

a) Promover e estimular a compreensão da importância da conservação da diversidade biológica e das medidas necessárias a esse fim, sua divulgação pelos meios de comunicação, e a inclusão desses temas nos programas educacionais; e

b) Cooperar, conforme o caso, com outros Estados e organizações internacionais na elaboração de programas educacionais de conscientização pública no que concerne à conservação e à utilização sustentável da diversidade biológica.

Artigo 14 – Avaliação de Impacto e Minimização de Impactos Negativos

§ 1º. Cada Parte Contratante, na medida do possível e conforme o caso, deve:

a) Estabelecer procedimentos adequados que exijam a avaliação de impacto ambiental de seus projetos propostos que possam ter sensíveis efeitos negativos na diversidade biológica, a fim de evitar ou minimizar tais efeitos e, conforme o caso, permitir a participação pública nesses procedimentos;

b) Tomar providências adequadas para assegurar que sejam devidamente levadas em conta as conseqüências ambientais de seus programas e políticas que possam ter sensíveis efeitos negativos na diversidade biológica;

c) Promover, com base em reciprocidade, notificação, intercâmbio de informação e consulta sobre atividades sob sua jurisdição ou controle que possam ter sensíveis efeitos negativos na diversidade biológica de outros Estados ou áreas além dos limites da jurisdição nacional, estimulando-se a adoção de acordos bilaterais, regionais ou multilaterais, conforme o caso;

d) Notificar imediatamente, no caso em que se originem sob sua jurisdição ou controle, perigo ou dano iminente ou grave à diversidade biológica em área sob jurisdição de outros Estados ou em áreas além dos limites da jurisdição nacional, os Estados que possam ser afetados por esse perigo ou dano, assim como tomar medidas para prevenir ou minimizar esse perigo ou dano; e

e) Estimular providências nacionais sobre medidas de emergência para o caso de atividades ou acontecimenos de origem natural ou outra que representem perigo grave e iminente à diversidade biológica e promover a cooperação internacional para complementar tais esforços nacionais e, conforme o caso e em acordo com os Estados ou organizações regionais de integração econômica interessados, estabelecer planos conjuntos de contingência.

§ 2º. A Conferência das Partes deve examinar, com base em estudos a serem efetuados, as questões da responsabilidade e reparação, inclusive restauração e indenização, por danos causados à diversidade biológica, exceto quando essa responsabilidade for de ordem estritamente interna.

Artigo 15 – Acesso a Recursos Genéticos

§ 1º. Em reconhecimento dos direitos soberanos dos Estados sobre seus recursos naturais, a autoridade para determinar o acesso a recursos genéticos pertence aos governos nacionais e está sujeita à legislação nacional.

§ 2º. Cada Parte Contratante deve procurar criar condições para permitir o acesso a recursos genéticos para utilização ambientalmente saudável por outras Partes Contratantes e não impor restrições contrárias aos objetivos desta Convenção.

§ 3º. Para os propósitos desta Convenção, os recursos genéticos providos por uma Parte Contratante, a que se referem este Artigo e os Artigos 16 e 19, são apenas aqueles providos por Partes Contratantes que sejam países de origem desses recursos ou por Partes que os tenham adquirido em conformidade com esta Convenção.

§ 4º. O acesso, quando concedido, deverá sê-lo de comum acordo e sujeito ao disposto no presente Artigo.

§ 5º. O acesso aos recursos genéticos deve estar sujeito ao consentimento prévio fundamentado da Parte Contratante provedora desses recursos, a menos que de outra forma determinado por essa Parte.

§ 6º. Cada Parte Contratante deve procurar conceber e realizar pesquisas científicas baseadas em recursos genéticos providos por outras Partes Contratantes com sua plena participação e, na medida do possível, no território dessas Partes Contratantes.

§ 7º. Cada Parte Contratante deve adotar medidas legislativas, administrativas ou políticas, conforme o caso e em conformidade com os Artigos 16 e 19 e, quando necessário, mediante o mecanismo financeiro estabelecido pelos Artigos 20 e 21, para compartilhar de forma justa e eqüitativa os resultados da pesquisa e do desenvolvimento de recursos genéticos e os benefícios derivados de sua utilização comercial e de outra natureza com a Parte Contratante provedora desses recursos. Essa partilha deve dar-se de comum acordo.

Artigo 16 – Acesso à Tecnologia e Transferência de Tecnologia

§ 1º. Cada Parte Contratante, reconhecendo que a tecnologia inclui biotecnologia, e que tanto o acesso à tecnologia quanto sua tranferência entre Partes Contratantes são elementos essenciais para a realização dos objetivos desta Convenção, compromete-se, sujeito ao disposto neste Artigo, a permitir e/ou facilitar a outras Partes Contratantes acesso a tecnologias que sejam pertinentes à conservação e utilização sustentável da diversidade biológica ou que utilizem recursos genéticos e não causem dano sensível ao meio ambiente, assim como a transferência dessas tecnologias.

§ 2º. O acesso a tecnologia e sua transferência a países em desenvolvimento, a que se refere o § 1º acima, devem ser permitidos e/ou facilitados em condições justas e as mais favoráveis, inclusive em condições concessionais e preferenciais quando de comum acordo, e, caso necessário, em conformidade com o mecanismo financeiro estabelecido nos Artigos 20 e 21. No caso de tecnologia sujeita a patentes e outros direitos de propriedade intelectual, o acesso à tecnologia e sua transferência devem ser permitidos em condições que reconheçam e sejam compatíveis com a adequada e efetiva proteção dos direitos de propriedade intelectual. A aplicação deste Parágrafo deve ser compatível com os §§ 3º, 4º e 5º abaixo.

§ 3º. Cada Parte Contratante deve adotar medidas legislativas, administrativas ou políticas, conforme o caso, para que as Partes Contratantes, em particular as que são países em desenvolvimento, que provêem recursos genéticos, tenham garantido o acesso à tecnologia que utilize esses recursos e sua transferência, de comum acordo, incluindo tecnologia protegida por patentes e outros direitos de propriedade intelectual, quando necessário, mediante as disposições dos Artigos 20 e 21, de acordo com o direito internacional e conforme os §§ 4º e 5º abaixo.

§ 4º. Cada Parte Contratante deve adotar medidas legislativas, administrativas ou políticas, conforme o caso, para que o setor privado permita o acesso à tecnologia a que se refere o § 1º acima, seu desenvolvimento conjunto e sua transferência em benefício das instituições governamentais e do setor privado de países em desenvolvimento, e a esse respeito deve observar as obrigações constantes dos §§ 1º, 2º e 3º acima.

§ 5º. As Partes Contratantes, reconhecendo que patentes e outros direitos de propriedade intelectual podem influir na implementação desta Convenção, devem cooperar a esse respeito em conformidade com a legislação nacional e o direito internacional para garantir que esses direitos apóiem e não se oponham aos objetivos desta Convenção.

Artigo 17 – Intercâmbio de Informações

§ 1º. As Partes Contratantes devem proporcionar o intercâmbio de Informações, de todas as fontes disponíveis do público, pertinentes à conservação e à utilização sustentável da diversidade biológica, levando em conta as necessidades especiais dos países em desenvolvimento.

§ 2º. Esse intercâmbio de Informações deve incluir o intercâmbio dos resultados de pesquisas técnicas, científicas, e sócio-econômicas, como também Informações sobre programas de treinamento e de pesquisa, conhecimento especializado, conhecimento indígena e tradicional como tais e associados às tecnologias a que se refere o § 1º do Artigo 16. Deve também, quando possível, incluir a repatriação das Informações.

Artigo 18 – Cooperação Técnica e Científica

§ 1º. As Partes Contratantes devem promover a cooperação técnica e científica internacional no campo da conservação e utilização sustentável da diversidade biológica, caso necessário, por meio de instituições nacionais e internacionais competentes.

§ 2º. Cada Parte Contratante deve, ao implementar esta Convenção, promover a cooperação técnica e científica com outras Partes Contratantes, em particular países em desenvolvimento, por meio, entre outros, da elaboração e implementação de políticas nacionais. Ao promover essa cooperação, deve ser dada especial atenção ao desenvolvimento e fortalecimento dos meios nacionais mediante a capacitação de recursos humanos e fortalecimento institucional.

§ 3º. A Conferência das Partes, em sua primeira sessão, deve determinar a forma de estabelecer um mecanismo de intermediação para promover e facilitar a cooperação técnica e científica.

§ 4º. As Partes Contratantes devem, em conformidade com sua legislação e suas políticas nacionais, elaborar e estimular modalidades de cooperação para o desenvolvimento e utilização de tecnologias, inclusive tecnologias indígenas e tradicionais, para alcançar os objetivos desta Convenção. Com esse fim, as Partes Contratantes devem também promover a cooperação para a capacitação de pessoal e o intercâmbio de técnicos.

§ 5º. As Partes Contratantes devem, no caso de comum acordo, promover o estabelecimento de programas de pesquisa conjuntos e empresas conjuntas para o desenvolvimento de tecnologias relevantes aos objetivos desta Convenção.

Artigo 19 – Gestão da Biotecnologia e Distribuição de seus Benefícios

§ 1º. Cada Parte Contratante deve adotar medidas legislativas, administrativas ou políticas, conforme o caso, para permitir a participação efetiva, em atividades de pesquisa biotecnológica, das Partes Contratantes, especialmente países em desenvolvimento, que provêem os recursos genéticos para essa pesquisa, e se possível nessas Partes Contratantes.

§ 2º. Cada Parte Contratante deve adotar todas as medidas possíveis para promover e antecipar acesso prioritário, em base justa e eqüitativa das Partes Contratantes, especialmente países em desenvolvimento, aos resultados e benefícios derivados de biotecnologias baseadas em recursos genéticos providos por essas Partes Contratantes. Esse acesso deve ser de comum acordo.

§ 3º. As Partes devem examinar a necessidade e as modalidades de um protocolo que estabeleça procedimentos adequados, inclusive, em especial, a concordância prévia fundamentada, no que respeita a transferência, manipulação e utilização seguras de todo organismo vivo modificado pela biotecnologia, que possa ter efeito negativo para a conservação e utilização sustentável da diversidade biológica.

§ 4º. Cada Parte Contratante deve proporcionar, diretamente ou por solicitação, a qualquer pessoa física ou jurídica sob sua jurisdição provedora dos organismos a que se refere o § 3º acima, à Parte Contratante em que esses organismos devam ser introduzidos, todas as Informações disponíveis sobre a utilização e as normas de segurança exigidas por essa Parte Contratante para a manipulação desses organismos, bem como todas as Informações disponíveis sobre os potenciais efeitos negativos desses organismos específicos.

Artigo 20 – Recursos Financeiros

§ 1º. Cada Parte Contratante compromete-se a proporcionar, de acordo com a sua capacidade, apoio financeiro e incentivos respectivos às atividades nacionais destinadas a alcançar os objetivos desta Convenção em conformidade com seus planos, prioridades e programas nacionais.

§ 2º. As Partes países desenvolvidos devem prover recursos financeiros novos e adicionais para que as Partes países em desenvolvimento possam cobrir integralmente os custos adicionais por elas concordados decorrentes da implementação de medidas em cumprimento das obrigações desta Convenção, bem como para que se beneficiem de seus dispositivos. Estes custos devem ser determinados de comum acordo entre cada Parte país em desenvolvimento e o mecanismo institucional previsto no Artigo 21, de acordo com políticas, estratégias, prioridades programáticas e critérios de aceitabilidade, segundo uma lista indicativa de custos adicionais estabelecida pela Conferência das Partes. Outras Partes, inclusive países em transição para uma economia de mercado, podem assumir voluntariamente as obrigações das Partes países desenvolvidos. Para os fins deste Artigo, a Conferência das Partes deve estabelecer, em sua primeira sessão, uma lista de Partes países desenvolvidos e outras Partes que voluntariamente assumam as obrigações das Partes países desenvolvidos. A Conferência das Partes deve periodicamente revisar e, se necessário, alterar a lista. Contribuições voluntárias de outros países e fontes podem ser também estimuladas. Para o cumprimento desses compromissos deve ser levada em conta a necessidade de que o fluxo de recursos seja adequado, previsível e oportuno, e a importância de distribuir os custos entre as Partes contribuintes incluídas na citada lista.

§ 3º. As Partes países desenvolvidos podem também prover recursos financeiros relativos à implementação desta Convenção por canais bilaterais, regionais e outros multilaterais.

§ 4º. O grau de efetivo cumprimento dos compromissos assumidos sob esta Convenção das Partes países em desenvolvimento dependerá do cumprimento efetivo dos compromissos assumidos sob esta Convenção pelas Partes países desenvolvidos, no que se refere a recursos financeiros e transferência de tecnologia, e levará plenamente em conta o fato de que o desenvolvimento econômico e social e a erradicação da pobreza são as prioridades primordiais e absolutas das Partes países em desenvolvimento.

§ 5º. As Partes devem levar plenamente em conta as necessidades específicas e a situação especial dos países de menor desenvolvimento relativo em suas medidas relativas a financiamento e transferência de tecnologia.

§ 6º. As Partes Contratantes devem também levar em conta as condições especiais decorrentes da dependência da diversidade biológica, sua distribuição e localização nas Partes países em desenvolvimento, em particular os pequenos estados insulares.

§ 7º. Deve-se também levar em consideração a situação especial dos países em desenvolvimento, inclusive os que são ecologicamente mais vulneráveis, como os que possuem regiões áridas e semi-áridas, zonas costeiras e montanhosas.

Artigo 21 – Mecanismos Financeiros

§ 1º. Deve ser estabelecido um mecanismo para prover, por meio de doação ou em bases concessionais, recursos financeiros para os fins desta Convenção, às Partes países em desenvolvimento, cujos elementos essenciais são descritos neste Artigo. O mecanismo deve operar, para os fins desta Convenção, sob a autoridade e a orientação da Conferência das Partes, e a ela responder. As operações do mecanismo devem ser realizadas por estrutura institucional a ser decidida pela Conferência das Partes em sua primeira sessão. A Conferência das Partes deve determinar, para os fins desta Convenção, políticas, estratégias, prioridades programáticas e critérios de aceitabilidade relativos ao acesso e à utilização desses recursos. As Contribuições devem levar em conta a necessidade mencionada no Artigo 20 de que o fluxo de recursos seja previsível, adequado e oportuno, de acordo com o montante de recursos necessários, a ser decidido periodicamente pela Conferência das Partes, bem como a importância da distribuição de custos entre as partes contribuintes incluídas na lista a que se refere o § 2º do Artigo 20. Contribuições voluntárias podem também ser feitas pelas Partes países desenvolvidos e por outros países e fontes. O mecanismo deve operar sob um sistema de administração democrático e transparente.

§ 2º. Em conformidade com os objetivos desta Convenção, a Conferência das partes deve determinar, em sua primeira sessão, políticas, estratégias e prioridades programáticas, bem como diretrizes e critérios detalhados de aceitabilidade para acesso e utilização dos recursos financeiros, inclusive o acompanhamento e a avaliação periódica de sua utilização. A Conferência das Partes deve decidir sobre as providências para a implementação do § 1º acima após consulta à estrutura institucional encarregada da operação do mecanismo financeiro.

§ 3º. A Conferência das Partes deve examinar a eficácia do mecanismo estabelecido neste Artigo, inclusive os critérios e as diretrizes referidas no § 2º acima, em não menos que dois anos da entrada em vigor desta Convenção, e a partir de então periodicamente. Com base nesse exame, deve, se necessário, tomar medidas adequadas para melhorar a eficácia do mecanismo.

§ 4º. As Partes Contratantes devem estudar a possibilidade de fortalecer as instituições financeiras existentes para prover recursos financeiros para a conservação e a utilização sustentável da diversidade biológica.

Artigo 22 – Relação com Outras Convenções Internacionais

§ 1º. As disposições desta Convenção não devem afetar os direitos e obrigações de qualquer Parte Contratante decorrentes de qualquer acordo internacional existente, salvo se o exercício desses direitos e o cumprimento dessas obrigações cause grave dano ou ameaça à diversidade biológica.

§ 2º. As Partes Contratantes devem implementar esta Convenção, no que se refere e ao meio ambiente marinho, em conformidade com os direitos e obrigações dos Estados decorrentes do Direito do Mar.

Artigo 23 – Conferência das Partes

§ 1º. Uma Conferência das Partes é estabelecida por esta Convenção. A primeira sessão da Conferência das Partes deve ser convocada pelo Diretor Executivo do Programa das Nações Unidas para o Meio Ambiente no mais tardar dentro de um ano da entrada em vigor desta Convenção. Subseqüentemente, sessões ordinárias da Conferência das Partes devem ser realizadas em intervalos a serem determinados pela Conferência em sua primeira sessão.

§ 2º. Sessões extraordinárias da Conferência das Partes devem ser realizadas quando for considerado necessário pela Conferência, ou por solicitação escrita de qualquer Parte, desde que, dentro de seis meses após a solicitação ter sido comunicada às Partes pelo Secretariado, seja apoiada por pelo menos um terço das Partes.

§ 3º. A Conferência das Partes deve aprovar e adotar por consenso suas regras de procedimento e as de qualquer organismos subsidiário que estabeleça, bem como as normas de administração financeira do Secretariado. Em cada sessão ordinária, a Conferência das Partes deve adotar um orçamento para o exercício até a seguinte sessão ordinária.

§ 4º. A Conferência das partes deve manter sob exame a implementação desta Convenção, e, com esse fim, deve:

a) Estabelecer a forma e a periodicidade da comunicação das Informações a serem apresentadas em conformidade com o Artigo 26, e examinar essas Informações, bem como os relatórios apresentados por qualquer órgão subsidiário;

b) Examinar os pareceres científicos, técnicos e tecnológicos apresentados de acordo com o Artigo 25;

c) Examinar e adotar protocolos, caso necessário, em conformidade com o Artigo 28;

d) Examinar e adotar, caso necessário, emendas a esta Convenção e a seus anexos, em conformidade com os Artigos 29 e 30;

e) Examinar emendas a qualquer protocolo, bem como a quaisquer de seus anexos e, se assim decidir, recomendar sua adoção às partes desses protocolos;

f) Examinar e adotar caso necessário, anexos adicionais a esta Convenção, em conformidade com o Artigo 30;

g) Estabelecer os órgãos subsidiários, especialmente de consultoria científica e técnica, considerados necessários à implementação desta Convenção;

h) Entrar em contato, por meio do Secretariado, com os órgãos executivos de Convenções que tratem de assuntos objeto desta Convenção, para com eles estabelecer formas adequadas de cooperação; e

i) Examinar e tomar todas as demais medidas que possam ser necessárias para alcançar os fins desta Convenção, à luz da experiência adquirida na sua implementação.

§ 5º. As Nações Unidas, seus organismos especializados e a Agência Internacional de Energia Atômica, bem como qualquer Estado que não seja Parte desta Convenção, podem se fazer representar como observadores nas sessões da Conferência das Partes. Qualquer outro órgão ou organismo, governamental ou não-governamental, competente no campo da conservação e da utilização sustentável da diversidade biológica, que informe ao Secretariado do seu desejo de se fazer representar como observador numa sessão da Conferência das Partes, pode ser admitido, a menos que um terço das Partes apresente objeção. A admissão e a participação de observadores deve sujeitar-se às regras de procedimento adotadas pela Conferência das Partes.

Artigo 24 – Secretariado

§ 1º. Fica estabelecido um Secretariado com as seguintes funções:

a) Organizar as sessões da Conferência das Partes prevista no Artigo 23 e prestar-lhes serviço;

b) Desempenhar as funções que lhe atribuam os protocolos;

c) Preparar relatórios sobre o desempenho de suas funções sob esta convenção e apresentá-los à Conferência das Partes;

d) Assegurar a coordenação com outros organismos internacionais pertinentes e, em particular, tomar as providências adminstrativas e contratuais necessárias para o desempenho eficaz de suas funções; e

e) Desempenhar as demais funções que lhe forem atribuídas pela Conferência das Partes.

§ 2º. Em sua primeira sessão ordinária, a Conferência das Partes deve designar o Secretariado dentre as organizações internacionais competentes que se tenham demonstrado dispostas a desempenhar as funções de secretariado previstas nesta Convenção.

Artigo 25 – Órgão Subsidiário de Assessoramento Científico, Técnico e Tecnológico

§ 1º. Fica estabelecido um órgão subsidiário de assessoramento científico, técnico e tecnológico para prestar, em tempo oportuno, à Conferência das Partes e, conforme o caso, aos seus demais órgãos subsidiários, assessoramento sobre a implementação desta Convenção. Este órgão deve estar aberto à participação de todas as Partes e deve ser multidisciplinar. Deve ser composto por representantes governamentais com competências nos campos de especialização pertinentes. Deve apresentar relatórios regularmente à Conferência das Partes sobre todos os aspectos de seu trabalho.

§ 2º. Sob a autoridade da Conferência das Partes e de acordo com as diretrizes por ela estabelecidas, e a seu pedido, o órgão deve:

a) Apresentar avaliações científicas e técnicas da situação da diversidade biológica;

b) Preparar avaliações científicas e técnicas dos efeitos dos tipos de medidas adotadas, em conformidade com o previsto nesta Convenção;

c) Identificar tecnologias e conhecimentos técnicos inovadores, eficientes e avançados relacionados à conservação e à utilização sustentável da diversidade biológica e prestar assessoramento sobre as formas e meios de promover o desenvolvimento e/ou a transferência dessas tecnologias;

d) Prestar assessoramento sobre programas científicos e cooperação internacional em pesquisa e desenvolvimento, relativos à conservação e à utilização sustentável da diversidade biológica; e

e) Responder a questões científicas, técnicas, tecnológicas e metodológicas que lhe formulem a Conferência das Partes e seus órgãos subsidiários.

§ 3º. As funções, mandato, organização e funcionamento deste órgão podem ser posteriormente melhor definidos pela Conferência das Partes.

Artigo 26 – Relatórios

Cada Parte Contratante deve, com a periodicidade a ser estabelecida pela Conferência das Partes, apresentar-lhe relatórios sobre medidas que tenha adotado para a implementação dos dispositivos desta Convenção e sobre sua eficácia para alcançar os seus objetivos.

Artigo 27 – Solução de Controvérsias

§ 1º. No caso de controvérsia entre Partes Contratantes no que respeita à interpretação ou aplicação desta Convenção, as Partes envolvidas devem procurar resolvê-la por meio de negociação.

§ 2º. Se as Partes envolvidas não conseguirem chegar a um acordo por meio de negociação, podem conjuntamente solicitar os bons ofícios ou a mediação de uma terceira Parte.

§ 3º. Ao ratificar, aceitar, ou aprovar esta Convenção ou a ela aderir, ou em qualquer momento posterior, um Estado ou organização de integração econômica regional pode declarar por escrito ao Depositário que, no caso de controvérsia não resolvida de acordo com o § 1º ou o § 2º acima, aceita como compulsórios um ou ambos dos seguintes meios de solução de controvérsias:

a) arbitragem de acordo com o procedimento estabelecido na Parte 1 do Anexo II;

b) submissão da controvérsia à Corte Internacional de Justiça.

§ 4º. Se as Partes na controvérsia não tiverem aceito, de acordo com o § 3º acima, aquele ou qualquer outro procedimento, a controvérsia deve ser submetida à conciliação de acordo com a Parte 2 do Anexo II, a menos que as Partes concordem de outra maneira.

§ 5º. O disposto neste Artigo aplica-se a qualquer protocolo salvo se de outra maneira disposto nesse protocolo.

Artigo 28 – Adoção dos Protocolos

§ 1º. As Partes Contratantes devem cooperar na formulação e adoção de protocolos desta Convenção.

§ 2º. Os protocolos devem ser adotados em sessão da Conferência das Partes.

§ 3º. O texto de qualquer protocolo proposto deve ser comunicado pelo Secretariado às Partes Contratantes pelo menos seis meses antes dessa sessão.

Artigo 29 – Emendas à Convenção ou Protocolos

§ 1º. Qualquer Parte Contratante pode propor emendas a esta Convenção. Emendas a qualquer protocolo podem ser propostas por quaisquer Partes dos mesmos.

§ 2º. Emendas a esta Convenção devem ser adotadas em sessão da Conferência das Partes. Emendas a qualquer protocolo devem ser adotadas em sessão das Partes dos protocolos pertinentes. O texto de qualquer emenda proposta a esta Convenção ou a qualquer protocolo, salvo se de outro modo disposto no protocolo, deve ser comunicado às Partes do instrumento pertinente pelo Secretariado pelo menos seis meses antes da sessão na qual será proposta sua adoção. Propostas de emenda devem também ser comunicadas pelo Secretariado aos signatários desta Convenção, para informação.

§ 3º. As Partes devem fazer todo o possível para chegar a acordo por consenso sobre as emendas propostas a esta Convenção ou a qualquer protocolo. Uma vez exauridos todos os esforços para chegar a um consenso sem que se tenha chegado a um acordo a emenda deve ser adotada, em última instância, por maioria de dois terços das Partes do instrumento pertinente presentes e votantes nessa sessão, e deve ser submetida pelo Depositário a todas as Partes para ratificação, aceitação ou aprovação.

§ 4º. A ratificação, aceitação ou aprovação de emendas deve ser notificada por escrito ao Depositário. As emendas adotadas em, conformidade com o § 3º acima devem entrar em vigor entre as Partes que as tenham aceito no nonagésimo dia após o depósito dos instrumentos de ratificação, aceitação ou aprovação de pelo menos dois terços das Partes Contratantes desta Convenção ou das Partes do protocolo pertinente, salvo se de outro modo disposto nesse protocolo. A partir de então, as emendas devem entrar em vigor para qualquer outra Parte no nonagésimo dia após a Parte ter depositado seu instrumento de ratificação, aceitação ou aprovação das emendas.

§ 5º. Para os fins deste Artigo, "Partes presentes e votantes" significa Partes presentes e que emitam voto afirmativo ou negativo.

Artigo 30 – Adoção de Anexos e Emendas a Anexos

§ 1º. Os anexos a esta Convenção ou a seus protocolos constituem parte integral da Convenção ou do protocolo pertinente, conforme o caso, e, salvo se expressamente disposto de outro modo, qualquer referência a esta Convenção e a seus protocolos constitui ao mesmo tempo referência a quaisquer de seus anexos. Esses anexos devem restringir-se a assuntos processuais, científicos, técnicos e administrativos.

§ 2º. Salvo se disposto de outro modo em qualquer protocolo no que se refere a seus anexos, para a proposta, adoção e entrada em vigor de anexos suplementares a esta Convenção ou de anexos a quaisquer de seus protocolos, deve-se obedecer o seguinte procedimento:

a) os anexos a esta Convenção ou a qualquer protocolo devem ser propostos e adotados de acordo com o procedimento estabelecido no Artigo 29;

b) qualquer Parte que não possa aceitar um anexo suplementar a esta Convenção ou um anexo a qualquer protocolo do qual é Parte o deve notificar, por escrito, ao Depositário, dentro de um ano da data da comunicação de sua adoção pelo Depositário. O Depositário deve comunicar sem demora a todas as Partes qualquer notificação desse tipo recebida. Uma Parte pode a qualquer momento retirar uma declaração anterior de objeção, e, assim, os anexos devem entrar em vigor para aquela Parte de acordo com o disposto na alínea "c" abaixo;

c) um ano após a data da comunicação pelo Depositário de sua adoção, o anexo deve entrar em vigor para todas as Partes desta Convenção ou de qualquer protocolo pertinente que não tenham apresentado uma notificação de acordo com o disposto na alínea "b" acima.

§ 3º. A proposta, adoção e entrada em vigor de emendas aos anexos a esta Convenção ou a qualquer protocolo devem estar sujeitas ao procedimento obedecido no caso da proposta, adoção e entrada em vigor de anexos a esta Convenção ou anexos a qualquer protocolo.

§ 4º. Se qualquer anexo suplementar ou uma emenda a um anexo for relacionada a uma emenda a esta Convenção ou qualquer protocolo, este anexo suplementar ou esta emenda somente deve entrar em vigor quando a referida emenda à Convenção ou protocolo estiver em vigor.

Artigo 31 – Direito de Voto

§ 1º. Salvo o disposto no § 2º abaixo, cada Parte Contratante desta Convenção ou de qualquer protocolo deve ter um voto.

§ 2º. Em assuntos de sua competência, organizações de integração econômica regional devem exercer seu direito ao voto com um número de votos igual ao número de seus Estados-Membros que sejam Partes Contratantes desta Convenção ou de protocolo pertinente. Essas organizações não devem exercer seu direito de voto se seus Estados-Membros exercerem os seus, e vice-versa.

Artigo 32 – Relações entre esta Convenção e seus Protocolos

§ 1º. Um Estado ou uma organização de integração econômica regional não pode ser Parte de um protocolo salvo se for, ou se tornar simultaneamente, Parte Contratante desta Convenção.

§ 2º. Decisões decorrentes de qualquer protocolo devem ser tomadas somente pelas Partes do protocolo pertinente. Qualquer Parte Contratante que não tenha ratificado, aceito ou aprovado um protocolo pode participar como observadora em qualquer sessão das Partes daquele protocolo.

Artigo 33 – Assinatura

Esta Convenção está aberta a assinatura por todos os Estados e qualquer organização de integração econômica regional na cidade do Rio de Janeiro de 5 de junho de 1992 a 14 de junho de 1992, e na sede das Nações Unidas em Nova Iorque, de 15 de junho de 1992 a 4 de junho de 1993.

Artigo 34 – Ratificação, Aceitação ou Aprovação

§ 1º. Esta Convenção e seus protocolos estão sujeitos a ratificação, aceitação ou aprovação, pelos Estados e por organizações de integração econômica regional. Os Instrumentos de ratificação, aceitação ou aprovação devem ser depositados junto ao Depositário.

§ 2º. Qualquer organização mencionada no § 1º acima que se torne Parte Contratante desta Convenção ou de quaisquer de seus protocolos, sem que seja Parte contratante nenhum de seus Estados-Membros, deve ficar sujeita a todas as obrigações da Convenção ou do protocolo, conforme o caso. No caso dessas organizações, se um ou mais de seus Estados-Membros for uma Parte Contratante desta Convenção ou de protocolo pertinente, a organização e seus Estados-Membros devem decidir sobre suas respectivas responsabilidades para o cumprimento de suas obrigações previstas nesta Convenção ou no protocolo, conforme o caso. Nesses casos, a organização e os Estados Membros não devem exercer simultaneamente direitos estabelecidos por esta Convenção ou pelo protocolo pertinente.

§ 3º. Em seus instrumentos de ratificação, aceitação ou aprovação, as organizações mencionadas no § 1º acima devem declarar o âmbito de sua competência no que respeita a assuntos regidos por esta Convenção ou por protocolo pertinente. Essas organizações devem também informar ao Depositário de qualquer modificação pertinente no âmbito de sua competência.

Artigo 35 – Adesão

§ 1º. Esta Convenção e quaisquer de seus protocolos está aberta a adesão de Estados e organizações de integração econômica regional a partir da data em que expire o prazo para a assinatura da Convenção ou do protocolo pertinente. Os instrumentos de adesão devem ser depositados junto ao Depositário.

§ 2º. Em seus instrumentos de adesão, as organizações mencionadas no § 1º acima devem declarar o âmbito de suas competências no que respeita aos assuntos regidos por esta Convenção ou pelos protocolos. Essas organizações devem também informar ao Depositário qualquer modificação pertinente no âmbito de suas competências.

§ 3º. O disposto no Artigo 34, § 2º, deve aplicar-se a organizações de integração econômica regional que adiram a esta Convenção ou a quaisquer de seus protocolos.

Artigo 36 – Entrada em Vigor

§ 1º. Esta Convenção entra em vigor no nonagésimo dia após a data de depósito do trigésimo instrumento de ratificação, aceitação, aprovação ou adesão.

§ 2º. Um protocolo deve entrar em vigor no nonagésimo dia após a data do depósito do número de instrumentos de ratificação, aceitação, aprovação ou adesão estipulada nesse protocolo.

§ 3º. Para cada Parte Contratante que ratifique, aceite ou aprove esta Convenção ou a ela adira após o depósito do trigésimo instrumento de ratificação, aceitação, aprovação ou adesão, esta Convenção entra em vigor no nonagésimo dia após a data de depósito pela Parte Contratante do seu instrumento de ratificação, aceitação, aprovação ou adesão.

§ 4º. Um protocolo, salvo se disposto de outro modo nesse protocolo, deve entrar em vigor para uma Parte Contratante que o ratifique, aceite ou aprove ou a ele adira após sua entrada em vigor de acordo com o § 2º acima, no nonagésimo dia após a data do depósito do instrumento de ratificação, aceitação, aprovação ou adesão por essa Parte Contratante, ou na data em que esta Convenção entre em vigor para essa Parte Contratante, a que for posterior.

§ 5º. Para os fins dos §§ 1º e 2º acima, os instrumentos depositados por uma organização de integração econômica regional não devem ser contados como adicionais àqueles depositados por Estados-Membros dessa organização.

Artigo 37 – Reservas

Nenhuma reserva pode ser feita a esta Convenção.

Artigo 38 – Denúncias

§ 1º. Após dois anos da entrada em vigor desta Convenção para uma Parte Contratante, essa Parte Contratante pode a qualquer momento denunciá-la por meio de notificação escrita ao Depositário.

§ 2º. Essa denúncia tem efeito um ano após a data de seu recebimento pelo Depositário, ou em data posterior se assim for estipulado na notificação de denúncia.

§ 3º. Deve ser considerado que qualquer Parte Contratante que denuncie esta Convenção denuncia também os protocolos de que é Parte.

Artigo 39 – Disposições Financeiras Provisórias

Desde que completamente reestruturado, em conformidade com o disposto no Artigo 21, o Fundo para o Meio Ambiente Mundial, do Programa das Nações Unidas para o Desenvolvimento, do Programa das Nações Unidas para o Meio Ambiente, e do Banco Internacional para a Reconstrução e o Desenvolvimento, deve ser a estrutura institucional provisória a que se refere o Artigo 21, no período entre a entrada em vigor desta Convenção e a primeira sessão da Conferência das Partes ou até que a Conferência das Partes designe uma estrutura institucional em conformidade com o Artigo 21.

Artigo 40 – Disposições Transitórias para o Secretariado

O Secretariado a ser provido pelo Diretor Executivo do Programa das Nações Unidas para o Meio Ambiente deve ser o Secretariado a que se refere o Artigo 24, § 2º, provisoriamente pelo período entre a entrada em vigor desta Convenção e a primeira sessão da conferência das Partes.

Artigo 41 – Depositário

O Secretário-Geral das Nações Unidas deve assumir as funções de Depositário desta Convenção e de seus protocolos.

Artigo 42 – Textos Autênticos

O original desta Convenção, cujos textos em árabe, chinês, espanhol, francês, inglês e russo são igualmente autênticos, deve ser depositado junto ao Secretário-Geral das Nações Unidas.

Em fé do que, os abaixo assinados, devidamente autorizados para esse fim, firmam esta Convenção.

Feita no Rio de Janeiro, aos 5 dias de junho de mil novecentos e noventa e dois.

Anexo I – Identificação e Monitoramento

§ 1º. Ecossistemas e *habitats*: compreendendo grande diversidade, grande número de espécies endêmicas ou ameaçadas, ou vida silvestre; os necessários às espécies migratórias; de importância social, econômica, cultural ou científica; ou que sejam representantivos, únicos ou associados a processos evolutivos ou outros processos biológicos essenciais;

§ 2º. Espécies e comunidades que: estejam ameaçadas; sejam espécies silvestres aparentadas de espécies domesticadas ou cultivadas; tenham valor medicinal, agrícola ou qualquer outro valor econômico; sejam de importância social, científica ou cultural; ou sejam de importância para a pesquisa sobre a conservação e a utilização sustentável da diversidade biológica, como as espécies de referência; e

§ 3º. Genomas e genes descritos como tendo importância social, científica ou econômica.

Anexo II – Parte 1 – Arbitragem

Artigo 1º

A Parte demandante deve notificar o Secretariado de que as Partes estão submetendo uma controvérsia a arbitragem em conformidade com o Artigo 27. A notificação deve expor o objeto em questão a ser arbitrado, e incluir, em particular, os Artigos da Convenção ou do Protocolo de cuja interpretação ou aplicação se tratar a questão. Se as Partes não concordarem no que respeita o objeto da controvérsia, antes de ser o

Presidente do tribunal designado, o tribunal de arbitragem deve definir o objeto em questão. O Secretariado deve comunicar a informação assim recebida a todas as Partes Contratantes desta Convenção ou do protocolo pertinente.

Artigo 2º

§ 1º. Em controvérsias entre duas Partes, o tribunal de arbitragem deve ser composto por três membros. Cada uma das Partes da controvérsias deve nomear um árbitro e os dois árbitros assim nomeados devem designar de comum acordo um terceiro árbitro que deve presidir o tribunal. Este último não pode ser da mesma nacionalidade das Partes em controvérsia, nem ter residência fixa em território de uma das Partes; tampouco deve estar a serviço de nenhuma delas, nem ter tratado do caso a qualquer título.

§ 2º. Em controvérsias entre mais de duas Partes, as Partes que tenham o mesmo interesse devem nomear um árbitro de comum acordo.

§ 3º. Qualquer vaga no tribunal deve ser preenchida de acordo com o procedimento previsto para a nomeação inicial.

Artigo 3º

§ 1º. Se o Presidente do tribunal de arbitragem não for designado dentro de dois meses após a nomeação do segundo árbitro, o Secretário-Geral das Nações Unidas, a pedido de uma das partes, deve designar o Presidente no prazo adicional de dois meses.

§ 2º. Se uma das Partes em controvérsia não nomear um árbitro no prazo de dois meses após o recebimento da demanda, a outra parte pode disso informar o Secretário-Geral, que deve designá-lo no prazo adicional de dois meses.

Artigo 4º

O tribunal de arbitragem deve proferir suas decisões de acordo com o disposto nesta Convenção, em qualquer protocolo pertinente, e com o direito internacional.

Artigo 5º

Salvo se as Partes em controvérsia de outro modo concordarem, o tribunal de arbitragem deve adotar suas próprias regras de procedimento.

Artigo 6º

O tribunal de arbitragem pode, a pedido de uma das Partes, recomendar medidas provisórias indispensáveis de proteção.

Artigo 7º

As Partes em controvérsia devem facilitar os trabalhos do tribunal de arbitragem e, em particular, utilizando todos os meios a sua disposição:

a) Apresentar-lhe todos os documentos, informações e meios pertinentes; e

b) Permitir-lhe, se necessário, convocar testemunhas ou especialistas e ouvir seus depoimentos.

Artigo 8º

As Partes e os árbitros são obrigados a proteger a confidencialidade de qualquer informação recebida com esse caráter durante os trabalhos do tribunal de arbitragem.

Artigo 9º

Salvo se decidido de outro modo pelo tribunal de arbitragem devido a circunstâncias particulares do caso, os custos do tribunal devem ser cobertos em proporções iguais pelas Partes em controvérsia. O tribunal deve manter um registro de todos os seus gastos, e deve apresentar uma prestação de contas final às Partes.

Artigo 10

Qualquer Parte Contratante que tenha interesse de natureza jurídica no objeto em questão da controvérsia, que possa ser afetado pela decisão sobre o caso, pode intervir no processo com o consentimento do tribunal.

Artigo 11

O tribunal pode ouvir e decidir sobre contra-argumentações diretamente relacionadas ao objeto em questão da controvérsia.

Artigo 12

As decisões do tribunal de arbitragem tanto em matéria processual quanto sobre o fundo da questão devem ser tomadas por maioria de seus membros.

Artigo 13

Se uma das Partes em controvérsia não comparecer perante o tribunal de arbitragem ou não apresentar defesa de sua causa, a outra Parte pode solicitar ao tribunal que continue o processo e profira seu laudo. A ausência de uma das Partes ou a abstenção de uma parte de apresentar defesa de sua causa não constitui impedimento ao processo. Antes de proferir sua decisão final, o tribunal de arbitragem deve certificar-se de que a demanda está bem fundamentada de fato e de direito.

Artigo 14

O tribunal deve proferir sua decisão final em cinco meses a partir da data em que for plenamente constituído, salvo se considerar necessário prorrogar esse prazo por um período não superior a cinco meses.

Artigo 15

A decisão final do tribunal de arbitragem deve se restringir ao objeto da questão em controvérsia e deve ser fundamentada. Nela devem constar os nomes dos membros que a adotaram e sua data. Qualquer membro do tribunal pode anexar à decisão final um parecer em separado ou um parecer divergente.

Artigo 16

A decisão é obrigatória para as Partes em controvérsia. Dela não há recurso, salvo se as Partes em controvérsia houverem concordado com antecedência sobre um procedimento de apelação.

Artigo 17

As controvérsias que surjam entre as partes em controvérsia no que respeita a interpretação ou execução da decisão final pode ser submetida por quaisquer uma das Partes à decisão do tribunal que a proferiu.

Parte 2 – Conciliação

Artigo 1º

Uma Comissão de conciliação deve ser criada a pedido de uma das Partes em controvérsia. Essa comissão, salvo se as Partes concordarem de outro modo, deve ser composta de cinco membros, dois nomeados por cada Parte envolvida e um Presidente escolhido conjuntamente pelos membros.

Artigo 2º

Em controvérsias entre mais de duas Partes, as Partes com o mesmo interesse devem nomear, de comum acordo, seus membros na comissão. Quando duas ou mais Partes tiverem interesses independentes ou houver discordância sobre o fato de terem ou não o mesmo interesse, as Partes devem nomear seus membros separadamente.

Artigo 3º

Se no prazo de dois meses a partir da data do pedido de criação de uma comissão de conciliação, as Partes não houverem nomeado os membros da comissão, o Secretário-Geral das Nações Unidas, por solicitação da Parte que formulou o pedido, deve nomeá-los no prazo adicional de dois meses.

Artigo 4º

Se o Presidente da comissão de conciliação não for escolhido nos dois meses seguintes à nomeação do último membro da comissão, o Secretário-Geral das Nações Unidas, por solicitação de uma das Partes, deve designá-lo no prazo adicional de dois meses.

Artigo 5º

A comissão de conciliação deverá tomar decisões por maioria de seus membros. Salvo se as Partes em controvérsia concordarem de outro modo, deve definir seus próprios procedimentos. A comissão deve apresentar uma proposta de solução da controvérsia, que as Partes devem examinar em boa fé.

Artigo 6º

Uma divergência quanto à competência da comissão de conciliação deve ser decidida pela comissão.

DECRETO Nº 4.154, DE 7 DE MARÇO DE 2002

Regulamenta a Lei nº 10.332, de 19 de dezembro de 2001, na parte que institui mecanismo de financiamento para o Programa de Biotecnologia e Recursos Genéticos – Genoma, e dá outras providências.

O Presidente da República, no uso das atribuições que lhe confere o art. 84, incisos IV e VI, alínea "a", da Constituição, e tendo em vista o disposto na Lei nº 10.332, de 19 de dezembro de 2001,

Decreta:

Art. 1º. Os recursos para pesquisa e desenvolvimento de que trata o inciso III do art. 1º da Lei nº 10.332, de 19 de dezembro de 2001, serão depositados no Fundo Nacional de Desenvolvimento Científico e Tecnológico – FNDCT, em categoria de programação específica denominada "CT-BIOTECNOLOGIA", e utilizados no financiamento de atividades de pesquisa científica e desenvolvimento tecnológico do setor de Biotecnologia.

Art. 2º. Para efeito do disposto neste Decreto, entende-se como atividades de pesquisa científica e desenvolvimento tecnológico:

I – os projetos de pesquisa científica e tecnológica;

II – o desenvolvimento tecnológico experimental;

III – o desenvolvimento de tecnologia industrial básica;

IV – a implantação de infra-estrutura para atividades de pesquisa;

V – a formação e a capacitação de recursos humanos;

VI – a documentação e a difusão do conhecimento científico e tecnológico.

Art. 3º. Dos recursos a que se refere o art. 1º deste Decreto, no mínimo trinta por cento serão destinados a projetos desenvolvidos por empresas e instituições de ensino e pesquisa sediadas nas regiões Norte, Nordeste e Centro-Oeste, incluindo as respectivas áreas de atuação das agências de desenvolvimento regional.

Art. 4º. Cabe ao Ministro de Estado da Ciência e Tecnologia, após receber as indicações pertinentes, designar os membros do Comitê Gestor a que se refere o art. 4º da Lei nº 10.332, de 2001, que terá a seguinte composição:

I – um representante do Ministério da Ciência e Tecnologia, que o presidirá;

II – um representante do Ministério da Agricultura, Pecuária e Abastecimento;

III – um representante do Ministério da Saúde;

IV – um representante da Financiadora de Estudos e Projetos – FINEP;

V – um representante do Conselho Nacional de Desenvolvimento Científico e Tecnológico – CNPq;

VI – dois representantes do segmento acadêmico-científico;

VII – dois representantes do setor industrial.

§ 1º. O mandato dos membros a que se referem os incisos VI e VII será de dois anos, permitida uma recondução.

§ 2º. A participação no Comitê Gestor não será remunerada.

Art. 5º. O Comitê Gestor terá as seguintes atribuições:

I – elaborar e aprovar o seu regimento interno;

II – identificar e selecionar as áreas prioritárias para a aplicação dos recursos nas atividades de pesquisa científica e desenvolvimento tecnológico do setor de Biotecnologia;

III – elaborar plano anual de investimentos;

IV – estabelecer as atividades de pesquisa científica e desenvolvimento tecnológico a serem apoiadas com recursos do CT-BIOTECNOLOGIA;

V – estabelecer os critérios para a apresentação das propostas de projetos, os parâmetros de julgamento e os limites de valor do apoio financeiro aplicável a cada caso;

VI – acompanhar a implementação das atividades de pesquisa científica e desenvolvimento tecnológico e avaliar anualmente os seus resultados.

Parágrafo único. O Comitê Gestor encaminhará ao Ministro de Estado da Ciência e Tecnologia os resultados do desempenho das atribuições previstas nos incisos II, III e IV deste artigo.

Art. 6º. No desempenho de suas atribuições, o Comitê Gestor poderá convidar especialistas e representantes de outros Ministérios para participar de suas reuniões, sem direito a voto ou remuneração, bem como utilizar subsídios técnicos apresentados por grupos consultivos, especialistas do setor produtivo, integrantes da comunidade acadêmica e de áreas técnicas ligadas, direta ou indiretamente, às atividades de pesquisa científica e desenvolvimento tecnológico.

Art. 7º. O Comitê Gestor promoverá ampla divulgação de seus atos e da avaliação de resultados das atividades financiadas com recursos do CT-BIOTECNOLOGIA.

Art. 8º. As ações com vistas ao atendimento de demandas que envolvam bolsas de formação e capacitação de recursos humanos, bem como financiamento de projetos individuais de pesquisa serão executadas, preferencialmente, pelo Conselho Nacional de Desenvolvimento Científico e Tecnológico – CNPq, mediante repasse de recursos do CT-BIOTECNOLOGIA.

Art. 9º. As despesas operacionais, de planejamento, prospecção, acompanhamento, avaliação e divulgação de resultados, relativas ao financiamento de atividades de pesquisa científica e desenvolvimento tecnológico do setor de Biotecnologia não poderão ultrapassar o montante correspondente a cinco por cento dos recursos arrecadados anualmente.

Art. 10. Este Decreto entra em vigor na data de sua publicação.

Brasília, 7 de março de 2002; 181º da Independência e 114º da República.

Fernando Henrique Cardoso

DOU de 8.3.2002

DECRETO Nº 4.339, DE 22 DE AGOSTO DE 2002

Institui princípios e diretrizes para implementação da Política Nacional da Biodiversidade.

O Presidente da República, no uso das atribuições que lhe confere o art. 84, inciso IV, da Constituição, e

Considerando os compromissos assumidos pelo Brasil ao assinar a Convenção sobre Diversidade Biológica, durante a Conferência das Nações Unidas sobre Meio Ambiente e Desenvolvimento – CNUMAD, em 1992, a qual foi aprovada pelo Decreto legislativo nº 2, de 3 de fevereiro de 1994, e promulgada pelo Decreto nº 2.519, de 16 de março de 1998;

Considerando o disposto no art. 225 da Constituição, na Lei nº 6.938, de 31 de agosto de 1981, que dispõe sobre a Política Nacional do Meio Ambiente, na Declaração do Rio e na Agenda 21, ambas assinadas pelo Brasil em 1992, durante a CNUMAD, e nas demais normas vigentes relativas à biodiversidade; e

Considerando que o desenvolvimento de estratégias, políticas, planos e programas nacionais de biodiversidade é um dos principais compromissos assumidos pelos países membros da Convenção sobre Diversidade Biológica;

Decreta:

Art. 1º. Ficam instituídos, conforme o disposto no Anexo a este Decreto, princípios e diretrizes para a implementação, na forma da lei, da Política Nacional da Biodiversidade, com a participação dos governos federal, distrital, estaduais e municipais, e da sociedade civil.

Art. 2º. Este Decreto entra em vigor na data da sua publicação.

Brasília, 22 de agosto de 2002; 181º da Independência e 114º da República.

Fernando Henrique Cardoso

ANEXO
DA POLÍTICA NACIONAL DA BIODIVERSIDADE

DOS PRINCÍPIOS E DIRETRIZES GERAIS DA POLÍTICA NACIONAL DA BIODIVERSIDADE

1. Os princípios estabelecidos neste Anexo derivam, basicamente, daqueles estabelecidos na Convenção sobre Diversidade Biológica e na Declaração do Rio, ambas de 1992, na Constituição e na legislação nacional vigente sobre a matéria.

2. A Política Nacional da Biodiversidade reger-se-á pelos seguintes princípios:

I – a diversidade biológica tem valor intrínseco, merecendo respeito independentemente de seu valor para o homem ou potencial para uso humano;

II – as nações têm o direito soberano de explorar seus próprios recursos biológicos, segundo suas políticas de meio ambiente e desenvolvimento;

III – as nações são responsáveis pela conservação de sua biodiversidade e por assegurar que atividades sob sua jurisdição ou controle não causem dano no meio ambiente e à biodiversidade de outras nações ou de áreas além dos limites da jurisdição nacional;

IV – a conservação e a utilização sustentável da biodiversidade são uma preocupação comum à humanidade, mas com responsabilidades diferenciadas, cabendo aos países desenvolvidos o aporte de recursos financeiros novos e adicionais e a facilitação do acesso adequado às tecnologias pertinentes para atender às necessidades dos países em desenvolvimento;

V – todos têm direito ao meio ambiente ecologicamente equilibrado, bem de uso comum do povo e essencial à sadia qualidade de vida, impondo-se, ao Poder Público e à coletividade, o dever de defendê-lo e de preservá-lo para as presentes e as futuras gerações;

VI – os objetivos de manejo de solos, águas e recursos biológicos são uma questão de escolha da sociedade, devendo envolver todos os setores relevantes da sociedade e todas as disciplinas científicas e considerar todas as formas de informação relevantes, incluindo os conhecimento científicos, tradicionais e locais, inovações e costumes;

VII – a manutenção da biodiversidade é essencial para a evolução e para a manutenção dos sistemas necessários à vida da biosfera e, para tanto, é necessário garantir e promover a capacidade de reprodução sexuada e cruzada dos organismos;

VIII – onde exista evidência científica consistente de risco sério e irreversível à diversidade biológica, o Poder Público determinará medidas eficazes em termos de custo para evitar a degradação ambiental;

IX – a internalização dos custos ambientais e a utilização de instrumentos econômicos será promovida tendo em conta o princípio de que o poluidor deverá, em princípio, suportar o custo da poluição, com o devido respeito pelo interesse público e sem distorcer o comércio e os investimentos internacionais;

X – a instalação de obra ou atividade potencialmente causadora de significativa degradação do meio ambiente deverá ser precedida de estudo prévio de impacto ambiental, a que se dará publicidade;

XI – o homem faz parte da natureza e está presente nos diferentes ecossistemas brasileiros há mais de dez mil anos, e todos estes ecossistemas foram e estão sendo alterados por ele em maior ou menor escala;

XII – a manutenção da diversidade cultural nacional é importante para pluralidade de valores na sociedade em relação à biodiversidade, sendo que os povos indígenas, os quilombolas e as outras comunidades locais desempenham um papel importante na conservação e na utilização sustentável de biodiversidade brasileira;

XIII – as ações relacionadas ao acesso ao conhecimento tradicional associado à biodiversidade deverão transcorrer com consentimento prévio informado dos povos indígenas, dos quilombolas e das outras comunidades locais;

XIV – o valor de uso da biodiversidade é determinado pelos valores culturais e inclui valor de uso direto e indireto, de opção de uso futuro e, ainda, valor intrínseco, incluindo os valores ecológico, genético, social, econômico, científico, educacional, cultural, recreativo e estético;

XV – a conservação e a utilização sustentável da biodiversidade devem contribuir para o desenvolvimento econômico e social e para a erradicação da pobreza;

XVI – a gestão dos ecossistemas deve buscar o equilíbrio apropriado entre a conservação e a utilização sustentável da biodiversidade, e os ecossistemas devem ser administrados dentro dos limites de seu funcionamento;

XVII – os ecossistemas devem ser entendidos e manejados em um contexto econômico, objetivando:

a) reduzir distorções de mercado que afetam negativamente a biodiversidade;

b) promover incentivos para a conservação da biodiversidade e sua utilização sustentável; e

c) internalizar custos e benefícios em um dado ecossistema o tanto quanto possível;

XVIII – a pesquisa, a conservação *ex situ* e a agregação de valor sobre componentes da biodiversidade brasileira devem ser realizadas preferencialmente no país, sendo bem vindas as iniciativas de cooperação internacional, respeitados os interesses e a coordenação nacional;

XIX – as ações nacionais de gestão da biodiversidade devem estabelecer sinergias e ações integradas com convenções, tratados e acordos internacionais relacionados ao tema da gestão da biodiversidade; e

XX – as ações de gestão da biodiversidade terão caráter integrado, descentralizado e participativo, permitindo que todos os setores da sociedade brasileira tenham, efetivamente, acesso aos benefícios gerados por sua utilização.

3. A Política Nacional da Biodiversidade aplica-se aos componentes da diversidade biológica localizados nas áreas sob jurisdição nacional, incluindo o território nacional, a plataforma continental e a zona econômica exclusiva; e aos processos e atividades realizados sob sua jurisdição ou controle, independentemente de onde ocorram seus efeitos, dentro da área sob jurisdição nacional ou além dos limites desta.

4. A Política Nacional da Biodiversidade reger-se-á pelas seguintes diretrizes:

I – estabelecer-se-á cooperação com outras nações, diretamente ou, quando necessário, mediante acordos e organizações internacionais competentes, no que respeita a áreas além da jurisdição nacional, em particular nas áreas de fronteira, na Antártida, no alto-mar e nos grandes fundos marinhos e em relação a espécies migratórias, e em outros assuntos de mútuo interesse, para a conservação e a utilização sustentável da diversidade biológica

II – o esforço nacional de conservação e a utilização sustentável da diversidade biológica deve ser integrado em planos, programas e políticas setoriais ou intersetoriais pertinentes de forma complementar e harmônica;

III – investimentos substanciais são necessários para conservar a diversidade biológica dos quais resultarão, conseqüentemente, benefícios ambientais, econômicos e sociais;

IV – é vital prever, prevenir e combater na origem as causas da sensível redução ou perda da diversidade biológica;

V – a sustentabilidade da utilização de componentes da biodiversidade deve ser determinada do ponto de vista econômico, social e ambiental, especialmente quanto à manutenção da biodiversidade;

VI – a gestão dos ecossistemas deve ser descentralizada ao nível apropriado e os gestores do ecossistemas devem considerar os efeitos atuais e potenciais de suas atividades sobre os ecossistemas vizinhos e outros;

VII – a gestão dos ecossistemas deve ser implementada nas escalas espaciais e temporais apropriadas e os objetivos para o gerenciamento de ecossistemas devem ser estabelecidos a longo prazo, reconhecendo que mudanças são inevitáveis;

VIII – a gestão dos ecossistemas deve se concentrar nas estruturas, nos processos e nos relacionamentos funcionais dentro dos ecossistemas, usar práticas gerenciais adaptativas e assegurar a cooperação intersetorial;

IX – criar-se-ão condições para permitir o acesso aos recursos genéticos e para a utilização ambientalmente saudável destes por outros países que sejam Partes Contratantes da Convenção sobre Diversidade Biológica, evitando-se a imposição de restrições contrárias aos objetivos da Convenção.

DO OBJETIVO GERAL DA POLÍTICA NACIONAL DA BIODIVERSIDADE

5. A Política Nacional da Biodiversidade tem como objetivo geral a promoção, de forma integrada, da conservação da biodiversidade e da utilização sustentável de seus componentes, com a repartição justa e eqüitativa dos benefícios derivados da utilização dos recursos genéticos, de componentes do patrimônio genético e dos conhecimentos tradicionais associados a esses recursos.

DOS COMPONENTES DA POLÍTICA NACIONAL DA BIODIVERSIDADE

6. Os Componentes da Política Nacional da Biodiversidade e respectivos objetivos específicos, abaixo relacionados e estabelecidos com base na Convenção sobre diversidade Biológica, devem ser considerados como os eixos temáticos que orientarão as etapas de implementação desta Política.

7. As diretrizes estabelecidas para os Componentes devem ser consideradas para todos os biomas brasileiros, quando couber.

8. Diretrizes específicas por bioma poderão ser estabelecidos nos Planos de Ação, quando da implementação da Política.

9. A Política Nacional da Biodiversidade abrange os seguintes Componentes:

I – ***Componente I*** – **Conhecimento da Biodiversidade:** congrega diretrizes voltadas à geração, sistematização e disponibilização de informações que permitam conhecer os componentes da biodiversidade do país e que apóiem a gestão da biodiversidade, bem como diretrizes relacionadas à produção de inventários, à realização de pesquisas ecológicas e à realização de pesquisas sobre conhecimento tradicionais;

II – ***Componente 2*** – **Conservação da Biodiversidade:** engloba diretrizes destinadas à conservação *in situ* e *ex situ* de variabilidade genética, de ecossistemas, incluindo os serviços ambientais, e de espécies, particularmente daquelas ameaçadas ou com potencial econômico, bem como diretrizes para implementação de instrumentos econômicos e tecnológicos em prol da conservação da biodiversidade;

III – ***Componente 3*** – **Utilização Sustentável dos Componentes da Biodiversidade:** reúne diretrizes para a utilização sustentável da biodiversidade e da biotecnologia, incluindo o fortalecimento da gestão pública, o estabelecimento de mecanismos e instrumentos econômicos, e o apoio a práticas e negócios sustentáveis que garantam a manutenção da biodiversidade e da funcionalidade dos ecossistemas, considerando não apenas o valor econômico, mas também os valores sociais e culturais da biodiversidade;

IV – ***Componente 4*** – **Monitoramento, Avaliação, Prevenção e Mitigação de Impactos sobre a Biodiversidade:** engloba diretrizes para fortalecer os sistemas de monitoramento, de avaliação, de prevenção e de mitigação de impactos sobre a biodiversidade, bem como para promover a recuperação de ecossistemas degradados e de componentes da biodiversidade sobreexplotados;

V – ***Componente 5*** – **Acesso aos Recursos Genéticos e aos Conhecimentos Tradicionais Associados e Repartição de Benefícios:** alinha diretrizes que promovam o acesso controlado, com vistas à agregação de valor mediante pesquisa científica e desenvolvimento tecnológico, e a distribuição dos benefícios gerados pela utilização dos recursos genéticos dos componentes do patrimônio genético e dos conhecimentos tradicionais associados, de modo que sejam compartilhados, de forma justa e eqüitativa, com a sociedade brasileira e, inclusive, com os povos indígenas, com os quilombolas e com outras comunidades locais;

VI – ***Componente 6*** – **Educação, Sensibilização Pública, Informação e Divulgação sobre Biodiversidade:** define diretrizes para a educação e sensibilização pública e para a gestão e divulgação de informações sobre biodiversidade, com a promoção da participação da sociedade, inclusive dos povos indígenas, quilombolas e outras comunidades locais, no respeito à conservação da biodiversidade, à utilização sustentável de seus componentes e à repartição justa e eqüitativa dos benefícios derivados da utilização de recursos genéticos, de componentes do patrimônio genético e de conhecimento tradicional associado à biodiversidade;

VII – *Componente 7* – **Fortalecimento Jurídico e Institucional para a Gestão da Biodiversidade:** sintetiza os meios de implementação da Política; apresenta diretrizes para o fortalecimento da infra-estrutura, para a formação e fixação de recursos humanos, para o acesso à tecnologia e transferência de tecnologia, para o estímulo à criação de mecanismos de financiamento, para o fortalecimento do marco-legal, para a integração de políticas públicas e para a cooperação internacional.

DO COMPONENTE 1 DA POLÍTICA NACIONAL DA BIODIVERSIDADE – CONHECIMENTO DA BIODIVERSIDADE

10. Objetivos Gerais: gerar, sistematizar e disponibilizar informações para a gestão da biodiversidade nos biomas e seu papel no funcionamento e na manutenção dos ecossistemas terrestres e aquáticos, incluindo as águas jurisdicionais. Promover o conhecimento da biodiversidade brasileira, sua distribuição, seus determinantes, seus valores, suas funções ecológicas e seu potencial de uso econômico.

10.1. Primeira diretriz: Inventário e caracterização da biodiversidade. Levantamento, identificação, catalogação e caracterização dos componentes da biodiversidade (ecossistemas, espécies e diversidade genética intra-específica), para gerar informações que possibilitem a proposição de medidas para a gestão desta.

Objetivos Específicos:

10.1.1. Instituir e implementar programa nacional de inventários biológicos integrados a estudos do meio físico, com ênfase em grupos taxonômicos megadiversos abrangendo os diferentes *habitats* e regiões geográficas do país, preferencialmente realizados em áreas prioritárias para conservação, estabelecendo-se protocolos mínimos padronizados para coleta, com obrigatoriedade do uso de coordenadas geográficas (georreferenciamento).

10.1.2. Promover e apoiar pesquisas voltadas a estudos taxonômicos de todas as espécies que ocorrem no Brasil e para a caracterização e classificação da biodiversidade brasileira.

10.1.3. Instituir um sistema nacional, coordenado e compartilhado de registro de espécies descritas em território brasileiro e nas demais áreas sob jurisdição nacional, criando, apoiando, consolidando e integrando coleções científicas e centros de referência nacionais e regionais.

10.1.4. Elaborar e manter atualizadas listas de espécies endêmicas e ameaçadas no país, de modo articulado com as listas estaduais e regionais.

10.1.5. Promover pesquisas para identificar as características ecológicas, a diversidade genética e a viabilidade populacional das espécies de plantas, animais, fungos e microrganismos endêmicas e ameaçadas no Brasil, a fim de subsidiar ações de recuperação, regeneração, utilização sustentável e conservação destas.

10.1.6. Promover pesquisas para determinar propriedades e características ecológicas, biológicas e genéticas das espécies de maior interesse para conservação e utilização socioeconômica sustentável, principalmente espécies nativas utilizadas para fins econômicos ou que possuam grande valor para povos indígenas, quilombolas e outras comunidades locais.

10.1.7. Mapear a diversidade e a distribuição das variedades locais de espécies domesticadas e seus parentes silvestres.

10.1.8. Inventariar e mapear as espécies exóticas invasoras e as espécies-problema, bem como os ecossistemas em que foram introduzidas para nortear estudos dos impactos gerados e ações de controle.

10.1.9. Promover a avaliação sistemática das metodologias empregadas na realização de inventários.

10.1.10. Estabelecer mecanismos para exigir, por parte do empreendedor, de realização de inventário da biodiversidade daqueles ambientes especiais (por exemplo canga ferrífera, platôs residuais) altamente ameaçados pela atividade de exploração econômica, inclusive a mineral.

10.1.11. Apoiar a formação de recursos humanos nas áreas de taxonomia, incluindo taxônomos e auxiliares (parataxônomos).

10.1.12. Promover a recuperação e a síntese das informações existentes no acervo científico brasileiro, principalmente teses e dissertações.

10.1.13. Promover o mapeamento da biodiversidade em todo o território nacional, gerar e distribuir amplamente mapas da biodiversidade brasileira, resguardando-se o devido sigilo de informações de interesse nacional.

10.1.14. Promover a repatriação das informações sobre biodiversidade brasileira existentes no exterior.

10.2. Segunda diretriz: Promoção de pesquisas ecológicas e estudos sobre o papel desempenhado pelos seres vivos na funcionalidade dos ecossistemas e sobre os impactos das mudanças globais na biodiversidade.

Objetivos Específicos:

10.2.1. Promover pesquisas para determinar as propriedades ecológicas das espécies e as formas de sinergia entre estas, visando a compreender sua importância nos ecossistemas.

10.2.2. Promover estudos, preferencialmente nas áreas prioritárias para conservação da biodiversidade e nas unidades de conservação, sobre o funcionamento de comunidades e ecossistemas sobre dinâmica e situação das populações e sobre avaliação de estoques e manejo dos componentes da biodiversidade.

10.2.3. Fortalecer e expandir pesquisas ecológicas de longa duração, preferencialmente em unidades de conservação.

10.2.4. Promover pesquisas para determinar o efeito da dinâmica das mudanças globais sobre a biodiversidade e a participação das espécies nos processos de fluxo de matéria e energia e de homeostase nos ecossistemas.

10.2.5. Promover pesquisas sobre os efeitos das alterações ambientais causadas pela fragmentação de *habitats* na perda da biodiversidade, com ênfase nas áreas com maiores níveis de desconhecimento, de degradação e de perda de recursos genéticos.

10.2.6. Promover o desenvolvimento e o aperfeiçoamento de ferramentas de modelagem de ecossistemas.

10.2.7. Promover e apoiar a pesquisa sobre impacto das alterações ambientais na produção agropecuária e na saúde humana, com ênfase em dados para as análises de risco promovidas pelos órgãos competentes das áreas ambiental, sanitária e fitossanitária.

10.3. Terceira diretriz: Promoção de pesquisas para a gestão da biodiversidade. Apoio à produção de informação e de conhecimento sobre os componentes da biodiversidade nos diferentes biomas para subsidiar a gestão da biodiversidade.

Objetivos Específicos:

10.3.1. Promover e apoiar pesquisa sobre biologia da conservação para os diferentes ecossistemas do país e particularmente para os componentes da biodiversidade ameaçados.

10.3.2. Promover e apoiar desenvolvimento de pesquisa e tecnologia sobre conservação e utilização sustentável da biodiversidade, especialmente sobre a propagação e o desenvolvimento de espécies nativas com potencial medicinal, agrícola e industrial.

10.3.3. Desenvolver estudos para o manejo da conservação e utilização sustentável da biodiversidade nas reservas legais das propriedades rurais, conforme previsto no Código Florestal.

10.3.4. Fomentar a pesquisa em técnicas de prevenção, recuperação e restauração de áreas em processo de desertificação, fragmentação ou degradação ambiental, que utilizem a biodiversidade.

10.3.5. Promover e apoiar pesquisas sobre sanidade da vida silvestre e estabelecer mecanismos para que seus dados sejam incorporados na gestão da biodiversidade.

10.3.6. Promover e apoiar pesquisas para subsidiar a prevenção, erradicação e controle de espécies exóticas invasoras e espécies-problema que ameacem a biodiversidade, atividades da agricultura, pecuária, silvicultura e aqüicultura e a saúde humana.

10.3.7. Apoiar estudos sobre o valor dos componentes da biodiversidade e dos serviços ambientais associados.

10.3.8. Apoiar estudos que promovam a utilização sustentável da biodiversidade em benefício de povos indígenas, quilombolas e outras comunidades locais, assegurando sua participação direta.

10.3.9. Atualizar as avaliações de áreas e ações prioritárias para conservação, utilização sustentável e repartição dos benefícios da biodiversidade.

10.3.10. Definir estratégias de pesquisa multidisciplinar em biodiversidade.

10.4. Quarta diretriz: Promoção de pesquisas sobre o conhecimento tradicional de povos indígenas, quilombolas e outras comunidades locais. Apoio a estudos para organização e sistematização de informações e procedimentos relacionados ao conhecimento tradicional associado à biodiversidade, com consentimento prévio informado das populações envolvidas e em conformidade com a legislação vigente e com os objetivos específicos estabelecidos na segunda diretriz do Componente 5, prevista no item 14.2.

Objetivos Específicos:

10.4.1. Desenvolver estudos e metodologias para a elaboração e implementação de instrumentos econômicos e regime jurídico específico que possibilitem a repartição justa e eqüitativa de benefícios, compensação econômica e outros tipos de compensação para os detentores dos conhecimentos tradicionais associados, segundo as demandas por eles definidas.

10.4.2. Desenvolver estudos acerca do conhecimento, inovações e práticas dos povos indígenas, quilombolas e outras comunidades locais, respeitando, resgatando, mantendo e preservando os valores culturais agregados a estes conhecimentos, inovações e práticas, e assegurando a confidencialidade das informações obtidas, sempre que solicitado pelas partes detentoras destes ou quando a sua divulgação possa ocasionar dano à integridade social, ambiental ou cultural destas comunidades ou povos detentores destes conhecimentos.

10.4.3. Apoiar estudos e iniciativas de povos indígenas, quilombos e outras comunidades locais de sistematização de seus conhecimentos, inovações e práticas, com ênfase nos temas de valoração, valorização, conservação e utilização sustentável dos recursos da biodiversidade.

10.4.4. Promover estudos e iniciativas de diferentes setores da sociedade voltados para a valoração, valorização, conhecimento, conservação e utilização sustentável dos saberes tradicionais de povos indígenas, quilombolas e outras comunidades locais, assegurando a participação direta dos detentores desse conhecimento tradicional.

10.4.5. Promover iniciativas que agreguem povos indígenas, quilombolas, outras comunidades locais e comunidades científicas para informar e fazer intercâmbio dos aspectos legais e científicos sobre a pesquisa da biodiversidade e sobre as atividades de bioprospecção.

10.4.6. Promover a divulgação junto a povos indígenas, quilombolas e outras comunidades locais dos resultados das pesquisas que envolvam seus conhecimentos e dos institutos jurídicos relativos aos seus direitos.

10.4.7. Apoiar e estimular a pesquisa sobre o saber tradicional (conhecimentos, práticas e inovações) de povos indígenas, quilombolas e outras comunidades locais, assegurando a sua integridade sociocultural, a posse e o usufruto de suas terras.

DO COMPONENTE 2 DA POLÍTICA NACIONAL DA BIODIVERSIDADE – CONSERVAÇÃO DA BIODIVERSIDADE

11. Objetivo Geral: Promover a conservação, *in situ* e *ex situ*, dos componentes da biodiversidade, incluindo variabilidade genética, de espécies e de ecossistemas, bem como dos serviços ambientais mantidos pela biodiversidade.

11.1. Primeira diretriz: Conservação de ecossistemas. Promoção de ações de conservação *in situ* da biodiversidade e dos ecossistemas em áreas não estabelecidas como unidades de conservação, mantendo os processos ecológicos e evolutivos e a oferta sustentável dos serviços ambientais.

Objetivos Específicos:

11.1.1. Fortalecer a fiscalização para controle de atividades degradadoras e ilegais: desmatamento, destruição de *habitats*, caça, aprisionamento e comercialização de animais silvestres e coleta de plantas silvestres.

11.1.2. Desenvolver estudos e metodologias participativas que contribuam para a definição da abrangência e do uso de zonas de amortecimento para as unidades de conservação.

11.1.3. Planejar, promover, implantar e consolidar corredores ecológicos e outras formas de conectividade de paisagens, como forma de planejamento e gerenciamento regional da biodiversidade, incluindo compatibilização e integração das reservas legais, áreas de preservação permanentes e outras áreas protegidas.

11.1.4. Apoiar ações para elaboração dos zoneamentos ecológico-econômicos, de abrangência nacional, regional, estadual, municipal ou em bacias hidrográficas, com enfoque para o estabelecimento de unidades de conservação, e adotando suas conclusões, com diretrizes e roteiro metodológico mínimos comuns e com transparência, rigor científico e controle social.

11.1.5. Promover e apoiar estudos de melhoria dos sistemas de uso e de ocupação da terra, assegurando a conservação da biodiversidade e sua utilização sustentável, em áreas fora de unidades de conservação de proteção integral e inclusive em terras indígenas, quilombolas e de outras comunidades locais, com especial atenção às zonas de amortecimento de unidades de conservação.

11.1.6. Propor uma agenda de implementação de áreas e ações prioritárias para conservação da biodiversidade em cada estado e bioma brasileiro.

11.1.7. Promover e apoiar a conservação da biodiversidade no interior e no entorno de terras indígenas, de quilombolas e de outras comunidades locais, respeitando o uso etnoambiental do ecossistema pelos seus ocupantes.

11.1.8. Fortalecer mecanismos de incentivos para o setor privado e para comunidades locais com adoção de iniciativas voltadas à conservação da biodiversidade.

11.1.9. Criar mecanismos de incentivos à recuperação e à proteção de áreas de preservação permanente e de reservas legais previstas em Lei.

11.1.10. Criar estratégias para a conservação de ecossistemas pioneiros, garantindo sua representatividade e função.

11.1.11. Estabelecer uma iniciativa nacional para conservação e recuperação da biodiversidade de águas interiores, da zona costeira e da zona marinha.

11.1.12. Articular ações com o órgão responsável pelo controle sanitário e fitossanitário com vistas à troca de informações para impedir a entrada no país de espécies exóticas invasoras que possam afetar a biodiversidade.

11.1.13. Promover a prevenção, a erradicação e o controle de espécies exóticas invasoras que possam afetar a biodiversidade.

11.1.14. Promover ações de conservação visando a manutenção da estrutura e dos processos ecológicos e evolutivos e a oferta sustentável dos serviços ambientais.

11.1.15. Conservar a biodiversidade dos ecossistemas, inclusive naqueles sob sistemas intensivos de produção econômica, como seguro contra mudanças climáticas e alterações ambientais e econômicas imprevistas, preservando a capacidade dos componentes da biodiversidade se adaptarem a mudanças, inclusive as climáticas.

11.2. Segunda diretriz: Conservação de ecossistemas em unidades de conservação. Promoção de ações de conservação *in situ* da biodiversidade dos ecossistemas nas unidades de conservação, mantendo os processos ecológicos e evolutivos, a oferta sustentável dos serviços ambientais e a integridade dos ecossistemas.

Objetivos Específicos:

11.2.1. Apoiar e promover a consolidação e a expansão do Sistema Nacional de Unidades de Conservação da Natureza – SNUC, com atenção particular para as unidades de proteção integral, garantindo a representatividade dos ecossistemas e das ecorregiões e a oferta sustentável dos serviços ambientais e a intregridade dos ecossistemas.

11.2.2. Promover e apoiar o desenvolvimento de mecanismos técnicos e econômicos para a implementação efetiva de unidades de conservação.

11.2.3. Apoiar as ações do órgão oficial de controle fitossanitário com vistas a evitar a introdução de pragas e espécies exóticas invasoras em áreas no entorno e no interior de unidades de conservação.

11.2.4. Incentivar o estabelecimento de processos de gestão participativa, propiciando a tomada de decisões com participação da esfera federal, da estadual e da municipal do Poder Público e dos setores organizados da sociedade civil, em conformidade com a Lei do Sistema Nacional de Unidades de Conservação da Natureza – SNUC.

11.2.5. Incentivar a participação do setor privado na conservação *in situ*, com ênfase na criação de Reservas Particulares do Patrimônio Natural – RPPN, e no patrocínio de unidade de conservação pública.

11.2.6. Promover a criação de unidades de conservação de proteção integral e de uso sustentável, levando-se em consideração a representatividade, conectividade e complementaridade da unidade para o Sistema Nacional de Unidades de Conservação.

11.2.7. Desenvolver mecanismos adicionais de apoio às unidades de conservação de proteção integral e de uso sustentável, inclusive pela remuneração dos serviços ambientais prestados.

11.2.8. Promover o desenvolvimento e a implementação de um plano de ação para solucionar os conflitos devidos à sobreposição de unidades de conservação terras indígenas e de quilombolas.

11.2.9. Incentivar e apoiar a criação de unidades da conservação marinhas com diversos graus de restrição e de exploração.

11.2.10. Conservar amostras representativas e suficientes da totalidade da biodiversidade, do patrimônio genético nacional (inclusive de espécies domesticadas), da diversidade de ecossistemas e da flora e fauna brasileira (inclusive de espécies ameaçadas), como reserva estratégica para usufruto futuro.

11.3. Terceira diretriz: Conservação *in situ* de espécies. Consolidação de ações de conservação *in situ* das espécies que compõem a biodiversidade, com o objetivo de reduzir a erosão genética, de promover sua conservação e utilização sustentável, particularmente das espécies ameaçadas, bem como dos processos ecológicos e evolutivos a elas associados e de manter os serviços ambientais.

Objetivos Específicos:

11.3.1. Criar, identificar e estabelecer iniciativas programas e projetos de conservação e recuperação de espécies ameaçadas, endêmicas ou insuficientemente conhecidas.

11.3.2. Identificar áreas para criação de novas unidades de conservação, baseando-se nas necessidades das espécies ameaçadas.

11.3.3. Fortalecer e disseminar mecanismos de incentivo para empresas privadas e comunidades que desenvolvem projetos de conservação de espécies ameaçadas.

11.3.4. Implementar e aperfeiçoar o sistema de autorização, vigilância e acompanhamento de coleta de material biológico e de componentes do patrimônio genético.

11.3.5. Promover a regulamentação e a implementação de reservas genéticas para proteger variedades locais de espécies silvestres usadas no extrativismo, na agricultura e na aqüicultura.

11.3.6. Implementar ações para maior proteção de espécies ameaçadas dentro e fora de unidades de conservação.

11.3.7. Promover e aperfeiçoar as ações de manejo de espécies-problema em situação de descontrole populacional.

11.3.8. Estabelecer mecanismos para tornar obrigatória a inclusão, em parte ou no todo, de ambientes especiais que apresentam alto grau de endemismo ou contenham espécies ameaçadas nos Zonas Intangíveis das Unidades de Conservação de Uso Sustentável.

11.3.9. Estabelecer medidas de proteção das espécies ameaçadas nas terras indígenas e nas terras de quilombolas.

11.4. Quarta diretriz: Conservação *ex situ* de espécies. Consolidação de ações de conservação *ex situ* de espécies e de sua variabilidade genética, com ênfase nas espécies ameaçadas e nas espécicies como potencial de uso econômico, em conformidade com os objetivos específicos estabelecidos nas diretrizes do Componente 5.

Objetivos Específicos:

11.4.1. Desenvolver estudos para a conservação *ex situ* de espécies com ênfase nas espécies ameaçadas e nas espécies com potencial de uso econômico.

11.4.2. Desenvolver promover e apoiar estudos e estabelecer metodologias para conservação e manutenção dos bancos de germoplasma das espécies nativas e exóticas de interesse científico e comercial.

11.4.3. Promover a manutenção, a caracterização e a documentação do germoplasma de plantas, animais, fungos e microrganismos contido nas instituições científicas e nos centros nacionais e regionais, de maneira a estabelecer coleções nucleares para fomentar programas de melhoramento genético.

11.4.4. Integrar iniciativas, planos e programas de conservação *ex situ* de espécies, com ênfase nas espécies ameaçadas e nas espécies com potencial de uso econômico.

11.4.5. Promover a conservação *ex situ* visando à obtenção de matrizes animais e vegetais, inclusive microrganismo, de espécies ameaçadas ou com potencial de uso econômico para formação de coleções vivas representativas.

11.4.6. Ampliar, fortalecer e integrar o sistema de herbários, museus zoológicos, coleções etnobotânicas, criadouros de vida silvestre, jardins botânicos, arboretos, hortos florestais, coleções zoológicas, coleções botânicas, viveiros de plantas nativas, coleções de cultura de microrganismos, bancos de germoplasma vegetal, núcleos de criação animal, zoológicos, aquários e oceanários.

11.4.7. Integrar jardins botânicos, zoológicos e criadouros de vida silvestre aos planos nacionais de conservação de recursos genéticos animais e vegetais e de pesquisa ambiental, especialmente em áreas de alto endemismo.

11.4.8. Criar e fortalecer centros de triagem de animais e plantas silvestres, integrando-os ao sistema de zoológicos e jardins botânicos, para serem transformados em centros de conservação de fauna e de flora.

11.4.9. Criar centros e promover iniciativas para a reprodução de espécies ameaçadas, utilizando técnicas como inseminação artificial, fertilização *in vitro*, entre outras.

11.4.10. Incentivar a participação do setor privado na estratégia de conservação *ex situ* da biodiversidade.

11.4.11. Promover medidas e iniciativas para o enriquecimento da variabilidade genética disponível nos bancos de germoplasma estabelecendo coleções representativas do patrimônio genético (animal, vegetal e de microrganismos).

11.4.12. Estabelecer e apoiar iniciativas de coleta para aumentar a representatividade geográfica dos bancos de germoplasma.

11.4.13. Criar e manter bancos de germoplasma regionais e coleções de base para a conservação da variabilidade genética, promovendo principalmente a conservação de espécies nativas sub-representadas em coleções variedades locais, parentes silvestres, espécies raras, endêmicas, ameaçadas ou com potencial econômico.

11.4.14. Estabelecer iniciativas de coleta reintrodução e intercâmbio de espécies nativas de importância socioeconômica, incluindo variedades locais de espécies domesticadas e de espécies ameaçadas, para manutenção de sua variabilidade genética.

11.4.15. Apoiar e subsidiar a conservação e a ampliação de bancos de germoplasma de espécies introduzidas com fins econômicos ou ornamentais, mantidas por entidades de pesquisa, jardins botânicos, zoológicos e pela iniciativa privada.

11.4.16. Ampliar os programas nacionais de coleta e conservação de microrganismos do solo de interesse econômico.

11.4.17. Integrar as ações de conservação *ex situ* com as ações de gestão do acesso a recursos genéticos e repartição de benefícios derivados da utilização do conhecimento tradicional.

11.4.18. Apoiar as ações de órgão oficial de controle sanitário e fitossanitário no que diz respeito ao controle de espécies invasoras ou pragas.

11.5. Quinta diretriz: Instrumentos econômicos e tecnológicos de conservação da biodiversidade. Desenvolvimento de instrumentos econômicos e tecnológicos para a conservação da biodiversidade.

Objetivos Específicos:

11.5.1. Promover estudos para a avaliação da efetividade dos instrumentos econômicos para a conservação da biodiversidade.

11.5.2. Criar e consolidar legislação específica relativa ao uso de instrumentos econômicos que visem ao estímulo à conservação da biodiversidade, associado ao processo de reforma tributária.

11.5.3. Desenvolver instrumentos econômicos e legais para reduzir as pressões antrópicas sobre a biodiversidade associado ao processo de reforma tributária.

11.5.4. Desenvolver instrumentos econômicos e instrumentos legais para cobrança pública, quando couber, pelo uso de serviços ambientais associado ao processo de reforma tributária.

11.5.5. Promover a internalização de custos e benefícios da conservação da biodiversidade (bens e serviços) na contabilidade pública e privada.

11.5.6. Estimular mecanismos para reversão dos benefícios da cobrança pública pelo uso de serviços ambientais da biodiversidade para a sua conservação.

11.5.7. Criar e implantar mecanismos tributários, creditícios e de facilitação administrativa específicos para proprietários rurais que mantêm reservas legais e áreas de preservação permanente protegidas.

11.5.8. Aprimorar os instrumentos legais existentes de estímulo à conservação da biodiversidade por meio do imposto sobre circulação de mercadoria (ICMS Ecológico) e incentivar sua adoção em todos os estados da federação, incentivando a aplicação dos recursos na gestão da biodiversidade.

DO COMPONENTE 3 DA POLÍTICA NACIONAL DA BIODIVERSIDADE – UTILIZAÇÃO SUSTENTÁVEL DOS COMPONENTES DA BIODIVERSIDADE

12. Objetivo Geral: Promover mecanismos e instrumentos que envolvam todos os setores governamentais e não-governamentais, públicos e privados, que atuam na utilização de componentes da biodiversidade, visando que toda utilização de componentes da biodiversidade seja sustentável e considerando não apenas seu valor econômico, mas também os valores ambientais, sociais e culturais da biodiversidade.

12.1. Primeira diretriz: Gestão da biotecnologia e da biossegurança. Elaboração e implementação de instrumentos e mecanismos jurídicos e econômicos que incentivem o desenvolvimento de um setor nacional de biotecnologia competitivo e de excelência, com biossegurança e com atenção para as oportunidades de utilização sustentável de componentes do patrimônio genético, em conformidade com a legislação vigente e com as diretrizes e objetivos específicos estabelecidos no Componente 5.

Objetivos Específicos:

12.1.1. Elaborar e implementar códigos de ética para a biotecnologia e a bioprospecção, de forma participativa envolvendo os diferentes segmentos da sociedade brasileira, com base na legislação vigente.

12.1.2. Consolidar a regulamentação dos usos de produtos geneticamente modificados, com base na legislação vigente, em conformidade com o princípio da precaução e com análise de risco dos potenciais impactos sobre a biodiversidade, a saúde e o meio ambiente, envolvendo os diferentes segmentos da sociedade brasileira, garantindo a transparência e o controle social destes e com a responsabilização civil, criminal e administrativa para introdução ou difusão não autorizada de organismos geneticamente modificados que ofereçam riscos ao meio ambiente e à saúde humana.

12.1.3. Consolidar a estruturação, tanto na composição quanto os procedimentos de operação, dos órgãos colegiados que tratam da utilização da biodiversidade, especialmente a Comissão Técnica Nacional de Biossegurança – CTNBio e o Conselho de Gestão do Patrimônio Genético – CGEN.

12.1.4. Fomentar a criação e o Fortalecimento de instituições nacionais e de grupos de pesquisa nacionais, públicos e privados, especializados em bioprospecção, biotecnologia e biossegurança, inclusive apoiando estudos e projetos para a melhoria dos conhecimentos sobre a biossegurança e avaliação de conformidade de organismos geneticamente modificados e produtos derivados.

12.1.5. *(Omissis).*

• *O item não consta da publicação oficial.*

12.1.6. Apoiar e fomentar a formação de empresas nacionais dedicadas à pesquisa científica e tecnológica, à agregação de valor, à conservação e à utilização sustentável dos recursos biológicos e genéticos.

12.1.7. Apoiar e fomentar à formação de parcerias entre instituições científicas públicas e privadas, inclusive empresas nacionais de tecnologia, com suas congêneres estrangeiras, objetivando estabelecer e consolidar as cadeias de agregação de valor, comercialização e retorno de benefícios relativos a negócios da biodiversidade.

12.1.8. Apoiar e fomentar a formação do pessoal pós-graduado especializado em administração de negócios sustentáveis com biodiversidade, com o objetivo de seu aproveitamento pelos sistemas públicos e privados ativos no setor, conferindo ao país condições adequadas de interlocução com seus parceiros estrangeiros.

12.1.9. Exigir licenciamento ambiental de atividades e empreendimentos que façam uso de Organismos Geneticamente Modificados – OGM e derivados, efetiva ou potencialmente poluidores, nos termos da legislação vigente.

12.1.10. Apoiar a implementação da infra-estrutura e capacitação de recursos humanos dos órgãos públicos e instituições privadas para avaliação de conformidade de material biológico, certificação e rotulagem de produtos, licenciamento ambiental e estudo de impacto ambiental.

12.2. Segunda diretriz: Gestão da utilização sustentável dos recursos biológicos. Estruturação de sistemas reguladores da utilização dos recursos da biodiversidade.

Objetivos Específicos:

12.2.1. Criar e consolidar programas de manejo e regulamentação de atividades relacionadas à utilização sustentável da biodiversidade.

12.2.2. Promover o ordenamento e a gestão territorial das áreas de exploração dos recursos ambientais, de acordo com a capacidade de suporte destes e de forma integrada com os esforços de conservação *in situ* da biodiversidade.

12.2.3. Implementar ações que atendam às demandas de povos indígenas, de quilombolas e de outras comunidades locais, quanto às prioridades relacionadas à conservação e à utilização sustentável dos recursos biológicos existentes em seus territórios, salvaguardando os princípios e a legislação inerentes à matéria e assegurando a sua sustentabilidade nos seus locais de origem.

12.2.4. Desenvolver e apoiar programas, ações e medidas que promovam a conservação e a utilização sustentável da agrobiodiversidade.

12.2.5. Promover políticas e programas visando à agregação de valor e à utilização sustentável dos recursos biológicos.

12.2.6. Promover programas de apoio a pequenas e médias empresas, que utilizem recursos da biodiversidade de forma sustentável.

12.2.7. Promover instrumentos para assegurar que atividades turísticas sejam compatíveis com a conservação e a utilização sustentável da biodiversidade.

12.2.8. Promover, de forma integrada, e quando legalmente permitido, a utilização sustentável de recursos florestais, madeireiros e não-madeireiros, pesqueiros e faunísticos, privilegiando o manejo certificado, a reposição, o uso múltiplo e a manutenção dos estoques.

12.2.9. Adaptar para as condições brasileiras e aplicar os princípios da Abordagem Ecossistêmica no manejo da biodiversidade.

12.3. Terceira diretriz: Instrumentos econômicos, tecnológicos e incentivo às práticas e nos negócios sustentáveis para a utilização da biodiversidade. Implantação de mecanismos, inclusive fiscais e financeiros, para incentivar empreendimentos e iniciativas produtivas de utilização sustentável da biodiversidade.

Objetivos Específicos:

12.3.1. Criar e consolidar legislação específica, relativa ao uso de instrumentos econômicos que visem ao estímulo à utilização sustentável da biodiversidade.

12.3.2. Criar e fortalecer mecanismos de incentivos fiscais e de crédito, para criação e aplicação de tecnologias, empreendimentos e programas relacionados com a utilização sustentável da biodiversidade.

12.3.3. Promover incentivos econômicos para o desenvolvimento e a consolidação de práticas e negócios realizados em unidades de conservação de proteção integral e de uso sustentável, em territórios quilombolas, terras indígenas e demais espaços territoriais sob proteção formal do Poder Público.

12.3.4. Promover a internalização de custos e benefícios da utilização da biodiversidade (bens e serviços) na contabilidade pública e privada.

12.3.5. Identificar, avaliar e promover experiências, práticas, tecnologias, negócios e mercados para produtos oriundos da utilização sustentável da biodiversidade, incentivando a certificação voluntária de processos e produtos, de forma participativa e integrada.

12.3.6. Estimular o uso de instrumentos voluntários de certificação de produtos, processos, empresas, órgãos do governo e outras formas de organizações produtivas relacionadas com a utilização sustentável da biodiversidade, inclusive nas compras do governo.

12.3.7. Promover a inserção de espécies nativas com valor comercial no mercado interno e externo, bem como a diversificação da utilização sustentável destas espécies.

12.3.8. Estimular a interação e a articulação dos agentes da Política Nacional da Biodiversidade com o setor empresarial para identificar oportunidades de negócios com a utilização sustentável dos componentes da biodiversidade.

12.3.9. Apoiar as comunidades locais na identificação e no desenvolvimento de práticas e negócios sustentáveis.

12.3.10. Apoiar, de forma integrada, a domesticação e a utilização sustentável de espécies nativas da flora, da fauna e dos microrganismos com potencial econômico.

12.3.11. Estimular a implantação de criadouros de animais silvestres e viveiros de plantas nativas para consumo e comercialização.

12.3.12. Estimular a utilização sustentável de produtos não madeireiros e as atividades de extrativismo sustentável, com agregação de valor local por intermédio de protocolos para produção e a comercialização destes produtos.

12.3.13. Estimular a implantação de projetos baseados no Mecanismo de Desenvolvimento Limpo do Protocolo de Quioto que estejam de acordo com a conservação e utilização sustentável da biodiversidade.

12.3.14. Incentivar políticas de apoio a novas empresas, visando à agregação de valor, à conservação, à utilização sustentável dos recursos biológicos e genéticos.

12.4. Quarta diretriz: Utilização da biodiversidade nas unidades de conservação de uso sustentável. Desenvolvimento de métodos para a utilização sustentável da biodiversidade e indicadores para medir sua efetividade nas unidades de conservação de uso sustentável.

Objetivos Específicos:

12.4.1. Aprimorar métodos e criar novas tecnologias para a utilização de recursos biológicos, eliminando ou minimizando os impactos causados à biodiversidade.

12.4.2. Desenvolver estudos de sustentabilidade ambiental, econômica, social e cultural da utilização dos recursos biológicos.

12.4.3. Fomentar o desenvolvimento de projetos de utilização sustentável de recursos biológicos oriundos de associações e comunidades em unidades de conservação de uso sustentável, de forma a integrar com a conservação da biodiversidade.

12.4.4. Estabelecer critérios para que os planos de manejo de exploração de qualquer recurso biológico incluam o monitoramento dos processos de recuperação destes recursos.

DO COMPONENTE 4 DA POLÍTICA NACIONAL DA BIODIVERSIDADE – MONITORAMENTO, AVALIAÇÃO, PREVENÇÃO E MITIGAÇÃO DE IMPACTOS SOBRE A BIODIVERSIDADE

13. Objetivo Geral: estabelecer formas para o desenvolvimento de sistemas e procedimentos de monitoramento e de avaliação do estado da biodiversidade brasileira e das pressões antrópicas sobre a biodiversidade, para a prevenção e a mitigação de impactos sobre a biodiversidade

13.1. Primeira diretriz: Monitoramento da biodiversidade. Monitoramento do estado das pressões e das respostas dos componentes da biodiversidade.

Objetivos Específicos:

13.1.1. Apoiar o desenvolvimento de metodologias e de indicadores para o monitoramento dos componentes da biodiversidade dos ecossistemas e dos impactos ambientais responsáveis pela sua degradação, inclusive aqueles causados pela introdução de espécies exóticas invasoras e de espécies-problema.

13.1.2. Implantar e fortalecer sistema de indicadores para monitoramento permanente da biodiversidade, especialmente de espécies ameaçadas e nas unidades de conservação, terras indígenas, terras de quilombolas, áreas de manejo de recursos biológicos, reservas legais e nas áreas indicadas como prioritárias para conservação.

13.1.3. Integrar o sistema de monitoramento da biodiversidade com os sistemas de monitoramento de outros recursos naturais existentes.

13.1.4. Expandir, consolidar e atualizar um sistema de vigilância e proteção para todos os biomas, incluindo o Sistema de Vigilância da Amazônia, com transparência e controle social e com o acesso permitido às informações obtidas pelo sistema por parte das comunidades envolvidas, incluindo as populações localmente inseridas e as instituições de pesquisa ou ensino.

13.1.5. Instituir sistema de monitoramento do impacto das mudanças globais sobre distribuição, abundância e extinção de espécies.

13.1.6. Implantar sistema de identificação, monitoramento e controle das áreas de reserva legal e de preservação permanente.

13.1.7. Estimular o desenvolvimento de programa de capacitação da população local, visando à sua participação no monitoramento da biodiversidade.

13.1.8. Apoiar as ações do órgão oficial responsável pela sanidade e pela fitossanidade com vistas em monitorar espécies exóticas invasoras para prevenir e mitigar os impactos de pragas e doenças na biodiversidade.

13.1.9. Realizar o mapeamento periódico de áreas naturais remanescentes em todos os biomas.

13.1.10. Promover o automonitoramento e sua publicidade.

13.2. Segunda diretriz: Avaliação, prevenção e mitigação de impactos sobre os componentes da biodiversidade. Estabelecimento de procedimentos de avaliação, prevenção e mitigação de impactos sobre os componentes da biodiversidade.

Objetivos Específicos:

13.2.1. Criar capacidade nos órgãos responsáveis pelo licenciamento ambiental no país para avaliação de impacto sobre a biodiversidade.

13.2.2. Identificar e avaliar as políticas públicas e não-governamentais que afetam negativamente a biodiversidade.

13.2.3. Fortalecer os sistemas de licenciamento, fiscalização e monitoramento de atividades relacionadas com a biodiversidade.

13.2.4. Promover a integração entre o Zoneamento Ecológico-Econômico e as ações de licenciamento ambiental, especialmente por intermédio da realização de Avaliações Ambientais Estratégicas feitas com uma escala regional.

13.2.5. Apoiar políticas, programas e projetos de avaliação, prevenção e mitigação de impactos sobre a biodiversidade, inclusive aqueles relacionados com programas e planos de desenvolvimento nacional, regional e local.

13.2.6. Apoiar a realização de análises de risco e estudos dos impactos da introdução de espécies exóticas potencialmente invasoras, espécies potencialmente problema e outras que ameacem a biodiversidade, as atividades econômicas e a saúde da população, e a criação e implementação de mecanismos de controle.

13.2.7. Promover e aperfeiçoar ações de prevenção, controle e erradicação de espécies exóticas invasoras e de espécies-problema.

13.2.8. Apoiar estudos de impacto da fragmentação de *habitats* sobre a manutenção da biodiversidade.

13.2.9. Desenvolver estudos de impacto ambiental e implementar medidas de controle dos riscos associados ao desenvolvimento biotecnológico sobre a biodiversidade, especialmente quando utilização de organismos geneticamente modificados, quando potencialmente causador de significativa degradação do meio ambiente.

13.2.10. Aperfeiçoar procedimentos e normas de coleta de espécies nativas com fins técnico-científicos com vistas na mitigação de seu potencial impacto sobre a biodiversidade.

13.2.11. Desenvolver iniciativas de sensibilização e capacitação de entidades da sociedade civil em práticas de monitoramento e fiscalização da utilização dos recursos biológicos.

13.2.12. Promover, juntamente com os diversos atores envolvidos, o planejamento da gestão da biodiversidade nas zonas de fronteiras agrícolas, visando a minimizar os impactos ambientais sobre a biodiversidade.

13.2.13. Intensificar e garantir a eficiência do combate à caça ilegal e ao comércio ilegal de espécies e de variedades agrícolas.

13.2.14. Desenvolver instrumentos de cobrança e aplicação de recursos auferidos pelo uso de serviços ambientais para reduzir as pressões antrópicas sobre a biodiversidade.

13.2.15. Apoiar a realização de inventário das fontes de poluição da biodiversidade e de seus níveis de risco nos biomas.

13.2.16. Apoiar ações de zoneamento e identificação de áreas críticas, por bacias hidrográficas, para conservação da biodiversidade o dos recursos hídricos.

13.2.17. *(Omissis).*

• *O item não consta da publicação oficial.*

13.2.18. Apoiar estudos de impacto sobre a biodiversidade nas diferentes bacias hidrográficas, sobretudo nas matas ribeirinhas, cabeceiras, olhos d'água e outras áreas de preservação permanente e em áreas críticas para a conservação de recursos hídricos.

13.2.19. Estabelecer mecanismos para determinar a realização de estudos de impacto ambiental, inclusive Avaliação Ambiental Estratégica, em projetos e empreendimentos de larga escala, inclusive os que possam gerar impactos agregados, que envolvam recursos biológicos, inclusive aqueles que utilizem espécies exóticas e organismos geneticamente modificados, quando potencialmente causadores de significativa degradação do meio ambiente.

13.3. Terceira diretriz: Recuperação de ecossistemas degradados e dos componentes da biodiversidade sobreexplotados. Estabelecimento de instrumentos que promovam a recuperação de ecossistemas degradados e de componentes da biodiversidade sobreexplotados.

Objetivos Específicos:

13.3.1. Promover estudos e programas adaptados para conservação e recuperação de espécies ameaçadas ou sobreexplotadas e de ecossistemas sob pressão antrópica, de acordo com o Princípio do Poluidor-Pagador.

13.3.2. Promover a recuperação, a regeneração e o controle da cobertura vegetal e dos serviços ambientais a ela relacionados em áreas alteradas, degradadas e em processo de desertificação e arenização, inclusive para a captura de carbono, de acordo com o Princípio do Poluidor-Pagador.

13.3.3. Promover a recuperação de estoques pesqueiros sobreexplotados, inclusive pela identificação de espécies alternativas para o redirecionamento do esforço de pesca.

13.3.4. Estimular as pesquisas paleoecológicas como estratégicas para a recuperação de ecossistemas naturais.

13.3.5. Apoiar povos indígenas, quilombolas e outros comunidades locais na elaboração e na aplicação de medidas corretivas em áreas degradadas, onde a biodiversidade tenha sido reduzida.

13.3.6. Identificar e apoiar iniciativas, programas, tecnologias e projetos de obtenção de germoplasma, reintrodução e translocação de espécies nativas, especialmente as ameaçadas, observando estudos e indicações referentes à sanidade dos ecossistemas.

13.3.7. Apoiar iniciativas nacionais e estaduais de promoção do estudo e de difusão de tecnologias de restauração ambiental e recuperação de áreas degradadas com espécies nativas autóctones.

13.3.8. Apoiar criação e consolidação de bancos de germoplasma como instrumento adicional de recuperação de áreas degradadas.

13.3.9. Criar unidades florestais nos estados brasileiros, para produção e fornecimento de sementes e mudas para a execução de projetos de restauração ambiental e recuperação de áreas degradadas, apoiados por universidades e centros de pesquisa no país.

13.3.10. Promover mecanismos de coordenação das iniciativas governamentais e de apoio às iniciativas não-governamentais de proteção das áreas em recuperação natural.

13.3.11. Promover recuperação, revitalização e conservação da biodiversidade nas diferentes bacias hidrográficas, sobretudo nas matas ribeirinhas, nas cabeceiras, nos olhos d'água, em outras áreas de preservação permanente e em áreas críticas para a conservação de recursos hídricos.

13.3.12. Promover ações de recuperação e restauração dos ecossistemas degradados e dos componentes da biodiversidade marinha sobreexplotados.

DO COMPONENTE 5 DA POLÍTICA NACIONAL DA BIODIVERSIDADE – ACESSO AOS RECURSOS GENÉTICOS E AOS CONHECIMENTOS TRADICIONAIS ASSOCIADOS E REPARTIÇÃO DE BENEFÍCIOS

14. Objetivo Geral: Permitir o acesso controlado aos recursos genéticos, aos componentes do patrimônio genético e aos conhecimentos tradicionais associados com vistas à agregação de valor mediante pesquisa científica e desenvolvimento tecnológico e de forma que a sociedade brasileira, em particular os povos indígenas, quilombolas e outras comunidades locais, possam compartilhar, justa e eqüitativamente, dos benefícios derivados do acesso aos recursos genéticos, aos componentes do patrimônio genético e aos conhecimentos tradicionais associados à biodiversidade.

14.1. Primeira diretriz: Acesso aos recursos genéticos e repartição de benefícios derivados da utilização dos recursos genéticos. Estabelecimento de um sistema controlado de acesso e de repartição justa e eqüitativa de benefícios oriundos da utilização de recursos genéticos e de componentes do patrimônio genético, que promova a agregação de valor mediante pesquisa científica e desenvolvimento tecnológico e que contribua para a conservação e para a utilização sustentável da biodiversidade.

Objetivos Específicos:

14.1.1. Regulamentar e aplicar lei específica, e demais legislações necessárias, elaboradas com ampla participação da sociedade brasileira, em particular da comunidade acadêmica, do setor empresarial, dos povos indígenas, quilombolas e outras comunidades locais, para normalizar a relação entre provedor e usuário de recursos genéticos, de componentes do patrimônio genético e de conhecimentos tradicionais associados, e para estabelecer as bases legais para repartição justa e eqüitativa de benefícios derivados da utilização destes.

14.1.2. Estabelecer mecanismos legais e institucionais para maior publicidade e para viabilizar a participação da sociedade civil (organizações não-governamentais, povos indígenas, quilombolas e outras comunidades locais, setor acadêmico e setor privado) nos conselhos, comitês e órgãos colegiados que tratam do tema de gestão dos recursos genéticos e dos componentes do patrimônio genético.

14.1.3. Identificar as necessidades e os interesses de povos indígenas, quilombolas, outras comunidades locais, proprietários de terras, empresas tecnológicas nacionais e de agentes econômicos, órgãos governamentais, instituições de pesquisa e de desenvolvimento na regulamentação de sistema de acesso e de repartição justa e eqüitativa de benefícios oriundos da utilização de recursos genéticos e dos componentes do patrimônio genético.

14.1.4. Definir as normas e os procedimentos para a coleta, o armazenamento e para a remessa de recursos genéticos e de componentes do patrimônio genético para pesquisa e bioprospecção.

14.1.5. Implantar e aperfeiçoar mecanismos de acompanhamento, de controle social e de negociação governamental nos resultados da comercialização de produtos e processos oriundos da bioprospecção, associados à reversão de parte dos benefícios para fundos públicos destinados à pesquisa, à conservação e à utilização sustentável da biodiversidade.

14.1.6. Estabelecer contratos de exploração econômica da biodiversidade, cadastrados e homologados pelo governo federal, com cláusulas claras e objetivas, e com cláusulas de repartição de benefícios aos detentores dos recursos genéticos, dos componentes do patrimônio genético e dos conhecimentos tradicionais associados acessados.

14.1.7. Apoiar ações para implementação de infra-estrutura, de recursos humanos e recursos materiais em conselhos e órgãos colegiados que tratam da gestão de patrimônio genético, inclusive o Conselho de Gestão do Patrimônio Genético.

14.2. Segunda diretriz: Proteção de conhecimentos, inovações e práticas de povos indígenas, de quilombolas e de outras comunidades locais e repartição dos benefícios decorrentes do uso dos conhecimentos tradicionais associados à biodiversidade. Desenvolvimento de mecanismos que assegurem a proteção e a repartição justa e eqüitativa dos benefícios derivados do uso de conhecimentos, inovações e práticas de povos indígenas, quilombolas e outras comunidades locais, relevantes à conservação e à utilização sustentável da biodiversidade.

Objetivos Específicos:

14.2.1. Estabelecer e implementar um regime legal *sui generis* de proteção a direitos intelectuais coletivos relativos à biodiversidade de povos indígenas, quilombolas e outras comunidades locais, com a ampla participação destas comunidades e povos.

14.2.2. Estabelecer e implementar instrumentos econômicos e regime jurídico específico que possibilitem a repartição justa e eqüitativa de benefícios derivados do acesso aos conhecimentos tradicionais associados, com a compensação econômica e de outros tipos para os detentores dos conhecimentos tradicionais associados à biodiversidade, segundo as demandas por estes definidas e resguardando seus valores culturais.

14.2.3. Estabelecer e implementar mecanismos para respeitar, preservar, resgatar, proteger a confidencialidade e manter o conhecimento, as inovações e as práticas de povos indígenas, quilombolas e outras comunidades locais.

14.2.4. Regulamentar e implementar mecanismos e instrumentos jurídicos que garantam aos povos indígenas, aos quilombolas e às outras comunidades locais a participação nos processos de negociação e definição de protocolos para acesso aos conhecimentos, inovações e práticas associados à biordiversidade e repartição dos benefícios derivados do seu uso.

14.2.5. Desenvolver e implementar mecanismos *sui generis* de proteção do conhecimento tradicional e de repartição justa e eqüitativa de benefícios para os povos indígenas, quilombolas, outras comunidades locais detentores de conhecimentos associados à biodiversidade, com a participação destes e resguardados seus interesses e valores.

14.2.6. Estabelecer iniciativas visando à gestão e ao controle participativos de povos indígenas, quilombolas e outras comunidades locais na identificação e no cadastramento, quando couber, de conhecimentos tradicionais, inovações e práticas associados à utilização dos componentes da biodiversidade.

14.2.7. Estabelecer, quando couber e com a participação direta dos detentores do conhecimento tradicional, mecanismo de cadastramento de conhecimentos tradicionais, inovações e práticas, associados à biodiversidade, de povos indígenas, quilombolas e outras comunidades locais, e de seu potencial para uso comercial, como uma das formas de prova quanto à origem destes conhecimentos.

14.2.8. Promover o reconhecimento e valorizar os direitos de povos indígenas, quilombolas e outras comunidades locais, quanto aos conhecimentos tradicionais associados à biodiversidade e da relação de mútua dependência entre diversidade etnocultural e biodiversidade.

14.2.9. Elaborar e implementar código de ética para trabalho com povos indígenas, quilombolas e outras comunidades locais, com a participação destes.

14.2.10. Assegurar o reconhecimento dos direitos intelectuais coletivos de povos indígenas, quilombolas e outras comunidades locais, e a necessária repartição de benefícios pelo uso de conhecimento tradicional associado à biodiversidade em seus territórios.

DO COMPONENTE 6 DA POLÍTICA NACIONAL DA BIODIVERSIDADE – EDUCAÇÃO, SENSIBILIZAÇÃO PÚBLICA, INFORMAÇÃO E DIVULGAÇÃO SOBRE BIODIVERSIDADE

15. Objetivo Geral: Sistematizar, integrar e difundir informações sobre a biodiversidade, seu potencial para desenvolvimento e a necessidade de sua conservação e de sua utilização sustentável, bem como da repartição dos benefícios derivados da utilização de recursos genéticos, de componentes do patrimônio genético e do conhecimento tradicional associado, nos diversos níveis de educação, bem como junto à população e aos tomadores de decisão.

15.1. Primeira diretriz: Sistemas de informação e divulgação. Desenvolvimento de sistema nacional de informação e divulgação de informações sobre biodiversidade.

Objetivos Específicos:

15.1.1. Difundir informações para todos os setores da sociedade sobre biodiversidade brasileira.

15.1.2. facilitar o acesso à informação e promover a divulgação da informação para a tomada de decisões por parte dos diferentes produtores e usuários de bens e serviços advindos da biodiversidade.

15.1.3. Instituir e manter permanentemente atualizada uma rede de informação sobre gestão da biodiversidade, promovendo e facilitando o acesso a uma base de dados disponível em meio eletrônico, integrando-a com iniciativas já existentes.

15.1.4. Identificar e catalogar as coleções biológicas (herbários, coleções zoológicas, de microrganismos e de germoplasma) existentes no país, seguida de padronização e integração das informações sobre as mesmas.

15.1.5. Mapear e manter bancos de dados sobre variedade locais, parentes silvestres das plantas nacionais cultivadas e de cultivares de uso atual ou potencial.

15.1.6. Instituir e implementar mecanismos para facilitar o acesso às informações sobre coleções de componentes de biodiversidade brasileira existentes no exterior e, quando couber, a repatriação do material à informação.

15.1.7. Apoiar e divulgar experiências de conservação e utilização sustentável da biodiversidade, inclusive por povos indígenas, quilombolas e outras comunidades locais, quando houver consentimento destes e desde que sejam resguardados os direitos sobre a propriedade intelectual e o interesse nacional.

15.1.8. Divulgar os instrumentos econômicos, financeiros e jurídicos voltados para a gestão da biodiversidade.

15.1.9. Organizar, promover a produção, distribuir e facilitar o acesso a materiais institucionais e educativos sobre biodiversidade e sobre aspectos étnicos e culturais relacionados à biodiversidade.

15.1.10. Promover a elaboração e a sistematização de estudos de casos e lições aprendidas quanto à gestão sustentável da biodiversidade.

15.1.11. Criar mecanismos de monitoramento da utilização de dados, do acesso às redes de bancos de dados e dos usuários dessas redes, visando à repartição dos benefícios oriundos do uso das informações disponíveis na rede.

15.1.12. Promover e apoiar programas nacionais de publicações científicas sobre temas referentes à biodiversidade, e incentivar a valorização das publicações nacionais relativas à diversidade biológica das instituições ligadas à pesquisa e ao ensino.

15.2. Segunda diretriz: Sensibilização pública. Realização de programas e campanhas de sensibilização sobre a biodiversidade.

Objetivos Específicos:

15.2.1. Promover e apoiar campanhas nacionais, regionais e locais para valorização e difusão de conhecimentos sobre a biodiversidade, ressaltando a importância e o valor da heterogeneidade dos diferentes biomas para a conservação e para a utilização sustentável da biodiversidade.

15.2.2. Promover campanhas nacionais de valorização da diversidade cultural e dos conhecimentos tradicionais sobre a biodiversidade.

15.2.3. Promover campanhas junto aos setores produtivos, especialmente os setores agropecuário, pesqueiro e de exploração mineral, e ao de pesquisas sobre a importância das reservas legais e áreas de preservação permanentes no processo de conservação da biodiversidade.

15.2.4. Criar novos estímulos, tais como prêmios e concursos, que promovam o envolvimento das populações na defesa das espécies ameaçadas e dos biomas submetidos a pressão antrópica, levando-se em consideração as especificidades regionais.

15.2.5. Promover e apoiar a sensibilização e a capacitação de tomadores de decisão, formadores de opinião e do setor empresarial quanto à importância da biodiversidade.

15.2.6. Estimular a atuação da sociedade civil organizada para a condução de iniciativas em educação ambiental relacionadas à biodiversidade.

15.2.7. Divulgar informações sobre conhecimentos tradicionais, inovações e práticas de povos indígenas, quilombolas e outras de comunidades locais e sua importância na conservação da biodiversidade, quando houver consentimento destes.

15.2.8. Sensibilizar povos indígenas, quilombolas e outras comunidades locais sobre a importância do conhecimento que detêm sobre a biodiversidade, possibilitando ações de conservação, de utilização sustentável da biodiversidade e de repartição dos benefícios decorrentes do uso dos conhecimentos tradicionais associados à biodiversidade.

15.2.9. Divulgar a importância da interação entre a gestão da biodiversidade e a saúde pública.

15.2.10. Promover sensibilização para a gestão da biodiversidade em áreas de uso público.

15.2.11. Desenvolver, implementar e divulgar indicadores que permitam avaliar e acompanhar a evolução do grau de sensibilização da sociedade quanto à biodiversidade.

15.2.12. Promover a integração das ações de fiscalização do meio ambiente com programas de educação ambiental, no que se refere à biodiversidade.

15.2.13. Promover cursos e treinamentos para jornalistas sobre conceitos de gestão da biodiversidade.

15.3. Terceira diretriz: Incorporação de temas relativos à conservação e à utilização sustentável da biodiversidade na educação. Integração de temas relativos à gestão da biodiversidade nos processos de educação.

Objetivos Específicos:

15.3.1. Fortalecer o uso do tema biodiversidade como conteúdo do tema transversal meio ambiente proposto por parâmetros e diretrizes curriculares nas políticas de formação continuada de professores.

15.3.2. Promover articulação entre os órgãos ambientais e as instituições educacionais, para atualização contínua das informações sobre a biodiversidade.

15.3.3. Introduzir o tema "biodiversidade" nas atividades de extensão comunitária.

15.3.4. Incorporar na educação formal os princípios da Convenção sobre Diversidade Biológica e da etnobiodiversidade, atendendo ao princípio da educação diferenciada para povos indígenas, quilombolas e outras comunidades locais.

15.3.5. Estimular parcerias, pesquisas e demais atividades entre universidades, organizações não-governamentais, órgãos profissionais e iniciativa privada para o aprimoramento contínuo dos profissionais de educação.

15.3.6. Promover a formação inicial e continuada dos profissionais de educação ambiental, no que se refere à biodiversidade.

15.3.7. Promover a capacitação dos técnicos de extensão rural e dos agentes de saúde sobre o tema "biodiversidade".

15.3.8. Promover iniciativas para articulação das instituições envolvidas com educação ambiental (instituições de ensino, de pesquisa, de conservação e da sociedade civil) em uma rede de centros de educação ambiental, para tratar do tema "biodiversidade".

15.3.9. Estabelecer a integração entre os ministérios e os demais órgãos de governo para a articulação das políticas educacionais de gestão da biodiversidade.

15.3.10. Fortalecer a Política Nacional de Educação Ambiental.

DO COMPONENTE 7 DA POLÍTICA NACIONAL DA BIODIVERSIDADE – FORTALECIMENTO JURÍDICO E INSTITUCIONAL PARA A GESTÃO DA BIODIVERSIDADE

16. Objetivo Geral: Promover meios e condições para o fortalecimento da infra-estrutura de pesquisa e gestão, para o acesso à tecnologia e transferência de tecnologia, para a formação e fixação de recursos humanos, para mecanismos de financiamento, para a cooperação internacional e para a adequação jurídica visando à gestão da biodiversidade e à integração e à harmonização de políticas setoriais pertinentes à biodiversidade.

16.1. Primeira diretriz: Fortalecimento da infra-estrutura de pesquisa e gestão da biodiversidade. Fortalecimento e ampliação da infra-estrutura das instituições brasileiras, públicas e privadas, envolvidas com o conhecimento e com a gestão da biodiversidade.

Objetivos Específicos:

16.1.1. Recuperar a capacidade dos órgãos do Sistema Nacional do Meio Ambiente – SISNAMA para executar sua missão em relação ao licenciamento e à fiscalização da biodiversidade.

16.1.2. Aprimorar a definição das competências dos diversos órgãos de governo de forma a prevenir eventuais conflitos de competência quando da aplicação da legislação ambiental pertinente à biodiversidade.

16.1.3. Fortalecer o conjunto de unidades de conservação e sua integração no SISNAMA.

16.1.4. Estimular iniciativas para a criação de bases de pesquisa de campo permanente em unidades de conservação de proteção integral em cada um dos biomas brasileiros.

16.1.5. Promover o fortalecimento da infra-estrutura e a modernização das instituições brasileiras envolvidas com o inventário e a caracterização da biodiversidade, tais como coleções zoológicas, botânicas e de microrganismos, bancos de germoplasma e núcleos de criação animal.

16.1.6. Fortalecer instituições científicas com programas de pesquisa, criando, quando necessário, centros específicos em cada um dos biomas visando a fortalecer a pesquisa sobre recursos biológicos e suas aplicações.

16.1.7. Adequar a infra-estrutura das instituições que trabalham com recursos genéticas, componentes do patrimônio genético e conhecimentos tradicionais para conservar de forma segura, a curto, a médio e em longo prazo, espécies de interesse socioeconômico e as culturas de povos indígenas, quilombolas e outras comunidades locais do país.

16.1.8. Apoiar programas de pesquisa e de infra-estrutura voltados para o conhecimento tradicional de povos indígenas, quilombolas e outras comunidades locais, com a participação destes.

16.1.9. Apoiar a participação efetiva de especialistas das diferentes regiões do país em programas de sequenciamento genético e outros programas para o desenvolvimento de tecnologias a partir da utilização de recursos biológicos.

16.1.10. Formalizar e fortalecer centros de referência depositários de organismos associados a produtos e processos patenteados no Brasil.

16.1.11. Promover a integração de programas e ações da esfera federal, das estaduais e das municipais e da sociedade civil organizada, relacionados à pesquisa, à formação de recursos humanos, a programas e projetos em áreas relacionadas à biodiversidade.

16.1.12. Incentivar a formação e consolidação de redes nacionais de pesquisa, desenvolvimento tecnológico e gestão da biodiversidade, como forma de promover e facilitar o intercâmbio sobre biodiversidade entre diferentes setores da sociedade.

16.1.13. Criar estímulos à gestão da biodiversidade, tais como prêmios a pesquisas e projetos de conservação e utilização sustentável.

16.1.14. Criar estímulos para organizações não-governamentais que atuam na proteção da biodiversidade.

16.1.15. Apoiar a criação de centros de documentação especializados para cada um dos biomas brasileiros para facilitar a cooperação científica dentro e fora do país.

16.1.16. Estimular o desenvolvimento de programa de apoio a publicações científicas sobre a biodiversidade brasileira, particularmente guias de campo, chaves taxonômicas, catalogação eletrônica de floras e faunas, revisões sistemáticas, monografias e estudos etnobiológicos.

16.2. Segunda diretriz: Formação e fixação de recursos humanos. Promoção de programas de formação, atualização e fixação de recursos humanos, inclusive a capacitação de povos indígenas, quilombolas e outras comunidades locais, para a ampliação e o domínio dos conhecimentos e das tecnologias necessárias à gestão da biodiversidade.

Objetivos Específicos:

16.2.1. Instituir programas de formação, atualização e fixação de recursos humanos em instituições voltadas para o inventário, a caracterização, a classificação e a gestão da biodiversidade dos diversos biomas do país.

16.2.2. Reduzir as disparidades regionais, estimulando a capacitação humana e institucional em gestão da biodiversidade, inclusive em biotecnologia, promovendo a criação de mecanismos diferenciados para a contratação imediata nas instituições de ensino e pesquisa em regiões carentes e realizando a fixação de profissionais envolvidos com a capacitação em pesquisa e gestão da biodiversidade.

16.2.3. Fortalecer a pós-graduação ou os programas de doutorado em instituições de pesquisa nos temas relacionados aos objetivos da Convenção sobre Diversidade Biológica.

16.2.4. Apoiar a capacitação e a atualização de povos indígenas, quilombolas e outras comunidades locais quanto à gestão da biodiversidade, especialmente para agregação de valor e comercialização de produtos da biodiversidade derivados de técnicas tradicionais sustentáveis.

16.2.5. Apoiar formação ou aperfeiçoamento em gestão da biodiversidade de técnicos que atuem em projetos ou empreendimentos com potencial impacto ambiental.

16.2.6. Apoiar iniciativas de ensino a distância em áreas relacionadas à biodiversidade.

16.2.7. Promover a ampla divulgação dos termos da legislação de acesso aos recursos genéticos, aos componentes do patrimônio genético e aos conhecimentos tradicionais associados junto aos setores relacionados a esta temática.

16.2.8. Promover cursos e treinamentos para servidores públicos, inclusive juízes, membros do Ministério Público, polícia federal, civil e militar nos campos de gestão e proteção da biodiversidade.

16.2.9. Promover e apoiar a formação de recursos humanos voltados para o desenvolvimento e a disseminação de redes de informação sobre biodiversidade.

16.2.10. Capacitar pessoal para a gestão da biodiversidade em unidades de conservação.

16.2.11. Promover eventos regionais para os povos indígenas, quilombolas e outras comunidades locais com o objetivo de divulgar e esclarecer os termos da legislação de acesso a recursos genéticos, e capacitar agentes locais.

16.2.12. Estimular a cooperação entre governos, universidades, centros de pesquisa, setor privado e organizações da sociedade civil na elaboração de modelos de gestão da biodiversidade.

16.2.13. Apoiar a cooperação entre o setor público e o privado para formação e fixação de recursos humanos voltados para o desempenho de atividades de pesquisa em gestão da biodiversidade, especialmente no que tange à utilização de recursos biológicos, manutenção e utilização dos bancos de germoplasma.

16.3. Terceira diretriz: Acesso à tecnologia e transferência de tecnologia. Promoção do acesso à tecnologia e da transferência de tecnologia científica nacional e internacional sobre a gestão da biodiversidade brasileira.

Objetivos Específicos:

16.3.1. Criar e apoiar programas que promovam a transferência e a difusão de tecnologias em gestão da biodiversidade.

16.3.2. Apoiar o intercâmbio de conhecimentos e tecnologias em temas selecionados e em áreas definidas como prioritárias para a gestão da biodiversidade, inclusive com centros de referência internacionais e estrangeiros.

16.3.3. Estabelecer mecanismos facilitadores do processo de intercâmbio e geração de conhecimento biotecnológico com seus potenciais usuários, resguardados os direitos sobre a propriedade intelectual.

16.3.4. Promover o aperfeiçoamento do arcabouço legal brasileiro no que diz respeito no acesso à tecnologia e à transferência de tecnologias.

16.3.5. Estabelecer iniciativa nacional para disseminar o uso de tecnologias de domínio público úteis à gestão da biodiversidade.

16.3.6. Implantar unidades demonstrativas de utilização de tecnologias para conservação e utilização sustentável da biodiversidade.

16.3.7. Promover a cooperação para a certificação de tecnologias transferidas dos países desenvolvidos para o país.

16.3.8. Definir e implementar normas e procedimentos para o intercâmbio de tecnologias de utilização de recursos genéticos e biológicos, com transparência e assegurando os interesses nacionais, da comunidade acadêmica e dos povos indígenas, quilombolas e outras das comunidades locais.

16.4. Quarta diretriz: Mecanismos de financiamento. Integração, desenvolvimento e fortalecimento de mecanismos de financiamento da gestão da biodiversidade.

Objetivos Específicos:

16.4.1. Fortalecer os fundos existentes de financiamento para a gestão da biodiversidade.

16.4.2. Estimular a criação de fundos de investimentos para a gestão da biodiversidade, incentivando inclusive a participação do setor empresarial.

16.4.3. Apoiar estudo para a criação de um fundo fiduciário ou outros mecanismos equivalentes, capazes de garantir a estabilidade financeira para implementação e manutenção de unidades de conservação, inclusive para regularização fundiária.

16.4.4. Estimular a criação de fundos ou outros mecanismos, geridos de forma participativa por povos indígenas, quilombolas e outras comunidades locais, que promovam a repartição justa e eqüitativa de benefícios, monetários ou não, decorrentes do acesso aos recursos genéticos, aos componentes do patrimônio genético e aos conhecimentos tradicionais associados.

16.4.5. Fortalecer a atuação em prol da biodiversidade dos órgãos estaduais de fomento à pesquisa em todos os estados.

16.4.6. Promover mecanismos que visem a assegurar a previsão e a aplicação de recursos orçamentários bem como de outras fontes para a gestão da biodiversidade.

16.4.7. Estimular a criação de linhas de financiamento por parte dos órgãos de fomento à pesquisa, direcionadas a implementação dos planos de pesquisa e a gestão da biodiversidade em unidades de conservação e em seu entorno.

16.4.8. Estimular a criação de linhas de financiamento para empreendimentos cooperativos e para pequenos e médios produtores rurais que usem os recursos da biodiversidade de forma sustentável.

16.4.9. Estimular a participação do setor privado em investimentos na gestão da biodiversidade do país.

16.4.10. Estimular a criação de mecanismos econômicos e fiscais que incentivem o setor empresarial a investir no inventário e na pesquisa sobre conservação e utilização sustentável da biodiversidade do país, em parceria com instituições de pesquisa e setor público.

16.4.11. Fomentar mediante incentivos econômicos, a conservação e a utilização sustentável, da biodiversidade nas áreas sob domínio privado.

16.5. Quinta diretriz: Cooperação internacional. Promoção da cooperação internacional relativa à gestão da biodiversidade, com o fortalecimento de atos jurídicos internacionais.

Objetivos Específicos:

16.5.1. Fortalecer a preparação e a participação de delegações brasileiras em negociações internacionais relacionadas aos temas de biodiversidade.

16.5.2. Promover a implementação de acordos e convenções internacionais relacionados com a gestão da biodiversidade, com atenção especial para a Convenção sobre Diversidade Biológica e seus programas e iniciativas.

16.5.3. Estabelecer sinergias visando à implementação das convenções ambientais assinadas pelo país.

16.5.4. Apoiar a negociação de acordos e convênios, justos e com benefícios para o país, para o intercâmbio de conhecimentos e transferências de tecnologia com centros de pesquisa internacionais e estrangeiros.

16.5.5. Fortalecer a cooperação internacional em pesquisas, programas e projetos relacionados com o conhecimento e com a gestão da biodiversidade, e agregação de valor aos seus componentes, em conformidade com as diretrizes do Componente 5.

16.5.6. Apoiar a participação dos centros de pesquisa nacionais em redes internacionais de pesquisa, desenvolvimento de tecnologias e programas relacionados ao conhecimento e a gestão da biodiversidade.

16.5.7. Identificar e estimular a utilização de mecanismos constantes de acordos internacionais que possam beneficiar a conservação e a utilização sustentável da biodiversidade, incluindo a utilização do Mecanismo de Desenvolvimento Limpo.

16.6. Sexta diretriz: Fortalecimento do marco-legal e integração de políticas setoriais. Promoção de ações visando ao fortalecimento da legislação brasileira sobre a biodiversidade e da articulação, da integração e da harmonização de políticas setoriais.

Objetivos Específicos:

16.6.1. Promover o levantamento e a avaliação de todo o quadro normativo relativo à biodiversidade no Brasil, com vistas em propor a adequação para a gestão da biodiversidade.

16.6.2. Consolidar a legislação brasileira sobre a biodiversidade.

16.6.3. Promover a articulação, a integração e a harmonização de políticas setoriais relevantes para a conservação da biodiversidade, a utilização sustentável de seus componentes e a repartição de benefícios derivados da utilização de recursos genéticos, de componentes do patrimônio genético e de conhecimento tradicional associado.

17. ARCABOUÇO JURÍDICO INSTITUCIONAL

17.1. Muitas iniciativas institucionais em andamento no Brasil têm relação com os propósitos da Convenção sobre Diversidade Biológica – CDB e com as diretrizes e objetivos desta Política Nacional da Biodiversidade. Planos, políticas e programas setoriais necessitam de ser integrados, de forma a evitar-se a duplicação ou o conflito entre ações. A Política Nacional da Biodiversidade requer que mecanismos participativos sejam fortalecidos ou criados para que se articule a ação da sociedade em prol dos objetivos da CDB. A implementação desta política depende da atuação de diversos setores e ministérios do Governo Federal, segundo suas competências legais, bem como dos Governos Estaduais, do Distrito Federal, dos Governos Municipais e da sociedade civil.

17.2. Tendo em vista o conjunto de atores e políticos públicas que, direta ou indiretamente, guardam interesse com a gestão da biodiversidade e, portanto, com os compromissos assumidos pelo Brasil na implementação da CDB, é necessário que a implementação da Política propicie a criação ou o fortalecimento de arranjos institucionais que assegurem legitimidade e sustentabilidade no cumprimento dos objetivos da CDB, no que se refere a conservação e a utilização sustentável da biodiversidade e a repartição justa e eqüitativa dos benefícios decorrentes de sua utilização.

17.3. Na implementação da Política Nacional da Biodiversidade, caberá ao Ministério do Meio Ambiente:

a) articular as ações da Política Nacional da Biodiversidade no âmbito do SISNAMA e junto aos demais setores do governo e da sociedade;

b) acompanhar e avaliar a execução dos componentes da Política Nacional da Biodiversidade e elaborar relatórios nacionais sobre biodiversidade;

c) monitorar, inclusive com indicadores, a execução das ações previstas na Política Nacional da Biodiversidade;

d) formular e implementar programas e projetos em apoio à execução das ações previstas na Política Nacional da Biodiversidade e propor e negociar recursos financeiros;

e) articular-se com os demais ministérios afetos aos temas tratados para a elaboração e encaminhamento de propostas de criação ou modificação de instrumentos legais necessários à boa execução da Política Nacional da Biodiversidade;

f) promover a integração de políticas setoriais para aumentar a sinergia na implementação de ações direcionadas à gestão sustentável da biodiversidade (conservação, utilização sustentável e repartição de benefícios), evitando que estas sejam conflituosas; e

g) estimular a cooperação interinstitucional e internacional para a melhoria da implementação das ações de gestão da biodiversidade.

17.4. A implementação da Política Nacional da Biodiversidade requer instância colegiada que busque o cumprimento dos interesses dessa Política Nacional da Biodiversidade junto ao governo federal, zele pela descentralização da execução das ações e vise assegurar a participação dos setores interessados.

17.5. Buscará, igualmente, essa instância colegiada cuidar para que os princípios e os objetivos da Política Nacional da Biodiversidade sejam cumpridos, prestando assistência técnica em apoio aos agentes públicos e privados responsáveis pela execução de seus componentes no território nacional.

17.6. O Ministério do Meio Ambiente, por intermédio do Programa Nacional da Diversidade Biológica – Pronabio, instituído pelo Decreto nº 1.354, de 29 de dezembro de 1994, coordenará a implementação da Política Nacional da Biodiversidade, mediante a promoção da parceria entre o Poder Público e a sociedade civil para o conhecimento, a conservação da biodiversidade, a utilização sustentável de seus componentes e a repartição justa e eqüitativa dos benefícios derivados de sua utilização.

DOU de 23.8.2002

DECRETO Nº 4.680, DE 24 DE ABRIL DE 2003

Regulamenta o direito à informação, assegurado pela Lei nº 8.078, de 11 de setembro de 1990, quanto aos alimentos e ingredientes alimentares destinados ao consumo humano ou animal que contenham ou sejam produzidos a partir de organismos geneticamente modificados, sem prejuízo do cumprimento das demais normas aplicáveis.

O Presidente da República, no uso da atribuição que lhe confere o art. 84, inciso IV, da Constituição,

Decreta:

Art. 1º. Este Decreto regulamenta o direito à informação, assegurado pela Lei nº 8.078, de 11 de setembro de 1990, quanto aos alimentos e ingredientes alimentares destinados ao consumo humano ou animal que contenham ou sejam produzidos a partir de organismos geneticamente modificados, sem prejuízo do cumprimento das demais normas aplicáveis.

Art. 2º. Na comercialização de alimentos e ingredientes alimentares destinados ao consumo humano ou animal que contenham ou sejam produzidos a partir de organismos geneticamente modificados, com presença acima do limite de um por cento do produto, o consumidor deverá ser informado da natureza transgênica desse produto.

§ 1º. Tanto nos produtos embalados como nos vendidos a granel ou *in natura*, o rótulo da embalagem ou do recipiente em que estão contidos deverá constar, em destaque, no painel principal e em conjunto com o símbolo a ser definido mediante ato do Ministério da Justiça, uma das seguintes expressões, dependendo do caso: "(nome do produto) transgênico", "contém (nome do ingrediente ou ingredientes) transgênico(s)" ou "produto produzido a partir de (nome do produto) transgênico".

§ 2º. O consumidor deverá ser informado sobre a espécie doadora do gene no local reservado para a identificação dos ingredientes.

§ 3º. A informação determinada no § 1º deste artigo também deverá constar do documento fiscal, de modo que essa informação acompanhe o produto ou ingrediente em todas as etapas da cadeia produtiva.

§ 4º. O percentual referido no *caput* poderá ser reduzido por decisão da Comissão Técnica Nacional de Biossegurança – CTNBio.

Art. 3º. Os alimentos e ingredientes produzidos a partir de animais alimentados com ração contendo ingredientes transgênicos deverão trazer no painel principal, em tamanho e destaque previstos no art. 2º, a seguinte expressão: "(nome do animal) alimentado com ração contendo ingrediente transgênico" ou "(nome do ingrediente) produzido a partir de animal alimentado com ração contendo ingrediente transgênico".

Art. 4º. Aos alimentos e ingredientes alimentares que não contenham nem sejam produzidos a partir de organismos geneticamente modificados será facultada a rotulagem "(nome do produto ou ingrediente) livre de transgênicos", desde que tenham similares transgênicos no mercado brasileiro.

Art. 5º. As disposições dos §§ 1º, 2º e 3º do art. 2º e do art. 3º deste Decreto não se aplicam à comercialização de alimentos destinados ao consumo humano ou animal que contenham ou tenham sido produzidos a partir de soja da safra colhida em 2003.

§ 1º. As expressões "pode conter soja transgênica" e "pode conter ingrediente produzido a partir de soja transgênica" deverão, conforme o caso, constar do rótulo, bem como da documentação fiscal, dos produtos a que se refere o *caput*, independentemente do percentual da presença de soja transgênica, exceto se:

I – a soja ou o ingrediente a partir dela produzido seja oriundo de região excluída pelo Ministério da Agricultura, Pecuária e Abastecimento do regime de que trata a Medida Provisória nº 113, de 26 de março de 2003, de conformidade com o disposto no § 5º do seu art. 1º; ou

II – a soja ou o ingrediente a partir dela produzido seja oriundo de produtores que obtenham o certificado de que trata o art. 4º da Medida Provisória nº 113, de 2003, devendo, nesse caso, ser aplicadas as disposições do art. 4º deste Decreto.

§ 2º. A informação referida no § 1º pode ser inserida por meio de adesivos ou qualquer forma de impressão.

§ 3º. Os alimentos a que se refere o *caput* poderão ser comercializados após 31 de janeiro de 2004, desde que a soja a partir da qual foram produzidos tenha sido alienada pelo produtor até essa data.

Art. 6º. À infração ao disposto neste Decreto aplica-se as penalidades previstas no Código de Defesa do Consumidor e demais normas aplicáveis.

Art. 7º. Este Decreto entra em vigor na data de sua publicação.

Art. 8º. Revoga-se o Decreto nº 3.871, de 18 de julho de 2001.

Brasília, 24 de abril de 2003; 182º da Independência e 115º da República.

Luiz Inácio Lula da Silva

DOU de 25.4.2003 – Republicado DOU de 28.4.2003

DECRETO Nº 4.703, DE 21 DE MAIO DE 2003

Dispõe sobre o Programa Nacional da Diversidade Biológica – PRONABIO e a Comissão Nacional da Biodiversidade, e dá outras providências.

O Presidente da República, no uso das atribuições que lhe confere o art. 84, incisos IV e VI, alínea "a", da Constituição, e tendo em vista o disposto no Decreto nº 2.519, de 16 de março de 1998,

Decreta:

Art. 1º. O Programa Nacional da Diversidade Biológica – PRONABIO e a Comissão Coordenadora do PRONABIO, doravante denominada Comissão Nacional de Biodiversidade, instituídos pelo Decreto nº 1.354, de 29 de dezembro de 1994, passam a reger-se pelas disposições deste Decreto.

Art. 2º. O PRONABIO tem por objetivo:

I – orientar a elaboração e a implementação da Política Nacional da Biodiversidade, com base nos princípios e diretrizes instituídos pelo Decreto nº 4.339, de 22 de agosto de 2002, mediante a promoção de parceria com a sociedade civil para o conhecimento e a conservação da diversidade biológica, a utilização sustentável de seus componentes e a repartição justa e eqüitativa dos benefícios derivados de sua utilização, de acordo com os princípios e diretrizes da Convenção sobre Diversidade Biológica, da Agenda 21, da Agenda 21 brasileira e da Política Nacional do Meio Ambiente;

II – promover a implementação dos compromissos assumidos pelo Brasil junto à Convenção sobre Diversidade Biológica e orientar a elaboração e apresentação de relatórios nacionais perante esta Convenção;

III – articular as ações para implementação dos princípios e diretrizes da Política Nacional da Biodiversidade no âmbito do Sistema Nacional do Meio Ambiente – SISNAMA e junto aos órgãos e entidades da União, Estados, Distrito Federal, Municípios e da sociedade civil;

IV – formular e implantar programas e projetos em apoio à execução das ações previstas no Decreto nº 4.339, de 2002;

V – estimular a cooperação interinstitucional e internacional, inclusive por meio do mecanismo de intermediação da Convenção sobre Diversidade Biológica, para a melhoria da implementação das ações de gestão da biodiversidade;

VI – promover a elaboração de propostas de criação ou modificação de instrumentos necessários à boa execução das ações previstas no Decreto nº 4.339, de 2002, em articulação com os Ministérios afetos aos temas tratados;

VII – promover a integração de políticas setoriais para aumentar a sinergia na implementação de ações direcionadas à gestão sustentável da biodiversidade;

VIII – promover ações, projetos, pesquisas e estudos com o objetivo de produzir e disseminar informações e conhecimento sobre a biodiversidade;

IX – estimular a capacitação de recursos humanos, o fortalecimento institucional e a sensibilização pública para a conservação e uso sustentável da biodiversidade;

X – orientar as ações de acompanhamento e avaliação da execução dos componentes temáticos para atendimento aos princípios e diretrizes para implementação da Política Nacional da Biodiversidade; e

XI – orientar o acompanhamento da execução das ações previstas para implementação dos princípios e diretrizes da Política Nacional da Biodiversidade, inclusive mediante a definição de indicadores adequados.

Art. 3º. O PRONABIO deverá ser implementado por meio de ações de âmbito nacional ou direcionadas a conjuntos de biomas, com estrutura que compreenda:

I – componentes temáticos:

a) conhecimento da biodiversidade;

b) conservação da biodiversidade;

c) utilização sustentável dos componentes da biodiversidade;

d) monitoramento, avaliação, prevenção e mitigação de impactos sobre a biodiversidade;

e) acesso aos recursos genéticos e aos conhecimentos tradicionais associados e repartição de benefícios;

f) educação, sensibilização pública, informação e divulgação sobre biodiversidade;

g) fortalecimento jurídico e institucional para a gestão da biodiversidade;

II – conjunto de biomas:

a) Amazônia;

b) Cerrado e Pantanal;

c) Caatinga;

d) Mata Atlântica e Campos Sulinos;

e) Zona Costeira e Marinha.

Art. 4.º Compete ao Ministério do Meio Ambiente supervisionar a implementação do PRONABIO.

Art. 5º. O PRONABIO será financiado com recursos do Tesouro Nacional e recursos captados no País e no exterior, junto a órgãos governamentais, privados e multilaterais.

Art. 6º. A Comissão Nacional de Biodiversidade tem como finalidade coordenar, acompanhar e avaliar as ações do PRONABIO, competindo-lhe, especialmente:

I – coordenar a elaboração da Política Nacional da Biodiversidade, com base nos princípios e diretrizes previstos no Decreto nº 4.339, de 2002;

II – promover a implementação dos compromissos assumidos pelo Brasil junto à Convenção sobre Diversidade Biológica;

III – aprovar a metodologia para elaboração e o texto final dos relatórios nacionais para a Convenção sobre Diversidade Biológica;

IV – propor medidas para o cumprimento, pelo Poder Público Federal, dos princípios e diretrizes para implementação da Política Nacional da Biodiversidade, instituídos pelo Decreto nº 4.339, de 2002, estimulando a descentralização da execução das ações e assegurando a participação dos setores interessados;

V – prestar assistência técnica aos agentes públicos e privados responsáveis pela execução da Política Nacional da Biodiversidade no território nacional, para que seus princípios, diretrizes e objetivos sejam cumpridos;

VI – promover articulação entre programas, projetos e atividades relativas à implementação dos princípios e diretrizes da Política Nacional da Biodiversidade, e promover a integração de políticas setoriais relevantes;

VII – propor diretrizes gerais do PRONABIO em apoio à execução das ações previstas para implementação dos princípios e diretrizes da Política Nacional da Biodiversidade, e identificar demandas e fontes de recursos financeiros;

VIII – identificar a necessidade e propor a criação ou modificação de instrumentos necessários à boa execução dos princípios e diretrizes para implementação da Política Nacional da Biodiversidade;

IX – estimular a cooperação interinstitucional e internacional para a implementação dos princípios e diretrizes da Política Nacional da Biodiversidade e da Convenção sobre Diversidade Biológica no País;

X – identificar e propor áreas e ações prioritárias:

a) de pesquisa sobre a diversidade biológica;

b) de conservação da diversidade biológica;

c) de utilização sustentável de componentes da biodiversidade;

d) de monitoramento, avaliação, prevenção e mitigação de impactos; e

e) de repartição de benefícios derivados da utilização da biodiversidade;

XI – identificar, propor e estimular ações de capacitação de recursos humanos, fortalecimento institucional e sensibilização pública;

XII – estabelecer critérios gerais de aceitação e seleção de projetos e selecionar projetos no âmbito de programas relacionados à proteção da biodiversidade, quando especialmente designada para tanto;

XIII – promover debates e consultas públicas sobre os temas relacionados à formulação de propostas referentes à Política Nacional da Biodiversidade;

XIV – criar e coordenar câmaras técnicas, compostas por convidados e membros dela integrantes, com a finalidade de promover a discussão e a articulação em temas relevantes para a implementação dos princípios e diretrizes da Política Nacional da Biodiversidade;

XV – acompanhar e avaliar a execução dos componentes temáticos para a implementação dos princípios e diretrizes da Política Nacional da Biodiversidade e coordenar a elaboração de relatórios nacionais sobre biodiversidade;

XVI – acompanhar a execução das ações previstas para atendimento aos princípios e diretrizes para implementação da Política Nacional da Biodiversidade; e

XVII – apresentar proposta de regimento interno ao Ministro de Estado do Meio Ambiente.

Art. 7º. A Comissão Nacional de Biodiversidade será presidida pelo Secretário de Biodiversidade e Florestas do Ministério do Meio Ambiente e, nos seus afastamentos e impedimentos legais ou regulamentares, pelo Diretor de Conservação da Biodiversidade, e terá em sua composição, além de seu Presidente, um representante dos seguintes órgãos e organizações da sociedade civil:

I – Ministério do Meio Ambiente;

II – Ministério da Ciência e Tecnologia;

III – Ministério da Agricultura, Pecuária e Abastecimento;

IV – Ministério da Saúde;

V – Ministério das Relações Exteriores;

VI – Ministério do Planejamento, Orçamento e Gestão;

VII – Ministério do Desenvolvimento Agrário;

VIII – Ministério da Integração Nacional;

IX – Secretaria Especial de Aqüicultura e Pesca da Presidência da República;

• *Inciso com redação dada pelo Decreto nº 5.312, de 15.12.2004.*

X – Instituto Brasileiro do Meio Ambiente e dos Recursos Naturais Renováveis – IBAMA;

• *Inciso com redação dada pelo Decreto nº 5.312, de 15.12.2004.*

XI – Associação Brasileira das Entidades Estaduais de Meio Ambiente – ABEMA;

• *Inciso com redação dada pelo Decreto nº 5.312, de 15.12.2004.*

XII – Confederação Nacional de Trabalhadores na Agricultura – CONTAG;

• *Inciso com redação dada pelo Decreto nº 5.312, de 15.12.2004.*

XIII – Movimento Nacional dos Pescadores – MONAPE;

• *Inciso com redação dada pelo Decreto nº 5.312, de 15.12.2004.*

XIV – comunidade acadêmica, indicado pela Sociedade Brasileira para o Progresso da Ciência – SBPC;

• *Inciso com redação dada pelo Decreto nº 5.312, de 15.12.2004.*

XV – comunidade acadêmica, indicado pela Academia Brasileira de Ciências – ABC;

• *Inciso com redação dada pelo Decreto nº 5.312, de 15.12.2004.*

XVI – organizações não-governamentais ambientalistas, indicado pelo Fórum de ONGs e Movimentos Sociais para o Meio Ambiente e para o Desenvolvimento;

• *Inciso com redação dada pelo Decreto nº 5.312, de 15.12.2004.*

XVII – movimentos sociais, indicado pelo Fórum de ONGs e Movimentos Sociais para o Meio Ambiente e para o Desenvolvimento;

• *Inciso com redação dada pelo Decreto nº 5.312, de 15.12.2004.*

XVIII – povos indígenas, indicado pela Coordenação das Organizações Indígenas da Amazônia – COIAB;

• *Inciso com redação dada pelo Decreto nº 5.312, de 15.12.2004.*

XIX – setores empresariais vinculados à agricultura, indicado pela Confederação Nacional da Agricultura – CNA; e

• *Inciso com redação dada pelo Decreto nº 5.312, de 15.12.2004.*

XX – setores empresariais vinculados à indústria, indicado pela Confederação Nacional da Indústria – CNI.

• *Inciso com redação dada pelo Decreto nº 5.312, de 15.12.2004.*

§ 1º. Os representantes do Poder Público, juntamente com seus suplentes, serão indicados pelo Ministro titular da respectiva Pasta e designados pelo Ministro de Estado do Meio Ambiente.

§ 2º. Os representantes das entidades não-governamentais relacionadas nos incisos XI a XX, e seus suplentes, serão indicados por suas organizações e designados pelo Ministro de Estado do Meio Ambiente, com mandato de dois anos, renovável por igual período.

• *§ 2º com redação dada pelo Decreto nº 5.312, de 15.12.2004.*

Art. 8º. Poderão participar das reuniões da Comissão Nacional de Biodiversidade, a convite de seu Presidente, representantes de outros órgãos e entidades da administração pública, bem como pessoas físicas e representantes de pessoas jurídicas que, por sua experiência pessoal ou institucional, possam contribuir para os debates.

Art. 9º. A Comissão Nacional de Biodiversidade deliberará por maioria simples, com quórum mínimo de metade mais um, e seu Presidente votará somente em casos de empate, quando terá o voto de qualidade.

Art. 10. O Ministério do Meio Ambiente proverá os serviços de apoio técnico-administrativo da Comissão Nacional de Biodiversidade.

Art. 11. A participação na Comissão Nacional de Biodiversidade é considerada como de relevante interesse público e não enseja qualquer tipo de remuneração.

Art. 12. Fica revogado o Decreto nº 1.354, de 29 de dezembro de 1994.

Brasília, 21 de maio de 2003; 182º da Independência e 115º da República.

Luiz Inácio Lula da Silva

DOU de 22.5.2003

DECRETO LEGISLATIVO Nº 908, DE 21 DE NOVEMBRO DE 2003

PROTOCOLO DE CARTAGENA SOBRE BIOSSEGURANÇA

Aprova o texto do Protocolo de Cartagena sobre Biossegurança da Convenção sobre Diversidade Biológica, celebrado em Montreal, em 29 de janeiro de 2000.

Faço saber que o Congresso Nacional aprovou, e eu, José Sarney, Presidente do Senado Federal, nos termos do art. 48, inciso XXVIII, do Regimento Interno, promulgo o seguinte

O Congresso Nacional decreta:

Art. 1º. Fica aprovado o texto do Protocolo de Cartagena sobre Biossegurança da Convenção sobre Diversidade Biológica, celebrado em Montreal, em 29 de janeiro de 2000.

Parágrafo único. Ficam sujeitos à aprovação do Congresso Nacional quaisquer atos que possam resultar em revisão do referido Protocolo, bem como quaisquer ajustes complementares que, nos termos do inciso I do art. 49 da Constituição Federal, acarretem encargos ou compromissos gravosos ao patrimônio nacional.

Art. 2º. Este Decreto Legislativo entra em vigor na data de sua publicação.

Senado Federal, em 21 de novembro de 2003.

Senador José Sarney – Presidente do Senado Federal

DOU de 24.11.2003

PROTOCOLO DE CARTAGENA SOBRE BIOSSEGURANÇA DA CONVENÇÃO SOBRE DIVERSIDADE BIOLÓGICA

As Partes do presente Protocolo,

Sendo Partes da Convenção sobre Diversidade Biológica, doravante denominada "a Convenção",

Recordando o art. 19, §§ 3º e 4º, e os arts. 8º, "g" e 17 da Convenção,

Recordando também a Decisão II/5 da Conferência das Partes da Convenção, de 17 de novembro de 1995, sobre o desenvolvimento de um Protocolo sobre biossegurança, especificamente centrado no movimento transfronteiriço de qualquer organismo vivo modificado resultante da biotecnologia moderna que possa ter efeitos adversos na conservação e no uso sustentável da diversidade biológica, que estabeleça em particular, procedimentos apropriados para acordo prévio informado,

Reafirmando a abordagem de precaução contida no Princípio 15 da Declaração do Rio sobre Meio Ambiente e Desenvolvimento,

Ciente de que a biotecnologia moderna se desenvolve rapidamente e da crescente preocupação da sociedade sobre seus potenciais efeitos adversos sobre a diversidade biológica, levando também em consideração os riscos para a saúde humana,

Reconhecendo que a biotecnologia moderna oferece um potencial considerável para o bem-estar humano se for desenvolvida e utilizada com medidas de segurança adequadas para o meio ambiente e a saúde humana,

Reconhecendo também a importância crucial que têm para a humanidade os centros de origem e os centros de diversidade genética,

Levando em consideração os meios limitados de muitos países, especialmente os países em desenvolvimento, de fazer frente à natureza e dimensão dos riscos conhecidos e potenciais associados aos organismos vivos modificados,

Reconhecendo que os acordos de comércio e meio ambiente devem se apoiar mutuamente com vistas a alcançar o desenvolvimento sustentável,

Salientando que o presente Protocolo não será interpretado no sentido de que modifique os direitos e obrigações de uma Parte em relação a quaisquer outros acordos internacionais em vigor.

No entendimento de que o texto acima não visa subordinar o presente Protocolo a outros acordos internacionais,

Acordaram no seguinte:

Artigo 1º – Objetivo

De acordo com a abordagem de precaução contida no Princípio 15 da Declaração do Rio sobre Meio Ambiente e Desenvolvimento, o objetivo do presente Protocolo é contribuir para assegurar um nível adequado de proteção no campo da transferência, da manipulação e do uso seguros dos organismos vivos modificados resultantes da biotecnologia moderna que possam ter efeitos adversos na conservação e no uso sustentável da diversidade biológica, levando em conta os riscos para a saúde humana, e enfocando especificamente os movimentos transfronteiriços.

Artigo 2º – Disposições Gerais

1. Cada Parte tomará as medidas jurídicas, administrativas e outras necessárias e apropriadas para implementar suas obrigações no âmbito do presente Protocolo.

2. As Partes velarão para que o desenvolvimento, a manipulação, o transporte, a utilização, a transferência e a liberação de todos organismos vivos modificados se realizem de maneira a evitar ou a reduzir os riscos para a diversidade biológica, levando também em consideração os riscos para a saúde humana.

3. Nada no presente Protocolo afetará de algum modo a soberania dos Estados sobre seu mar territorial estabelecida de acordo com o direito internacional, nem os direitos soberanos e nem a jurisdição que os Estados têm em suas zonas econômicas exclusivas e suas plataformas continentais em virtude do direito internacional, nem o exercício por navios e aeronaves de todos os Estados dos direitos e liberdades de navegação conferidos pelo direito internacional e refletidos nos instrumentos internacionais relevantes.

4. Nada no presente Protocolo será interpretado de modo a restringir o direito de uma Parte de adotar medidas que sejam mais rigorosas para a conservação e o uso sustentável da diversidade biológica que as previstas no presente Protocolo, desde que essas medidas sejam compatíveis com o objetivo e as disposições do presente Protocolo e estejam de acordo com as obrigações dessa Parte no âmbito do direito internacional.

5. As Partes são encorajadas a levar em consideração, conforme o caso, os conhecimentos especializados, os instrumentos disponíveis e os trabalhos realizados nos fóruns internacionais competentes na área dos riscos para a saúde humana.

Artigo 3º – Utilização dos Termos

Para os propósitos do presente Protocolo:

a) por "Conferência das Partes" se entende a Conferência das Partes da Convenção;

b) por "uso em contenção" se entende qualquer operação, realizada dentro de um local, instalação ou outra estrutura física que envolva manipulação de organismos vivos modificados que sejam controlados por medidas específicas que efetivamente limitam seu contato com o ambiente externo e seu impacto no mesmo;

c) por "exportação" se entende o movimento transfronteiriço intencional de uma Parte a outra Parte;

d) por "exportador" se entende qualquer pessoa física ou jurídica, sujeita à jurisdição da Parte exportadora, que providencie a exportação do organismo vivo modificado;

e) por "importação" se entende o movimento transfronteiriço intencional para uma Parte de outra Parte;

f) por "importador" se entende qualquer pessoa física ou jurídica, sujeita à jurisdição da Parte importadora, que providencie a importação do organismo vivo modificado;

g) por "organismo vivo modificado" se entende qualquer organismo vivo que tenha uma combinação de material genético inédita obtida por meio do uso da biotecnologia moderna;

h) por "organismo vivo" se entende qualquer entidade biológica capaz de transferir ou replicar material genético, inclusive os organismos estéreis, os vírus e os viróides;

i) por "biotecnologia moderna" se entende:

a. a aplicação de técnicas *in vitro*, de ácidos nucleicos inclusive ácido desoxirribonucleico (ADN) recombinante e injeção direta de ácidos nucleicos em células ou organelas, ou

b. a fusão de células de organismos que não pertencem à mesma família taxonômica, que superem as barreiras naturais da fisiologia da reprodução ou da recombinação e que não sejam técnicas utilizadas na reprodução e seleção tradicionais;

j) por "organização regional de integração econômica" se entende uma organização constituída por Estados soberanos de uma determinada região, a que seus Estados-Membros transferiram competência em relação a assuntos regidos pelo presente Protocolo e que foi devidamente autorizada, de acordo com seus procedimentos internos, a assinar, ratificar, aceitar, aprovar o mesmo ou a ele aderir;

k) por "movimento transfronteiriço" se entende o movimento de um organismo vivo modificado de uma Parte a outra Parte, com a exceção de que para os fins dos artigos 17 e 24, o movimento transfronteiriço inclui também o movimento entre Partes e não-Partes.

Artigo 4º – Escopo

O presente Protocolo aplicar-se-á ao movimento transfronteiriço, ao trânsito, à manipulação e à utilização de todos os organismos vivos modificados que possam ter efeitos adversos na conservação e no uso sustentável da diversidade biológica, levando também em conta os riscos para a saúde humana.

Artigo 5º – Fármacos

Não obstante o disposto no art. 4º e sem prejuízo ao direito de qualquer Parte de submeter todos os organismos vivos modificados a uma avaliação de risco antes de tomar a decisão sobre sua importação, o presente Protocolo não se aplicará ao movimento transfronteiriço de organismos vivos modificados que sejam fármacos para seres humanos que estejam contemplados por outras organizações ou outros acordos internacionais relevantes.

Artigo 6º – Trânsito e Uso em Contenção

1. Não obstante o disposto no art. 4º e sem prejuízo de qualquer direito de uma Parte de trânsito de regulamentar o transporte de organismos vivos modificados em seu território e disponibilizar ao Mecanismo de Intermediação de Informação sobre Biossegurança, qualquer decisão daquela Parte, sujeita ao art. 2º, § 3º, sobre o trânsito em seu território de um organismo vivo modificado específico, as disposições do presente Protocolo com respeito ao procedimento de acordo prévio informado não se aplicarão aos organismos vivos modificados em trânsito.

2. Não obstante o disposto no art. 4º e sem prejuízo de qualquer direito de uma Parte de submeter todos os organismos vivos modificados a uma avaliação de risco antes de tomar uma decisão sobre sua importação e de estabelecer normas para seu uso em contenção dentro de sua jurisdição, as disposições do presente Protocolo com relação ao procedimento de acordo prévio informado não se aplicarão ao movimento transfronteiriço de organismos vivos modificados destinados ao uso em contenção realizado de acordo com as normas da Parte importadora.

Artigo 7º – Aplicação do Procedimento de Acordo Prévio Informado

1. Sujeito ao disposto nos arts. 5º e 6º o procedimento de acordo prévio informado constante dos arts. 8º a 10 e 12 aplicar-se-ão ao primeiro movimento transfronteiriço intencional de organismos vivos modificados destinados à introdução deliberada no meio ambiente da Parte importadora.

2. A "introdução deliberada no meio ambiente" a que se refere o § 1º acima, não se refere aos organismos vivos modificados destinados ao seu uso direto como alimento humano ou animal ou ao beneficiamento.

3. O art. 11 aplicar-se-á antes do primeiro movimento transfronteiriço de organismos vivos modificados destinados ao uso direto como alimento humano ou animal ou ao beneficiamento.

4. O procedimento de acordo prévio informado não se aplicará ao movimento transfronteiriço intencional de organismos vivos modificados incluídos numa decisão adotada pela Conferência das Partes atuando na qualidade de reunião das Partes do presente Protocolo, na qual se declare não ser provável que tenham efeitos adversos na conservação e no uso sustentável da diversidade biológica, levando em consideração os riscos para a saúde humana.

Artigo 8º – Notificação

1. A Parte exportadora notificará, ou exigirá que o exportador assegure a notificação por escrito, à autoridade nacional competente da Parte importadora antes do movimento transfronteiriço intencional de um organismo vivo modificado contemplado no art. 7º, § 1º. A notificação conterá, no mínimo, as informações especificadas no Anexo 1.

2. A Parte exportadora assegurará que exista uma determinação legal quanto à precisão das informações fornecidas pelo exportador.

Artigo 9º – Acusação do Recebimento da Notificação

1. A Parte importadora acusará o recebimento da notificação, por escrito, ao notificador no prazo de noventa dias a partir da data do recebimento.

2. Constará na acusação:

a) a data de recebimento da notificação;

b) se a notificação contém, *prima facie*, as informações referidas pelo art. 8º;

c) se se deve proceder de acordo com o ordenamento jurídico interno da Parte importadora ou de acordo com os procedimentos especificados no art. 10.

3. O ordenamento jurídico interno a que se re fere o § 2º (c) acima será compatível com o presente Protocolo.

4. A falta de acusação pela Parte importadora do recebimento de uma notificação não implicará seu consentimento a um movimento transfronteiriço intencional.

Artigo 10 – Procedimento para Tomada de Decisões

1. As decisões tomadas pela Parte importadora serão em conformidade com o art. 15.

2. A Parte importadora informará, dentro do prazo estabelecido pelo art. 9º o notificador, por escrito, se o movimento transfronteiriço intencional poderá prosseguir:

a) unicamente após a Parte importadora haver dado seu consentimento por escrito; ou

b) transcorridos ao menos noventa dias sem que se haja recebido um consentimento por escrito.

3. No prazo de duzentos e setenta dias a partir da data do recebimento da notificação, a Parte importadora comunicará, por escrito, ao notificador e ao Mecanismo de intermediação de Informação sobre Biossegurança a decisão referida pelo § 2º (a) acima:

a) de aprovar a importação, com ou sem condições, inclusive como a decisão será aplicada a importações posteriores do mesmo organismo vivo modificado;

b) de proibir a importação;

c) de solicitar informações relevantes adicionais de acordo com seu ordenamento jurídico interno ou o Anexo I; ao calcular o prazo para a resposta não será levado em conta o número de dias que a Parte importadora tenha esperado pelas informações relevantes adicionais; ou

d) de informar ao notificador que o período especificado no presente parágrafo seja prorrogado por um período de tempo determinado.

4. Salvo no caso em que o consentimento seja incondicional, uma decisão no âmbito do parágrafo 3º acima especificará as razões em que se fundamenta.

5. A ausência da comunicação pela Parte importadora da sua decisão no prazo de duzentos e setenta dias a partir da data de recebimento da notificação não implicará seu consentimento a um movimento transfronteiriço intencional.

6. A ausência de certeza científica devida à insuficiência das informações e dos conhecimentos científicos relevantes sobre a dimensão dos efeitos adversos potenciais de um organismo vivo modificado na conservação e no uso sustentável da diversidade biológica na Parte importadora, levando também em conta os riscos para a saúde humana, não impedirá esta Parte, a fim de evitar ou minimizar esses efeitos adversos potenciais, de tomar uma decisão, conforme o caso, sobre a importação do organismo vivo modificado em questão como se indica no parágrafo 3º acima.

7. A Conferência das Partes atuando na qualidade de reunião das Partes decidirá, em sua primeira reunião, os procedimentos e mecanismos apropriados para facilitar a tomada de decisão pelas Partes de importação.

Artigo 11 – Procedimento para os organismos vivos modificados destinados ao uso direto como alimento humano ou animal ou ao beneficiamento

1. Uma Parte que tenha tomado uma decisão definitiva em relação ao uso interno, inclusive sua colocação no mercado, de um organismo vivo modificado que possa ser objeto de um movimento transfronteiriço para o uso direto como alimento humano ou animal ou ao beneficiamento, informa-la-á às Partes, no prazo de quinze dias após tomar essa decisão, por meio do Mecanismo de Intermediação de Informação sobre Biossegurança. Essas informações conterão, no mínimo, os dados especificados no Anexo II. A Parte fornecerá uma cópia das informações por escrito ao ponto focal de cada Parte que informe ao Secretariado de antemão de que não tenha acesso ao Mecanismo de Intermediação de Informação sobre Biossegurança. Essa disposição não se aplicará às decisões sobre ensaios de campo.

2. A Parte que tomar uma decisão no âmbito do § 1º acima, assegurará que exista uma determinação legal quanto à precisão das informações fornecidas pelo requerente.

3. Qualquer Parte poderá solicitar informações adicionais da autoridade identificada no parágrafo (b) do Anexo II.

4. Uma Parte poderá tomar uma decisão sobre a importação de organismos vivos modificados destinados ao uso direto como alimento humano ou animal ou ao beneficiamento, sob seu ordenamento jurídico interno que seja compatível com o objetivo do presente Protocolo.

5. Cada Parte tornará disponível para o Mecanismo de Intermediação de Informação sobre Biossegurança exemplares de todas as leis, regulamentos e diretrizes nacionais que se aplicam à importação de organismos vivos modificados destinados ao uso direto como alimento humano ou animal ou ao beneficiamento, se disponíveis.

6. Uma Parte país em desenvolvimento ou uma Parte com economia em transição poderá, na ausência de um ordenamento jurídico interno referido no § 4º acima, e no exercício da sua jurisdição interna declarar por meio do Mecanismo de Intermediação de Informação sobre Biossegurança que sua decisão antes da primeira importação de um organismo vivo modificado destinado ao uso direto como alimento humano ou

animal ou ao beneficiamento, sobre o qual tenha sido provido informações no âmbito do § 1º acima, será tomada de acordo com o seguinte:

a) uma avaliação de risco realizada de acordo com o Anexo III; e

b) uma decisão tomada dentro de um prazo previsível de não mais do que duzentos e setenta dias.

7. A ausência de comunicação por uma Parte de sua decisão de acordo com o § 6º acima, não implicará seu consentimento ou sua recusa à importação de um organismo vivo modificado destinado ao uso direto como alimento humano ou animal ou ao beneficiamento, salvo se especificado de outra forma pela Parte.

8. A ausência de certeza científica devida à insuficiência das informações e dos conhecimentos científicos relevantes sobre a dimensão dos efeitos adversos potenciais de um organismo vivo modificado na conservação e no uso sustentável da diversidade biológica na Parte importadora, levando também em conta os riscos para a saúde humana, não impedirá esta Parte, a fim de evitar ou minimizar esses efeitos adversos potenciais, de tomar uma decisão, conforme o caso, sobre a importação do organismo vivo modificado destinado ao uso direto como alimento humano ou animal ou ao beneficiamento.

9. Uma Parte poderá manifestar sua necessidade de assistência financeira e técnica e de desenvolvimento de capacidade com relação aos organismos vivos modificados destinados ao uso direto como alimento humano ou animal ou ao beneficiamento. As Partes irão cooperar para satisfazer essas exigências de acordo com os arts. 22 e 28.

Artigo 12 – Revisão das Decisões

1. Uma Parte importadora poderá, a qualquer momento, à luz de novas informações científicas sobre os efeitos adversos potenciais na conservação e no uso sustentável da diversidade biológica, levando em conta os riscos para a saúde humana, revisar e modificar uma decisão relativa ao movimento transfronteiriço intencional. Nesse caso, a Parte informará, num prazo de trinta dias, todos os notificadores que anteriormente haviam notificado movimentos do organismo vivo modificado referido nessa decisão, bem como o Mecanismo de Intermediação de Informações sobre Biossegurança, e especificará as razões de sua decisão.

2. Uma Parte exportadora ou um notificador poderá solicitar à Parte importadora que revise uma decisão tomada em virtude do art. 10 com relação a essa Parte ou exportador, quando a Parte exportadora ou o notificador considerar que:

a) tenha ocorrido uma mudança nas circunstâncias que possa influenciar o resultado da avaliação de risco sobre as quais a decisão se fundamentou; ou

b) se tornaram disponíveis informações adicionais científicas ou técnicas relevantes.

3. A Parte importadora responderá por escrito a tal solicitação num prazo de noventa dias e especificará as razões de sua decisão.

4. A Parte importadora poderá, a seu critério, solicitar uma avaliação de risco para importações subseqüentes.

Artigo 13 – Procedimento Simplificado

1. Uma Parte importadora poderá especificar antecipadamente ao Mecanismo de Intermediação de Informação sobre Biossegurança, desde que medidas adequadas sejam aplicadas para assegurar o movimento transfronteiriço intencional seguro de organismos vivos modificados de acordo com o objetivo do presente Protocolo:

a) os casos em que o movimento transfronteiriço intencional a essa Parte poderá ser realizado ao mesmo tempo em que o movimento seja notificado à Parte importadora; e

b) as importações de organismos vivos modificados a essa Parte que sejam isentas do procedimento de acordo prévio informado.

As notificações no âmbito do subparágrafo (a) acima, poderão aplicar-se a movimentos subseqüentes semelhantes à mesma Parte.

2. As informações relativas a um movimento transfronteiriço intencional que serão fornecidas nas notificações referidas pelo parágrafo 10 (a) acima, serão as informações especificadas no Anexo 1.

Artigo 14 – Acordos e Ajustes Bilaterais, Regionais e Multilaterais

1. As Partes poderão concluir acordos e ajustes bilaterais, regionais e multilaterais sobre movimentos transfronteiriços intencionais de organismos vivos modificados, compatíveis com o objetivo do presente Protocolo e desde que esses acordos e ajustes não resultem em um nível de proteção inferior àquele provido pelo Protocolo.

2. As Partes informarão umas às outras, por meio do Mecanismo de Intermediação de Informação sobre Biossegurança, sobre quaisquer acordos e ajustes bilaterais, regionais e multilaterais que tenham concluído antes ou após a data de entrada em vigor do presente Protocolo.

3. As disposições do presente Protocolo não afetarão os movimentos transfronteiriços intencionais realizados em conformidade com esses acordos e ajustes entre as Partes desses acordos ou ajustes.

4. Toda Parte poderá determinar que suas normas internas aplicar-se-ão a certas importações específicas destinadas a ela e notificará o Mecanismo de Intermediação de Informação sobre Biossegurança de sua decisão.

Artigo 15 – Avaliação de Risco

1. As avaliações de risco realizadas em conformidade com o presente Protocolo serão conduzidas de maneira cientificamente sólida, de acordo com o Anexo III e levando em conta as técnicas reconhecidas de avaliação de risco. Essas avaliações de risco serão baseadas, no mínimo, em informações fornecidas de acordo com o art. 8º e em outras evidências científicas a fim de identificar e avaliar os possíveis efeitos adversos dos organismos vivos modificados na conservação e no uso sustentável da diversidade biológica, levando também em conta os riscos para a saúde humana.

2. A Parte importadora velará para que sejam realizadas as avaliações de risco para a tomada de decisões no âmbito do art. 10. A Parte importadora poderá solicitar ao exportador que realize a avaliação de risco.

3. O custo da avaliação de risco será arcado pelo notificador se a Parte importadora assim o exigir.

Artigo 16 – Manejo de Riscos

1. As Partes, levando em conta o art. 8º (g) da Convenção, estabelecerão e manterão mecanismos, medidas e estratégias apropriadas para regular, manejar e controlar os riscos identificados nas disposições de avaliação de risco do presente Protocolo associados ao uso, à manipulação e ao movimento transfronteiriço de organismos vivos modificados.

2. Serão impostas medidas baseadas na avaliação de risco conforme seja necessário para evitar os efeitos adversos do organismo vivo modificado na conservação e no uso sustentável da diversidade biológica, levando também em conta os riscos para a saúde humana, no território da Parte importadora.

3. Cada Parte tomará as medidas apropriadas para prevenir os movimentos transfronteiriços não-intencionais de organismos vivos modificados, inclusive medidas como

a exigência de que se realize uma avaliação de risco antes da primeira liberação de um organismo vivo modificado.

4. Sem prejuízo ao § 2º acima, cada Parte velará para que todo organismo vivo modificado, quer importado ou desenvolvido localmente, seja submetido a um período de observação apropriado que corresponda ao seu ciclo de vida ou tempo de geração antes que se dê seu uso previsto.

5. As Partes cooperarão com vistas a:

a) identificar os organismos vivos modificados ou traços específicos de organismos vivos modificados que possam ter efeitos adversos na conservação e no uso sustentável da diversidade biológica, levando também em conta os riscos para a saúde humana; e

b) tomar medidas apropriadas relativas ao tratamento desses organismos vivos modificados ou traços específicos.

Artigo 17 – Movimentos Transfronteiriços Não-Intencionais e Medidas de Emergência

1. Cada Parte tomará medidas apropriadas para notificar os Estados afetados ou potencialmente afetados, o Mecanismo de Intermediação de Informação sobre Biossegurança e, conforme o caso, as organizações internacionais relevantes, quando tiver conhecimento de uma ocorrência dentro de sua jurisdição que tenha resultado na liberação que conduza, ou possa conduzir, a um movimento transfronteiriço não-intencional de um organismo vivo modificado que seja provável que tenha efeitos adversos significativos na conservação e no uso sustentável da diversidade biológica, levando também em conta os riscos para a saúde humana nesses Estados. A notificação será fornecida tão logo a Parte tenha conhecimento dessa situação.

2. Cada Parte comunicará, no mais tardar na data de entrada em vigor do presente Protocolo para ela, ao Mecanismo de Intermediação de Informação sobre Biossegurança os detalhes relevantes sobre seu ponto de contato para os propósitos de recebimento das notificações no âmbito do presente artigo.

3. Toda notificação emitida de acordo com o § 1º acima, deverá incluir:

a) as informações disponíveis relevantes sobre as quantidades estimadas e características e/ou traços relevantes do organismo vivo modificado;

b) as informações sobre as circunstâncias e data estimada da liberação, assim como sobre o uso do organismo vivo modificado na Parte de origem;

c) todas informações disponíveis sobre os possíveis efeitos adversos na conservação e no uso sustentável da diversidade biológica, levando também em conta os riscos para a saúde humana, bem como as informações disponíveis sobre possíveis medidas de manejo de risco;

d) qualquer outra informação relevante; e

e) um ponto de contato para maiores informações.

4. A fim de minimizar qualquer efeito adverso na conservação e no uso sustentável da diversidade biológica, levando também em conta os riscos para a saúde humana, cada Parte em cuja jurisdição tenha ocorrido a liberação do organismo vivo modificado referida pelo § 1º acima consultará imediatamente os Estados afetados ou potencialmente afetados para lhes permitir determinar as intervenções apropriadas e dar início às ações necessárias, inclusive medidas de emergência.

Artigo 18 – Manipulação, Transporte, Embalagem e Identificação

1. A fim de evitar os efeitos adversos na conservação e no uso sustentável da diversidade biológica, levando também em conta os riscos para a saúde humana, cada Parte tomará as medidas necessárias para exigir que todos os organismos vivos modi-

ficados objetos de um movimento transfronteiriço intencional no âmbito do presente Protocolo sejam manipulados, embalados e transportados sob condições de segurança, levando em consideração as regras e normas internacionais relevantes.

2. Cada Parte tomará medidas para exigir que a documentação que acompanhe:

a) os organismos vivos modificados destinados para usos de alimento humano ou animal ou ao beneficiamento identifique claramente que esses "conter" organismos vivos modificados e que não estão destinados à introdução intencional no meio ambiente, bem como um ponto de contato para maiores informações. A Conferência das Partes atuando na qualidade de reunião das Partes do presente Protocolo tomará uma decisão sobre as exigências detalhadas para essa finalidade, inclusive especificação sobre sua identidade e qualquer identificador único, no mais tardar dois anos após a entrada em vigor do presente Protocolo;

b) os organismos vivos modificados destinados ao uso em contenção os identifique claramente como organismos vivos modificados; e especifique todas as exigências para a segura manipulação, armazenamento, transporte e uso desses organismos, bem como o ponto de contato para maiores informações, incluindo o nome e endereço do indivíduo e da instituição para os quais os organismos vivos modificados estão consignados; e

c) os organismos vivos modificados que sejam destinados para a introdução intencional no meio ambiente da Parte importadora e quaisquer outros organismos vivos modificados no âmbito do Protocolo, os identifique claramente como organismos vivos modificados; especifique sua identidade e seus traços e/ou características relevantes, todas as exigências para a segura manipulação, armazenamento, transporte e uso; e indique o ponto de contato para maiores informações e, conforme o caso, o nome e endereço do importador e do exportador; e que contenha uma declaração de que o movimento esteja em conformidade com as exigências do presente Protocolo aplicáveis ao exportador.

3. A Conferência das Partes atuando na qualidade de reunião das Partes do presente Protocolo considerará a necessidade de elaborar normas para as práticas de identificação, manipulação, embalagem e transporte, bem como as modalidades dessa elaboração, em consulta com outros órgãos internacionais relevantes.

Artigo 19 – Autoridades Nacionais Competentes e Pontos Focais Nacionais

1. Cada Parte designará um ponto focal nacional que realizará, em seu nome, a ligação com o Secretariado. Cada Parte também designará uma ou mais autoridades nacionais competentes que serão os responsáveis pela realização das funções administrativas exigidas pelo presente Protocolo e que serão autorizadas a agir em seu nome em relação a essas funções. Uma Parte poderá designar uma única entidade para preencher as funções tanto de ponto focal como de autoridade nacional competente.

2. Cada Parte notificará o Secretariado, no mais tardar na data de entrada em vigor do presente Protocolo para aquela Parte, os nomes e endereços de seu ponto focal e de sua autoridade ou autoridades nacional(is) competente(s). Se uma Parte designar mais de uma autoridade nacional competente, comunicará ao Secretariado, junto com sua notificação, informações relevantes sobre as responsabilidades respectivas daquelas autoridades. Conforme o caso, essas informações especificarão, no mínimo, qual autoridade competente é responsável por qual tipo de organismo vivo modificado. Cada Parte notificará imediatamente ao Secretariado qualquer mudança na designação de seu ponto focal ou no nome e endereço ou nas responsabilidades de sua autoridade ou autoridades nacional(is) competente(s).

3. O Secretariado informará imediatamente as Partes das notificações que receba em virtude do parágrafo 2º acima, e também tornará essas informações disponíveis por meio do Mecanismo de Intermediação de Informação sobre Biossegurança.

Artigo 20 – Intercâmbio de Informações e o Mecanismo de Intermediação de Informação sobre Biossegurança

1. Um Mecanismo de Intermediação de Informação sobre Biossegurança fica por meio deste estabelecido como parte do mecanismo de facilitação referido no artigo 18, parágrafo 3º da Convenção, a fim de:

a) facilitar o intercâmbio de informações científicas, técnicas, ambientais e jurídicas sobre organismos vivos modificados e experiências com os mesmos; e

b) auxiliar as Partes a implementar o Protocolo, levando em consideração as necessidades especiais das Partes países em desenvolvimento, em particular as de menor desenvolvimento econômico relativo e os pequenos Estados insulares em desenvolvimento entre elas, e os países com economias em transição bem como os países que sejam centros de origem e centros de diversidade genética.

2. O Mecanismo de Intermediação de Informação sobre Biossegurança servirá como um meio de tornar informações disponíveis para os fins do parágrafo 1º acima. Facilitará o acesso às informações proporcionadas pelas Partes de interesse para a implementação do Protocolo. Também facilitará o acesso, quando possível, a outros mecanismos internacionais de intercâmbio de informações sobre biossegurança.

3. Sem prejuízo à proteção de informações confidenciais, cada Parte proporcionará ao Mecanismo de Intermediação de Informação sobre Biossegurança qualquer informação que deva fornecer ao Mecanismo de Intermediação de Informação sobre Biossegurança no âmbito do presente Protocolo, e também:

a) todas as leis, regulamentos e diretrizes nacionais existentes para a implementação do Protocolo, bem como as informações exigidas pelas Partes para o procedimento de acordo prévio informado;

b) todos acordos e ajustes bilaterais, regionais e multilaterais;

c) os resumos de suas avaliações de risco ou avaliações ambientais de organismos vivos modificados que tenham sido realizadas como parte de sua regulamentação e realizadas de acordo com o artigo 15, inclusive, quando apropriado, informações relevantes sobre produtos deles derivados, a saber, materiais beneficiados que têm como origem um organismo vivo modificado, contendo combinações novas detectáveis de material genético replicável obtido por meio do uso de biotecnologia moderna;

d) suas decisões definitivas sobre a importação ou a liberação de organismos vivos modificados; e

e) os relatórios por ela submetidos em conformidade com o artigo 33, inclusive aqueles sobre implementação do procedimento de acordo prévio informado.

4. As modalidades da operação do Mecanismo de Intermediação de Informação sobre Biossegurança, inclusive relatórios sobre suas atividades serão consideradas e decididas pela Conferência das Partes atuando na qualidade de reunião das Partes do presente Protocolo em sua primeira sessão, e serão objeto de exames posteriores.

Artigo 21 – Informações Confidenciais

1. A Parte importadora permitirá que o notificador identifique informações apresentadas em virtude dos procedimentos estabelecidos no presente Protocolo ou exigidas pela Parte importadora como parte do procedimento de acordo prévio informado estabelecido no Protocolo a serem consideradas como informações confidenciais. Nesses casos, quando assim solicitado, serão apresentadas justificativas.

2. A Parte importadora consultará o notificador se decidir que as informações identificadas pelo notificador como sendo confidenciais não mereçam esse tratamento e informará o notificador de sua decisão antes de divulgar as informações, explicando, quando solicitado, suas razões, e fornecendo uma oportunidade para realização de consultas e de uma revisão interna da decisão antes de divulgar as informações.

3. Cada Parte protegerá informações confidenciais recebidas no âmbito do presente Protocolo, inclusive qualquer informação confidencial recebida no contexto do procedimento de acordo prévio informado estabelecido no Protocolo. Cada Parte assegurará que dispõe de procedimentos para proteger essas informações e protegerá a confidencialidade dessas informações de forma não menos favorável que seu tratamento de informações confidenciais relacionadas aos seus organismos vivos modificados produzidos internamente.

4. A Parte importadora não usará essas informações para fins comerciais, salvo com o consentimento por escrito do notificador.

5. Se um notificador retirar ou tiver retirado a notificação, a Parte importadora respeitará a confidencialidade das informações comerciais e industriais, inclusive informações de pesquisa e desenvolvimento, bem como informações sobre as quais a Parte e o notificador não estejam de acordo sobre sua confidencialidade.

6. Sem prejuízo do disposto no parágrafo 5º acima, as seguintes informações não serão consideradas confidenciais:

a) o nome e endereço do notificador;

b) uma descrição geral do organismo ou organismos vivos modificados;

c) um resumo da avaliação de risco sobre os efeitos na conservação e no uso sustentável da diversidade biológica, levando também em conta os riscos para a saúde humana; e

d) os métodos e planos de resposta em caso de emergência.

Artigo 22 – Desenvolvimento de Capacidade

1. As Partes cooperarão no desenvolvimento e/ou fortalecimento dos recursos humanos e capacidades institucionais em matéria de biossegurança, inclusive biotecnologia na medida que seja necessária para a biossegurança, para os fins da implementação efetiva do presente Protocolo, nas Partes países em desenvolvimento, em particular nas de menor desenvolvimento econômico relativo e nos pequenos Estados insulares em desenvolvimento entre elas, e nas Partes com economias em transição, inclusive por meio de instituições e organizações globais, regionais, sub-regionais e nacionais existentes e, conforme o caso, facilitando a participação do setor privado.

2. Para os propósitos da implementação do parágrafo 1º acima, em relação à cooperação para o desenvolvimento de capacidades em biossegurança, serão levadas plenamente em consideração as necessidades das Partes países em desenvolvimento, em particular nas de menor desenvolvimento econômico relativo e nos pequenos Estados insulares em desenvolvimento entre elas, de recursos financeiros e acesso à tecnologia e know-how, e de sua transferência, de acordo com as disposições relevantes da Convenção. A cooperação no desenvolvimento de capacidades incluirá, levando em conta as diferentes situações, capacidades e necessidades de cada Parte, treinamento científico e técnico no manejo adequado e seguro da biotecnologia, e no uso de avaliações de risco e manejo de risco para biossegurança, e o fortalecimento de capacidades institucionais e tecnológicas em biossegurança. As necessidades das Partes com economias em transição também serão levadas plenamente em consideração para esse desenvolvimento de capacidades em biossegurança.

Artigo 23 – Conscientização e Participação Pública

1. As Partes:

a) promoverão e facilitarão a conscientização, educação e participação públicas a respeito da transferência, da manipulação e do uso seguros dos organismos vivos modificados em relação à conservação e ao uso sustentável da diversidade biológica, levando também em conta os riscos para a saúde humana. Ao fazê-lo, as Partes cooperarão, conforme o caso, com outros Estados e órgãos internacionais;

b) procurarão assegurar que a conscientização e educação do público incluam acesso à informação sobre os organismos vivos modificados identificados de acordo com o presente Protocolo que possam ser importados.

2. De acordo com suas respectivas leis e regulamentos, as Partes consultarão o público durante o processo de tomada de decisão sobre os organismos vivos modificados e tomarão públicos os resultados dessas decisões, respeitando as informações confidenciais de acordo com o disposto no artigo 21.

3. Cada Parte velará para que seu público conheça os meios de ter acesso ao Mecanismo de Intermediação de Informação sobre Biossegurança.

Artigo 24 – Não-Partes

1. Os movimentos transfronteiriços de organismos vivos modificados entre Partes e não-Partes serão compatíveis com o objetivo do presente Protocolo. As Partes poderão concluir acordos e ajustes bilaterais, regionais e multilaterais com não-Partes sobre esses movimentos transfronteiriços.

2. As Partes encorajarão as não-Partes a aderir ao presente Protocolo e a contribuir com informações apropriadas ao Mecanismo de Intermediação de Informação sobre Biossegurança sobre os organismos vivos modificados liberados ou introduzidos em áreas sob sua jurisdição interna, ou transportados para fora delas.

Artigo 25 – Movimentos Transfronteiriços Ilícitos

1. Cada Parte adotará medidas internas apropriadas com o objetivo de impedir e, conforme o caso, penalizar os movimentos transfronteiriços de organismos vivos modificados realizados em contravenção das medidas internas que regem a implementação do presente Protocolo. Esses movimentos serão considerados movimentos transfronteiriços ilícitos.

2. No caso de um movimento transfronteiriço ilícito, a Parte afetada poderá solicitar à Parte de origem para dar fim, com ônus, ao organismo vivo modificado em questão por meio de repatriação ou destruição, conforme o caso.

3. Cada Parte tornará disponível ao Mecanismo de Intermediação de Informação sobre Biossegurança as informações sobre os casos de movimentos transfronteiriços ilícitos que lhe digam respeito.

Artigo 26 – Considerações Socioeconômicas

1. As Partes, ao tomar uma decisão sobre importação no âmbito do presente Protocolo ou de suas medidas internas que implementam o Protocolo, poderão levar em conta, de forma compatível com suas obrigações internacionais, considerações socioeconômicas advindas do impacto dos organismos vivos modificados na conservação e no uso sustentável da diversidade biológica, especialmente no que tange ao valor que a diversidade biológica tem para as comunidades indígenas e locais.

2. As Partes são encorajadas a cooperar no intercâmbio de informações e pesquisas sobre os impactos socioeconômicos dos organismos vivos modificados, especialmente nas comunidades indígenas e locais.

Artigo 27 – Responsabilidade e Compensação

A Conferência das Partes atuando na qualidade de reunião das Partes do presente Protocolo adotará, em sua primeira reunião, um processo em relação à elaboração apropriada de normas e procedimentos internacionais no campo da responsabilidade e compensação para danos que resultem dos movimentos transfronteiriços de organismos vivos modificados, analisando e levando em devida consideração os processos em andamento no direito internacional sobre essas matérias e procurará concluir esse processo num prazo de quatro anos.

Artigo 28 – Mecanismo Financeiro e Recursos Financeiros

1. Ao considerar os recursos financeiros para a implementação do presente Protocolo, as Partes levarão em conta as disposições do artigo 20 da Convenção.

2. O mecanismo financeiro estabelecido no artigo 21 da Convenção será, por meio da estrutura institucional encarregada de sua operação, o mecanismo financeiro para o presente Protocolo.

3. Com relação ao desenvolvimento de capacidades referido no artigo 22 deste Protocolo, a Conferência das Partes atuando na qualidade de reunião das Partes do presente Protocolo, ao proporcionar orientações sobre o mecanismo financeiro referido no parágrafo 2º acima para consideração pela Conferência das Partes, levará em conta a necessidade de recursos financeiros pelas Partes países em desenvolvimento, em particular as de menor desenvolvimento relativo e os pequenos Estados insulares em desenvolvimento entre elas.

4. No contexto do parágrafo 1º acima, as Partes também levarão em conta as necessidades das Partes países em desenvolvimento, em particular as de menor desenvolvimento relativo e os pequenos Estados insulares em desenvolvimento entre elas, e das Partes com economias em transição, em seus esforços para determinar e satisfazer suas necessidades de desenvolvimento de capacidades para as finalidades da implementação deste Protocolo.

5. A orientação para o mecanismo financeiro da Convenção nas decisões relevantes da Conferência das Partes, inclusive aquelas acordadas antes da adoção do presente Protocolo, aplicar-se-ão, *mutatis mutandis*, às disposições deste artigo.

6. As Partes países desenvolvidos também poderão proporcionar recursos financeiros e tecnológicos dos quais as Partes países em desenvolvimento e as Partes com economias em transição poderão dispor para a implementação das disposições do presente Protocolo por meio de canais bilaterais, regionais e multilaterais.

Artigo 29 – Conferência das Partes atuando na qualidade de Reunião das Partes do presente protocolo

1. A Conferência das Partes atuará na qualidade de reunião das Partes do presente Protocolo.

2. As Partes da Convenção que não sejam Partes do presente Protocolo poderão participar como observadoras durante as deliberações de qualquer reunião da Conferência das Partes atuando na qualidade de reunião das Partes deste Protocolo. Quando a Conferência das Partes atuar na qualidade de reunião das Partes do presente Protocolo, as decisões no âmbito deste Protocolo só serão tomadas por aquelas que sejam Partes do Protocolo.

3. Quando a Conferência das Partes atuar na qualidade de reunião das Partes do presente Protocolo, qualquer membro da mesa da Conferência das Partes que represente uma Parte da Convenção mas que, naquele momento, não seja Parte deste Protocolo, será substituído por um membro a ser eleito por e entre as Partes do presente Protocolo.

4. A Conferência das Partes atuando na qualidade de reunião das Partes do presente Protocolo examinará regularmente a implementação deste Protocolo e tomará, de acordo com seu mandato, as decisões necessárias para promover sua efetiva im-

plementação. A Conferência das Partes realizará as funções a ela designadas pelo presente Protocolo e irá:

a) fazer recomendações sobre os assuntos necessários para a implementação do presente Protocolo;

b) estabelecer os órgãos subsidiários que se julguem necessários para a implementação do presente Protocolo;

c) buscar e utilizar, conforme o caso, os serviços, a cooperação e as informações fornecidas pelas organizações internacionais competentes e órgãos intergovernamentais e não-governamentais;

d) estabelecer a forma e os intervalos para transmissão de informações a serem submetidas de acordo com o artigo 33 do presente Protocolo e considerar essas informações, bem como relatórios submetidos por qualquer órgão subsidiário;

e) considerar e adotar, conforme necessário, emendas ao presente Protocolo e seus Anexos, bem como outros Anexos adicionais a este Protocolo, que se julguem necessários para a sua implementação; e

f) realizar outras funções que possam ser necessárias para a implementação do presente Protocolo.

5. As regras de procedimento da Conferência das Partes e as regras financeiras da Convenção aplicar-se-ão, *mutatis mutandis*, no âmbito do presente Protocolo, salvo se decidido de outra forma por consenso pela Conferência das Partes atuando na qualidade de reunião das Partes do presente Protocolo.

6. A primeira reunião da Conferência das Partes atuando na qualidade de reunião das Partes do presente Protocolo será convocada pelo Secretariado juntamente com a primeira sessão da Conferência das Partes prevista para ser realizada após a entrada em vigor do presente Protocolo. Reuniões ordinárias subseqüentes da Conferência das Partes atuando na qualidade de reunião das Partes do presente Protocolo realizar-se-ão juntamente com as sessões ordinárias da Conferência das Partes, salvo se decidido de outra forma pela Conferência das Partes atuando na qualidade de reunião das Partes do presente Protocolo.

7. Reuniões extraordinárias da Conferência das Partes atuando na qualidade de reunião das Partes do presente Protocolo realizar-se-ão quando forem consideradas necessárias pela Conferência das Partes atuando na qualidade de reunião das Partes do presente Protocolo, ou quando forem solicitadas por escrito por qualquer Parte, desde que, no prazo de seis meses da comunicação da solicitação às Partes pelo Secretariado, seja apoiada por pelo menos um terço das Partes.

8. As Nações Unidas, suas agências especializadas e a Agência Internacional de Energia Atômica, assim como os Estados que sejam membros ou observadores dessas organizações que não sejam Partes da Convenção, podem estar representados como observadores nas reuniões da Conferência das Partes atuando na qualidade de reunião das Partes do presente Protocolo. Todo órgão ou agência, quer nacional ou internacional, governamental ou não-governamental, com competência nas matérias cobertas pelo presente Protocolo e que tenha informado ao Secretariado de seu interesse em se fazer representado em uma reunião da Conferência das Partes atuando na qualidade de reunião das Partes do presente Protocolo como observador, poderá ser admitido, a não ser que pelo menos um terço das Partes presentes se oponham. Salvo disposto de outra forma neste artigo, a admissão e participação de observadores estarão sujeitas às regras de procedimento referidas pelo parágrafo 5º acima.

Artigo 30 – Órgãos Subsidiários

1. Qualquer órgão subsidiário estabelecido pela Convenção ou no seu âmbito, poderá mediante decisão da Conferência das Partes atuando na qualidade de reunião

das Partes do presente Protocolo, prestar serviços ao Protocolo, e neste caso, a reunião das Partes especificará as funções a serem desempenhadas por esse órgão.

2. As Partes da Convenção que não sejam Partes do presente Protocolo poderão participar como observadores nos debates das reuniões de qualquer um desses órgãos subsidiários. Quando um órgão subsidiário da Convenção atuar como órgão subsidiário do presente Protocolo, as decisões no âmbito do Protocolo só serão tomadas pelas Partes do Protocolo.

3. Quando um órgão subsidiário da Convenção desempenhe suas funções em relação a matérias que dizem respeito ao presente Protocolo, os membros da mesa desse órgão subsidiário que representem Partes da Convenção mas que naquele momento, não sejam Partes do Protocolo, serão substituídos por membros eleitos por e entre as Partes do Protocolo.

Artigo 31 – Secretariado

1. O Secretariado estabelecido pelo artigo 24 da Convenção amará como Secretariado do presente Protocolo.

2. O artigo 24, parágrafo 1º da Convenção sobre as funções do Secretariado aplicar-se-á, *mutatis mutandis*, ao presente Protocolo.

3. Na medida em que seja possível diferenciá-los, os custos dos serviços do Secretariado para o presente Protocolo serão arcados pelas Partes deste. A Conferência das Partes atuando na qualidade de reunião das Partes do presente Protocolo decidirá, em sua primeira reunião, as disposições orçamentárias necessárias para essa finalidade.

Artigo 32 – Relação com a Convenção

Salvo disposto de outra forma no presente Protocolo, as disposições da Convenção relacionadas aos seus Protocolos aplicar-se-ão ao presente Protocolo.

Artigo 33 – Monitoramento e Informes

Cada Parte monitorará a implementação de suas obrigações no âmbito do presente Protocolo, e informará à Conferência das Partes atuando na qualidade de reunião das Partes do presente Protocolo, em intervalos a serem decididos por esta, sobre as medidas tomadas para implementar o Protocolo.

Artigo 34 – Cumprimento

A Conferência das Partes atuando na qualidade de reunião das Partes do presente Protocolo considerará e aprovará, em sua primeira reunião, procedimentos de cooperação e mecanismos institucionais para promover o cumprimento das disposições do presente Protocolo e para tratar dos casos de não-cumprimento. Esses procedimentos e mecanismos incluirão disposições para prestar assessoria ou assistência, conforme o caso. Esses serão distintos e não prejudicarão os procedimentos e mecanismos estabelecidos pelo artigo 27 da Convenção sobre solução de controvérsias.

Artigo 35 – Avaliação e Revisão

A Conferência das Partes atuando na qualidade de reunião das Partes do presente Protocolo realizará, cinco anos após a entrada em vigor do presente Protocolo e pelo menos a cada cinco anos subseqüentes, uma avaliação da efetividade do Protocolo, incluindo uma avaliação de seus procedimentos e Anexos.

Artigo 36 – Assinatura

O presente Protocolo estará aberto à assinatura por Estados e organizações regionais de integração econômica no Escritório das Nações Unidas em Nairobi de 15 a 26 de maio de 2000, e na Sede das Nações Unidas em Nova Iorque de 5 de junho de 2000 a 4 de junho de 2001.

Artigo 37 – Entrada Em Vigor

1. O presente Protocolo entrará em vigor no nonagésimo dia após a data de depósito do qüinquagésimo instrumento de ratificação, aceitação, aprovação ou adesão por Estados ou organizações regionais de integração econômica que sejam Partes da Convenção.

2. O presente Protocolo entrará em vigor para um Estado ou uma organização regional de integração econômica que ratifique, aceite ou aprove o presente Protocolo ou a ele adira após sua entrada em vigor em conformidade com o parágrafo 1º acima, no nonagésimo dia após a data na qual aquele Estado ou organização regional de integração econômica deposite seu instrumento de ratificação, aceitação, aprovação ou adesão, ou na data em que a Convenção entre em vigor para aquele Estado ou organização regional de integração econômica, o que for posterior.

3. Para os propósitos dos parágrafos 1º e 2º acima, qualquer instrumento depositado por uma organização regional de integração econômica não será considerado adicional àqueles depositados por Estados-Membros daquela organização.

Artigo 38 – Reservas

Nenhuma reserva pode ser feita ao presente Protocolo.

Artigo 39 – Denúncia

1. Após dois anos da entrada em vigor do presente Protocolo para uma Parte, essa Parte poderá a qualquer momento denunciá-lo por meio de notificação escrita ao Depositário.

2. Essa denúncia tem efeito um ano após a data de seu recebimento pelo Depositário, ou em data posterior se assim for estipulado na notificação de denúncia.

Artigo 40 – Textos Autênticos

O original do presente Protocolo, cujos textos em árabe, chinês, inglês, francês, russo e espanhol são igualmente autênticos, será depositado junto ao Secretário-Geral das Nações Unidas.

Em testemunha do qual os abaixo assinados, devidamente autorizados para esse fim, assinaram o presente Protocolo.

Feito em Montreal neste vigésimo nono dia de janeiro do ano de dois mil.

ANEXO I

Informações exigidas nas notificações de acordo com os Artigos 8º, 10 e 13

a) Nome, endereço e detalhes de contato do exportador.

b) Nome, endereço e detalhes de contato do importador.

c) Nome e identidade do organismo vivo modificado, bem como da classificação nacional, se houver, do nível de biossegurança do organismo vivo modificado no Estado de exportação.

d) Data ou datas previstas do movimento transfronteiriço, se conhecidas.

e) Situação taxonômica, nome vulgar, ponto de coleta ou de aquisição e características do organismo receptor ou dos organismos parentais relacionadas a biossegurança.

f) Centros de origem e centros de diversidade genética, se conhecidos do organismo receptor e/ou dos organismos parentais e uma descrição dos habitats onde os organismos podem persistir ou proliferar.

g) Situação taxonômica, nome vulgar, ponto de coleta ou aquisição e características do organismo ou organismos doadores relacionadas a biossegurança.

h) Descrição do ácido nucléico ou da modificação introduzida, da técnica usada e das características resultantes do organismo vivo modificado.

i) Uso previsto do organismo vivo modificado ou produtos dele derivados, a saber, materiais beneficiados que têm como origem um organismo vivo modificado, contendo combinações novas detectáveis de material genético replicável obtido pelo uso de biotecnologia moderna.

j) Quantidade ou volume do organismo vivo modificado a ser transferido.

k) Um relatório anterior e existente da avaliação de risco de acordo com o Anexo III.

l) Métodos sugeridos para a manipulação, o armazenamento, o transporte e o uso seguros, inclusive embalagem, rotulação, documentação e procedimentos de eliminação e de emergência, quando apropriados.

m) Condição legal do organismo vivo modificado no Estado exportador (por exemplo, se está proibido no Estado exportador ou se está sujeito a outras restrições ou se foi aprovado para liberação geral) e, caso o organismo vivo modificado tiver sido proibido no Estado de exportação, as razões dessa proibição.

n) O resultado e o propósito de qualquer notificação do exportador a outros Estados em relação ao organismo vivo modificado a ser transferido.

o) Uma declaração de que os dados incluídos nas informações mencionadas acima estão corretos.

ANEXO II

Informações exigidas sobre os organismos vivos modificados destinados ao uso direto como alimento humano ou animal ou ao processamento de acordo com o Artigo 11

a) O nome e detalhes de contato do requerente de uma decisão para uso nacional.

b) O nome e detalhes de contato da autoridade responsável pela decisão.

c) O nome e identidade do organismo vivo modificado.

d) Descrição da modificação genética, da técnica usada e das características resultantes do organismo vivo modificado.

e) Qualquer identificação exclusiva do organismo vivo modificado.

f) Situação taxonômica, nome vulgar, ponto de coleta ou aquisição e características do organismo receptor ou dos organismos parentais relacionadas à biossegurança.

g) Centros de origem e centros de diversidade genética, se conhecidos do organismo receptor e/ou dos organismos parentais e uma descrição dos habitats onde os organismos podem persistir ou proliferar.

h) Situação taxonômica, nome vulgar, ponto de coleta ou aquisição e características do organismo ou organismos doadores relacionadas à biossegurança.

i) Usos aprovados do organismo vivo modificado.

j) Um relatório de avaliação de risco de acordo com o Anexo III.

l) Métodos sugeridos para a manipulação, o armazenamento, o transporte e o uso seguros, inclusive embalagem, rotulação, documentação e procedimentos de eliminação e de emergência, quando apropriados.

ANEXO III

Avaliação de risco

Objetivo

1. O objetivo da avaliação de risco, no âmbito do presente Protocolo, é identificar e avaliar os efeitos adversos potenciais dos organismos vivos modificados na conservação e no uso sustentável da diversidade biológica no provável meio receptor, levando também em conta os riscos para a saúde humana.

Uso da avaliação de risco

2. A avaliação de risco é, entre outros, usada pelas autoridades competentes para tomar decisões informadas sobre os organismos vivos modificados.

Princípios gerais

3. A avaliação de risco deverá realizar-se de maneira transparente e cientificamente sólida e poderá levar em conta o assessoramento especializado de organizações internacionais relevantes e diretrizes por elas elaboradas.

4. A falta de conhecimentos científicos ou de consenso científico não será necessariamente interpretada como indicativo de um nível determinado de risco, uma ausência de risco ou de um risco aceitável.

5. Os riscos associados aos organismos vivos modificados ou aos produtos deles derivados, a saber, materiais beneficiados que têm como origem um organismo vivo modificado, contendo combinações novas detectáveis de material genético replicável obtido por meio do uso de biotecnologia moderna, devem ser considerados no contexto dos riscos apresentados pelos receptores não-modificados ou organismos parentais no provável meio receptor.

6. A avaliação de risco deverá realizar-se caso a caso. As informações requeridas podem variar em natureza e nível de detalhe de caso a caso, dependendo do organismo vivo modificado em questão, seu uso previsto e o provável meio receptor.

Metodologia

7. O processo de avaliação de risco poderá, por um lado, dar origem à necessidade de maiores informações sobre aspectos específicos, que podem ser identificados e solicitados durante o processo de avaliação, enquanto por outro lado, informações sobre outros aspectos podem não ser relevantes em certos casos.

8. Para alcançar seu objetivo, a avaliação de risco compreende, conforme o caso, os seguintes passos:

a) uma identificação de qualquer característica genotípica ou fenotípica nova associada ao organismo vivo modificado que possa ter efeitos adversos na diversidade biológica no provável meio receptor, levando também em conta os riscos para a saúde humana;

b) uma avaliação da probabilidade de esses efeitos adversos se concretizarem, levando em conta o nível e tipo de exposição do provável meio receptor ao organismo vivo modificado;

c) uma avaliação das conseqüências caso esses efeitos adversos de fato ocorrem;

d) uma estimativa do risco geral apresentado pelo organismo vivo modificado com base na avaliação da probabilidade dos efeitos adversos identificados ocorrerem e de suas conseqüências;

e) uma recomendação sobre se os riscos são aceitáveis ou manejáveis ou não, inclusive, quando necessário, a identificação de estratégias para manejar esses riscos; e

f) quando houver incerteza a respeito do nível de risco, essa incerteza poderá ser tratada solicitando-se maiores informações sobre aspectos preocupantes específicos ou pela implementação de estratégias apropriadas de manejo de risco e/ou monitoramento do organismo vivo modificado no meio receptor.

Aspectos a considerar

9. Dependendo do caso, a avaliação de risco leva em consideração os detalhes científicos e técnicos relevantes sobre as características dos seguintes elementos:

a) organismo receptor e organismos parentais. As características biológicas do organismo receptor ou dos organismos parentais, inclusive informações sobre a situação taxonômica, nome vulgar, origem, centros de origem e centros de diversidade genética, se conhecidos, e uma descrição de onde os organismos podem persistir ou proliferar;

b) organismo ou organismos doadores. Situação taxonômica, nome vulgar, fonte e as características biológicas relevantes dos organismos doadores;

c) vetor. Características do vetor, inclusive, se houver, sua fonte ou origem e área de distribuição de seus hospedeiros;

d) inserção ou inserções e/ou características de modificação. As características genéticas do ácido nucleico inserido e da função que especifica, e/ou as características da modificação introduzida;

e) organismo vivo modificado. Identidade do organismo vivo modificado, e as diferenças entre as características biológicas do organismo vivo modificado e daquelas do organismo receptor ou dos organismos parentais;

f) detecção e identificação do organismo vivo modificado. Métodos sugeridos para a detecção e identificação e sua especificidade, sensibilidade e confiabilidade;

g) informações sobre o uso previsto. As informações sobre o uso previsto do organismo vivo modificado, inclusive usos novos ou modificados comparados ao organismo receptor ou organismos parentais; e

h) meio receptor. Informações sobre a localização, características geográficas, climáticas e ecológicas, inclusive informações relevantes sobre a diversidade biológica e centros de origem do provável meio receptor.

Publicado no Diário do Senado Federal de 30.10.2003

RESOLUÇÃO DO CONSELHO DE GESTÃO DO PATRIMÔNIO GENÉTICO Nº 8, DE 24 DE SETEMBRO DE 2003

Caracteriza como caso de relevante interesse público o acesso a componente do patrimônio genético existente em área privada para pesquisa científica que contribua para o avanço do conhecimento e não apresente potencial de uso econômico previamente identificado.

O Conselho de Gestão do Patrimônio Genético, no uso da competência que lhe foi conferida pelo art. 17 da Medida Provisória nº 2.186-16, de 23 de agosto de 2001;

Considerando o disposto na Convenção sobre Diversidade Biológica, promulgada por meio do Decreto nº 2.519, de 16 de março de 1998;

Considerando que o avanço do conhecimento e o desenvolvimento da pesquisa científica que contribua para a conservação e a utilização sustentável da biodiversidade nacional são atividades de interesse estratégico para o País; e

Considerando a necessidade de proteger a integridade e a diversidade do patrimônio genético do País, bem como os direitos a ele inerentes, sem obstar o avanço do conhecimento e o desenvolvimento da pesquisa científica, resolve:

Art. 1º. Caracteriza-se como caso de relevante interesse público, para os fins do disposto no art. 17 da Medida Provisória nº 2.186-16, de 2001, o acesso a componente do patrimônio genético existente em área privada destinado à realização de pesquisa científica que reúna, simultaneamente, as seguintes condições:

I – contribuir para o avanço do conhecimento sobre a biodiversidade do País; e

II – não apresentar potencial de uso econômico previamente identificado, como ocorre nas atividades de bioprospecção e desenvolvimento tecnológico.

§ 1º. O Conselho de Gestão do Patrimônio Genético, ou a instituição credenciada na forma do art. 14 da Medida Provisória nº 2.186-16, de 2001, dispensará a anuência prévia formal de que trata o art. 16, § 9º, inciso III, da Medida Provisória nº 2.186-16, de 2001, como pré-requisito à apreciação de solicitações de Autorizações de Acesso e de Remessa referentes às atividades mencionadas no *caput* deste artigo.

§ 2º. A fim de implementar o disposto no parágrafo anterior, o Conselho de Gestão do Patrimônio Genético, ou a instituição credenciada na forma do art. 14 da Medida Provisória nº 2.186-16, de 2001, avaliarão, caso a caso, a ocorrência das condições mencionadas neste artigo.

Art. 2º. No caso descrito no art. 1º desta Resolução, o pesquisador responsável deverá fornecer ao Conselho de Gestão do Patrimônio Genético, ou à instituição credenciada na forma do art. 14 da Medida Provisória nº 2.186-16, de 2001, até cento e oitenta dias após o término da expedição de coleta, as coordenadas geográficas de cada ponto de coleta, bem como a listagem do material coletado devidamente identificado, preferencialmente, em nível de espécie.

Art. 3º. Caso venha a ser identificado potencial de uso econômico, de produto ou processo, passível ou não de proteção intelectual, originado de amostra de componente do patrimônio genético acessado nos termos desta Resolução, a instituição de pesquisa beneficiária obriga-se a comunicar este fato ao Conselho de Gestão do Patrimônio Genético, bem como às demais partes interessadas, para a formalização de Contrato de Utilização do Patrimônio Genético e de Repartição dos Benefícios, em conformidade com o disposto na Medida Provisória nº 2.186-16, de 2001.

Art. 4º. O disposto nesta Resolução não exime o pesquisador de obter, junto ao titular da área privada onde será realizada a coleta ou ao seu representante, o consentimento para ingresso e coleta na respectiva área, sujeitando-se às penalidades previstas na legislação vigente e à reparação de eventuais danos causados à propriedade alheia.

Art. 5º. Esta Resolução entra em vigor na data de sua publicação.

Marina Silva

DOU de 8.10.2003

DIRETRIZES ÉTICAS INTERNACIONAIS PARA A PESQUISA ENVOLVENDO SERES HUMANOS

Council for International Organizations of Medical Sciences (CIOMS), em colaboração com a Organização Mundial da Saúde (OMS) – Genebra, 1993

Diretriz 1: Consentimento Informado Individual

Em todas as pesquisas biomédicas envolvendo seres humanos, o pesquisador deverá obter um consentimento informado do possível sujeito a ser pesquisado ou, no caso de um indivíduo que não seja capaz de dar um consentimento informado, um consentimento por delegação de um representante adequadamente autorizado.

Diretriz 2: Informações Essenciais para os Possíveis Sujeitos da Pesquisa

Antes de solicitar o consentimento individual para participar em uma pesquisa, o investigador deverá possibilitar ao indivíduo as seguintes informações, em linguagem que ele ou ela sejam capazes de compreender:

— que cada indivíduo é convidado para participar como sujeito em uma pesquisa, e os objetivos e métodos de pesquisa;

— a duração esperada da participação dos sujeitos;

— os benefícios que se possam racionalmente ser esperados como resultados para o sujeito ou para outros como resultado da pesquisa;

— qualquer risco ou desconforto previstos para o sujeito, associados a sua participação na pesquisa;

— qualquer procedimento ou tratamento alternativo que poderia ser tão vantajoso para o sujeito quanto o procediemtno ou tratamento que está sendo testado;

— a extensão na qual a confidencialidade dos dados, nos quais o sujeito é identificado, será mantida;

— a extensão da responsabilidade do investigador, se alguma, em prover serviços médicos ao sujeito;

— que terapia será posta à disposição, de forma gratuita, para tipos específicos de danos relacionados à pesquisa;

— que o sujeito, sua família ou dependentes serem compensados por incapacidades ou morte resultantes de tais danos; e

— que o indivíduo está livre para recusar em participar e livre para abandonar a pesquisa em qualquer momento sem qualquer penalidade ou perda de benefícios os quais ele ou ela tenham direito.

Diretriz 3: Obrigações do pesquisador a respeito do Consentimento Informado

O pesquisador tem o dever de:

— comunicar ao possível sujeito todas as informações necessárias para um adequado consentimento informado;

— propiciar ao possível sujeito plena oportunidade e encorajamento para fazer perguntas;

— excluir a possibilidade de engano injustificado, influência indevida e intimidação;

— solicitar o consentimento apenas quando o possível sujeito tenha conhecimento adequado dos fatos relevantes e das conseqüências de sua participação e tenha tido oportunidade suficiente para considerar se quer participar;

— como regra geral, obter de cada possível sujeito um documento assinado como evidência do consentimento informado; e

— renovar o consentimento informado de cada sujeito se houver alterações nas condições ou procedimentos da pesquisa.

Diretriz 4: Indução a participação

Os indivíduos poderão ser pagos pela inconveniência e pelo tempo gasto, e devem ser reembolsados das despesas decorrentes da sua participação na pesquisa; eles podem receber, igualmente, serviços médicos gratuitos. Entretanto, os pagamentos não devem ser tão grandes ou os serviços médicos tão abrangentes a ponto de induzirem os possíveis sujeitos a consentirem participar na pesquisa contra o seu melhor julgamento ("indução excessiva"). Todos os pagamentos, reembolsos e serviços médicos propiciados aos sujeitos da pesquisa devem ser aprovados por um Comitê de Ética.

Diretriz 5: Pesquisa envolvendo crianças

Antes de iniciar a pesquisa envolvendo crianças, o pesquisador deve estar seguro que:

— crianças não devem ser envolvidas em pesquisas que possam ser desenvolvidas igualmente em adultos;

— o objetivo da pesquisa deve ser o de gerar conhecimentos relevantes para a saúde das crianças;

— os pais ou representantes legais devem dar um consentimento por procuração;

— o consentimento de cada criança deve ser obtido na medida da sua capacidade;

— a recusa da criança em participar na pesquisa deve sempre ser respeitada, a menos que, de acordo com o protocolo de pesquisa, a terapia que a criança receberá não tenha qualquer alternativa medicamente aceitável;

— o risco apresentado pelas intervenções que não beneficiem individualmente a criança sujeito da pesquisa seja baixo e proporcional com a importância do conhecimento a ser obtido; e

— as intervenções que propiciarão benefícios terapêuticos devem ser, pelo menos tão vantajosas para a criança sujeito da pesquisa, quanto qualquer outra alternativa disponível.

Diretriz 6: Pesquisa envolvendo pessoas com distúrbios mentais ou comportamentais

Antes de iniciar uma pesquisa envolvendo pessoas, que por motivo de distúrbios mentais ou comportamentais, não são capazes de dar consentimento informado adequadamente, o pesquisador deve estar seguro que:

— estas pessoas não serão sujeitos de pesquisas que poderiam ser realizadas em pessoas com plena capacidade mental;

— o objetivo da pesquisa é gerar conhecimentos relevantes para as necessidades de saúde peculiares a pessoas com distúrbios mentais ou comportamentais;

— o consentimento de cada indivíduo deverá ser obtido na medida de sua capacidade e a recusa de participação de um indivíduo em pesquisa não-clínica será sempre respeitada;

— no caso de indivíduos incompetentes, o consentimento informado será obtido com o responsável legal ou outra pessoa devidamente autorizada;

— o grau de risco associado às intervenções que não beneficiem o indivíduo pesquisado deve ser baixo e proporcional à importância do conhecimento a ser gerado; e

— as intervenções que possivelmente propiciem benefícios terapêuticos devem ser, no mínimo, tão vantajosas ao indivíduo pesquisado, quanto qualquer outra alternativa.

Diretriz 7: Pesquisa envolvendo prisioneiros

Aos prisioneiros com doenças graves ou em risco de doença grave não devem ser arbitrariamente impedidos de ter acesso a drogas experimentais, vacinas ou outros agentes que demonstrem possível benefício preventivo ou terapêutico.

Diretriz 8: Pesquisa envolvendo indivíduos de comunidades subdesenvolvidas

Antes de iniciar a pesquisa em indivíduos de comunidades subdesenvolvidas, seja em países desenvolvidos ou em desenvolvimento, o pesquisador deve estar seguro que:

— as pessoas da comunidade subdesenvolvida não serão ordinariamente envolvidas na pesquisa que possa ser realizada, de forma adequada, em comunidades desenvolvidas;

— a pesquisa é uma resposta às necessidades de saúde e às prioridades da comunidade na qual será realizada;

— todos os esforços serão tomados no sentido de assegurar o imperativo ético de que o consentimento individual dos sujeitos será informado; e

— os projetos para a pesquisa foram revisados e aprovados por um comitê de ética que tenha entre os seus membros ou consultores pessoas que tenham familiaridade com os costumes e tradições da comunidade.

Diretriz 9: Consentimento informado em estudos epidemiológicos

Para muitos tipos de pesquisas epidemiológicas o consentimento informado individual é impraticável ou desaconselhável. Nestes casos o comitê de ética deve determinar se é eticamente aceitável realizar sem o consentimento informado individual e se os planos do pesquisador para garantir e respeitar a privacidade dos sujeitos da pesquisa e para manter a confidencialidade dos dados adequadamente.

Comentários: Quando o estudo epidemiológico envolve contatos diretos entre o pesquisador e os indivíduos, as exigências gerais para a utilização do consentimento informado são diretamente aplicadas. No caso de grupos populacionais com estruturas sociais, costumes comuns e lideranças reconhecidas, o pesquisador deverá assegurar uma cooperação e obter a concordância da liderança do grupo.

Diretriz 10: Distribuição eqüitativa de riscos e benefícios

Os indivíduos ou comunidades convidados para serem sujeitos de uma pesquisa devem ser selecionados de tal maneira que os riscos e benefícios da pesquisa sejam equitativamente distribuídos. Justificativa especial deve ser dada quando forem convidados indivíduos vulneráveis e, se eles forem selecionados, os meios de proteger os seus direitos e bem-estar devem ser particular e estritamente aplicados.

Diretriz 11: Seleção de gestantes e nutrizes como sujeitos de pesquisa

Gestantes ou nutrizes não devem ser, sob quaisquer circunstâncias, sujeitos de pesquisa não-clínica, a menos que a pesquisa não acarrete risco maior que o mínimo para o feto ou bebê em aleitamento e o objetivo da pesquisa é gerar novos conhecimentos sobre a gestação ou lactação. Como regra geral, gestantes e nutrizes não devem ser sujeitos de quaisquer pesquisas clínicas exceto aquelas planejadas para proteger ou melhorar a saúde da gestante, nutriz, feto ou bebê em aleitamento, e que outras mulheres não-grávidas não possam ser sujeitos adequados a este propósito.

Diretriz 12: Salvaguardas à confidencialidade

O pesquisador deve estabelecer salvaguardas seguras para a confidencialidade dos dados de pesquisa. Os indivíduos participantes devem ser informados dos limites da habilidade do pesquisador em salvaguardar a confidencialidade e das possíveis conseqüências da quebra de confidencialidade.

Comentário: No caso de pesquisas limitadas a registros médicos, o acesso deve ser aprovado por um comitê de ética e deve ser supervisionado por uma pessoa que esteja plenamente informado sobre as exigências de confiabilidade.

Diretriz 13: Direito dos sujeitos à compensação

Os sujeitos da pesquisa que sofrerem danos físicos resultantes de sua participação terão direito a assistência financeira ou outra de maneira a compensá-los, equitativamente, de quaisquer deficiências ou incapacidades temporárias ou permanentes. Em caso de morte, seus dependentes terão direito a compensação material. Ao direito à compensação não caberá renúncia.

Comentário: O patrocinador, seja uma companhia farmacêutica, um governo, ou uma instituição, devem concordar, antes de começar a fazer a pesquisa, a propiciar compensação por qualquer dano físico nos indivíduos que tiverem este direito. Os patrocinadores são aconselhados a providenciar apólices de seguro contra os riscos como forma de proporcionar compensação, independentemente da prova de culpabilidade.

Diretriz 14: Constituição e responsabilidades dos comitês de revisão ética

Todas as propostas para realizar pesquisas envolvendo seres humanos devem ser submetidas à revisão e aprovação de um ou mais comitês independentes de revisão ética e científica. O pesquisador deve obter esta aprovação de sua proposta para realizar a pesquisa antes de iniciar a sua execução.

Diretriz 15: Obrigações dos países patrocinador e anfitrião

A pesquisa patrocinada externamente acarreta duas obrigações éticas:

— Uma agência externa de patrocínio deve submeter o protocolo de pesquisa para revisão ética e científica de acordo com os padrões do país desta mesma agência, e os padrões éticos aplicados devem ser os mesmos a serem aplicados no caso de pesquisa realizada neste país.

— Após a aprovação ética e científica no país da agência patrocinadora, as autoridades competentes do país anfitrião, incluindo o comitê nacional ou local de revisão ética, ou seu equivalente, deve satisfazer suas próprias exigências com relação a pesquisa proposta.

Fonte: CIOMS. International ethical guidelines for biomedical research involving humans subjects. Geneva: WHO, 1993

DECLARAÇÃO UNIVERSAL DO GENOMA HUMANO E DOS DIREITOS DO HOMEM

Comitê Internacional de Bioética (IBC) – UNESCO (Organizações das Nações Unidas para a Educação, Ciência e Cultura) – 29ª Conferência Geral da Unesco – 21.10 a 12.11 de 1997.

A) DIGNIDADE HUMANA E O GENOMA HUMANO

Artigo 1

O genoma humano subjaz à unidade fundamental de todos os membros da família humana e também ao reconhecimento de sua dignidade e diversidade inerentes. Num sentido simbólico, é a herança da humanidade.

Artigo 2

a) todos têm o direito por sua dignidade e seus direitos humanos, independentemente de suas características genéticas.

b) Essa dignidade faz com que seja imperativo não reduzir os indivíduos a suas características genéticas e respeitar sua singularidade e diversidade.

Artigo 3

O genoma humano, que evolui por sua própria natureza, é sujeito a mutações. Ele contém potencialidades que são expressas de maneira diferente segundo o ambiente natural e social de cada indivíduo, incluindo o estado de saúde do indivíduo, suas condições de vida, nutrição e educação.

Artigo 4

O genoma humano em seu estado natural não deve dar lugar a ganhos financeiros.

B) DIREITOS DAS PESSOAS ENVOLVIDAS

Artigo 5

a) Pesquisas, tratamento ou diagnóstico que afetem o genoma de um indivíduo devem ser empreendidas somente após a rigorosa avaliação prévia dos potenciais riscos e benefícios a serem incorridos, e em conformidade com quaisquer outras exigências da legislação nacional.

b) Em todos os casos é obrigatório o consentimento prévio, livre e informado da pessoa envolvida. Se esta não se encontrar em condições de consentir, o consentimento ou a autorização deve ser obtida na maneira prevista pela lei, orientada pelo melhor interesse da pessoa.

c) Será respeitado o direito de cada indivíduo de decidir se será ou não informado dos resultados de seus exames genéticos e das conseqüências resultantes.

d) No caso de pesquisas, os protocolos serão, além disso, submetidos a uma revisão prévia em conformidade com padrões ou diretrizes nacionais e internacionais relevantes relativos a pesquisas.

e) Se, de acordo com a lei, uma pessoa não tiver a capacidade de consentir, as pesquisas relativas ao seu genoma só poderão ser empreendidas com vistas a beneficiar diretamente sua própria saúde, sujeitas à autorização e às condições protetoras descritas pela lei. As pesquisas que não previrem um benefício direto à saúde, somente poderão ser empreendidas a título de excessão, com restrições máximas, expondo a pessoa apenas a riscos e ônus mínimos e se as pesquisas visarem contribuir para o benefício da saúde de outras pessoas que se enquadram na mesma categoria de idade ou que tenham as mesmas condições genéticas, sujeitas às condições previstas em lei, e desde que tais pesquisas sejam compatíveis com a proteção dos direitos humanos do indivíduo.

Artigo 6

Ningúem será sujeito a discriminação baseada em características genéticas que vise infringir ou exerça o efeito de infringir os direitos humanos, as liberdades fundamentais ou a dignidade humana.

Artigo 7

Quaisquer dados genéticos associados a uma pessoa identificável são armazenados ou processados para fins de pesquisa ou para qualquer outra finalidade devem ser mantidas em sigilo, nas condições previstas em lei.

Artigo 8

Todo indivíduo terá o direito, segundo a lei internacional e nacional, à justa reparação por danos sofridos em conseqüência direta e determinante de uma intervenção que tenha afetado seu genoma.

Artigo 9

Com o objetivo de proteger os direitos humanos e as liberdades fundamentais, as limitações aos princípios do consentimento e do sigilo só poderão ser prescritas por lei, por razões de força maior, dentro dos limites da legislação pública internacional e da lei internacional dos direitos humanos.

C) PESQUISAS COM GENOMA HUMANO

Artigo 10

Nenhuma pesquisa ou aplicação de pesquisa relativa ao genoma humano, em especial nos campos da biologia, genética e medicina, deve prevalecer sobre o respeito aos direitos humanos, às liberdades fundamentais e à dignidade humana dos indivíduos ou, quando for o caso, de grupos de pessoas.

Artigo 11

Não serão permitidas práticas contrárias à dignidade humana, tais como a clonagem reprodutiva de seres humanos. Os Estados e as organizações internacionais competentes são convidados a cooperar na identificação de tais práticas e a determinar, nos níveis nacional ou internacional, as medidas apropriadas a serem tomadas para assegurar o respeito pelos princípios expostos nesta Declaração.

Artigo 12

a) Os benefícios decorrentes dos avanços em biologia, genética e medicina, relativos ao genoma humano, deverão ser colocados à disposição de todos, com a devida atenção para a dignidade e os direitos humanos de cada indivíduo.

b) A liberdade de pesquisa, que é necessária para o processo do conhecimento, faz parte da liberdade de pensamento. As aplicações das pesquisas com o genoma humano, incluindo aquelas em biologia, genética e medicina, buscarão aliviar o sofrimento e melhorar a saúde dos indivíduos e da humanidade como um todo.

D) CONDIÇÕES PARA O EXERCÍCIO DA ATIVIDADE CIENTÍFICA

Artigo 13

As responsabilidades inerentes às atividades dos pesquisadores, incluindo o cuidado, a cautela, a honestidade intelectual e a integridade na realização de suas pesquisas e também na apresentação e na utilização de suas descobertas, devem ser objeto de atenção especial no quadro das pesquisas com o genoma humano, devido a suas implicações éticas e sociais.

Os responsáveis pelas políticas científicas, em âmbito público e privado, também incorrem em responsabilidades especiais a esse respeito.

Artigo 14

Os Estados devem tomar medidas apropriadas para fomentar as condições intelectuais e materiais favoráveis à liberdade na realização de pesquisas sobre o genoma humano e para levar em conta as implicações éticas, legais, sociais e econômicas de tais pesquisas, com base nos princípios expostos na Declaração.

Artigo 15

Os Estados devem tomar as medidas necessárias para prover estruturas para o livre exercício das pesquisas com o genoma humano, levando devidamente em conta os princípios expostos nesta Declaração, para salvaguardar o respeito aos direitos humanos, às liberdades fundamentais e à dignidade humana e para proteger a saúde pública.

Eles devem buscar assegurar que os resultados das pesquisas não sejam utilizados para fins não-pacíficos.

Artigo 16

Os Estados devem reconhecer a importância de promover, nos diversos níveis apropriados, a criação de comitês de ética independentes, multidisciplinares e pluralistas, para avaliar as questões éticas, legais e sociais levantadas pelas pesquisas com o genoma humano e as aplicações das mesmas.

E) SOLIDARIEDADE E COOPERAÇÃO INTERNACIONAL

Artigo 17

Os Estados devem respeitar e promover a prática da solidariedade com os indivíduos, as famílias e os grupos populacionais, que são particularmente vulneráveis, ou afetados por doenças ou deficiências de caráter genético. Eles devem fomentar pesquisas *inter alia* sobre a identificação, prevenção e tratamento de doenças de fundo genético e de influência genética, em particular as doenças raras e as endêmicas, que afetam grande parte da população mundial.

Artigo 18

Os Estados devem envidar todos os esforços, levando devidamente em conta os princípios expostos nesta Declaração, para continuar fomentando a disseminação internacional do conhecimento científico relativo ao genoma humano, a diversidade humana e as pesquisas genéticas e, a esse respeito, para fomentar a cooperação científica e cultural, especialmente entre os países industrializados e os países em desenvolvimento.

Artigo 19

a) No quadro da cooperação internacional com os países em desenvolvimento, os Estados devem procurar encorajar:

1. que seja garantida a avaliação dos riscos e benefícios das pesquisas com o genoma humano, e que sejam impedidos os abusos;

2. que seja desenvolvida e fortalecida a capacidade dos países em desenvolvimento de promover pesquisas sobre biologia e genética humana, levando em consideração os problemas específicos desses países;

3. que os países em desenvolvimento possam se beneficiar das conquistas da pesquisa científica e tecnológica, para que sua utilização em favor do progresso econômico e social possa ser feita de modo a beneficiar todos;

4. que seja promovido o livre intercâmbio de conhecimentos e informações científicas nas áreas de biologia, genética e medicina.

b) As organizações internacionais relevantes devem apoiar e promover as medidas tomadas pelos Estados para as finalidades acima mencionadas.

F) PROMOÇÃO DOS PRINCÍPIOS EXPOSTOS NA DECLARAÇÃO

Artigo 20

Os Estados devem tomar medidas apropriadas para promover os princípios expostos nesta Declaração, por meios educativos e relevantes, inclusive, *inter alia*, por meio da realização de pesquisas e treinamento em campos interdisciplinares e da promoção da educação em bioética, em todos os níveis, dirigida em especial aos responsáveis pelas políticas científicas.

Artigo 21

Os Estados devem tomar medidas apropriadas para encorajar outras formas de pesquisa, treinamento e disseminação de informações, meios estes que conduzam à conscientização da sociedade e de todos seus membros quanto às suas responsabilidades com relação às questões fundamentais relacionadas à defesa da dignidade humana que possam ser levantadas pelas pesquisas em biologia, genética e medicina e às aplicações dessas pesquisas. Também devem se propor a facilitar a discussão internacional aberta desse tema, assegurando a livre expressão das diversas opiniões socio-culturais, religiosas e filosóficas.

G) IMPLEMENTAÇÃO DA DECLARAÇÃO

Artigo 22

Os Estados devem envidar todos os esforços para promover os princípios expostos nesta Declaração e devem promover sua implementação por meio de todas as medidas apropriadas.

Artigo 23

Os Estados devem tomar as medidas apropriadas para promover, por meio da educação, da formação e da disseminação da informação, o respeito pelos princípios acima mencionados e para fomentar seu reconhecimento e sua aplicação efetiva. Os Estados também devem incentivar os intercâmbios e as redes entre comitês éticos independentes, à medida que forem criados, com vistas a fomentar um cooperação integral entre eles.

Artigo 24

O Comite Internacional de Bioética da Unesco deve contribuir para a disseminação dos princípios expostos nesta Declaração e para fomentar o estudo detalhado das questões levantadas por suas aplicações e pela evolução das tecnologias em questão. Deve organizar consultas apropriadas com as partes envolvidas, tais como os grupos vulneráveis. Deve fazer recomendações, de acordo com os procedimentos estatutários da Unesco, dirigidas à Conferência Geral, e emitir conselhos relativos à implementação desta Declaração, relativos especialmente à identificação de práticas que possam ser contrárias à dignidade humana, tais como intervenções germinativas.

Artigo 25

Nada do que está contido nesta Declaração pode ser interpretado como uma possível justificativa para que qualquer Estado, grupo ou pessoa se engaje em qualquer atividade ou realize qualquer ato contrário aos direitos humanos e às liberdades fundamentais, incluindo *inter alia*, os princípios expostos nesta Declaração.

DECLARAÇÃO IBERO-LATINO-AMERICANA SOBRE ÉTICA E GENÉTICA

Declaração de Manzanillo de 1996 – Revisada em Buenos Aires em 1998

Considerando que os constantes avanços que estão acontecendo em relação ao conhecimento do genoma humano e os benefícios que poderão ser obtidos com suas aplicações e derivações, convidam a manter um diálogo aberto e permanente sobre suas conseqüências para o ser humano;

Destacando a importância que para esse diálogo comportam a Declaração Universal da UNESCO sobre o Genoma Humano e os Direitos Humanos de 1997, assim como o Convênio do Conselho da Europa para a Proteção dos Direitos Humanos e a Dignidade do Ser Humano em relação às Aplicações da Biologia e a Medicina: Convênio sobre Direitos Humanos e Biomedicina;

Admitindo que é irrenunciável a participação dos povos Ibero-Latino-Americanos no debate internacional sobre o genoma humano, para que possam apresentar suas próprias perspectivas, problemas e necessidades,

Os participantes nos Encontros sobre Bioética e Genética de Manzanillo (1996) e de Buenos Aires (1998), procedentes de diversos países de Ibero-América e da Espanha, e de diferentes disciplinas relacionadas com a Bioética,

DECLARAMOS

Primeiro:

Nossa adesão aos valores e princípios proclamados tanto na Declaração Universal sobre o Genoma Humano e os Direitos Humanos da Unesco como no Convênio sobre Direitos Humanos e Biomedicina do Conselho da Europa, enquanto constituem um importante primeiro passo para a proteção do ser humano em relação aos efeitos não-desejáveis dos desenvolvimentos científicos e tecnológicos no âmbito da genética, através de instrumentos jurídicos internacionais.

Segundo:

A reflexão sobre as diversas implicâncias do desenvolvimento científico e tecnológico no campo da genética humana deve ser feita levando em consideração:

a) o respeito à dignidade, à identidade e à integridade humanas e aos direitos humanos reafirmados nos documentos jurídicos internacionais;

b) que o genoma humano constitui parte do patrimônio comum da humanidade como uma realidade e não como uma expressão meramente simbólica;

c) o respeito á cultura, às tradições e aos valores próprios dos povos.

Terceiro:

Que, dadas as diferenças sociais e econômicas no desenvolvimento dos povos, nossa região participa num grau menor dos benefícios derivados do referido desenvolvimento científico e tecnológico, o que torna necessário:

a) uma maior solidariedade entre os povos, em particular por parte daqueles países com maior grau de desenvolvimento;

b) estabelecimento e a realização por parte dos governos de nossos países, de uma política planificada de pesquisa na genética humana;

c) a realização de esforços para estender de maneira geral à população, sem nenhum tipo de discriminação, o acesso as aplicações dos conhecimentos genéticos no campo da saúde;

d) respeitar a especificidade e diversidade genética dos povos, assim como sua autonomia e dignidade como tais;

e) o desenvolvimento de programas de informação e educação extensivos a toda a sociedade, nos quais se saliente a especial responsabilidade que concerne nessa matéria aos meios de comunicação e aos profissionais da educação.

Quarto:

Os princípios éticos que devem guiar as ações da genética médica são:

a) a prevenção, o tratamento e a reabilitação das enfermidades genéticas como parte do direito à saúde, para que possam contribuir a aliviar o sofrimento que elas ocasionam nos indivíduos afetados e em seus familiares;

b) a igualdade no acesso aos serviços de acordo com as necessidades do paciente independentemente de sua capacidade econômica;

c) a liberdade no acesso aos serviços, a ausência de coação em sua utilização e o consentimento informado baseado no assessoramento genético não-diretivo;

d) as provas genéticas e as ações que derivem delas têm como objetivo o bem-estar e a saúde da pessoa, sem que possam ser utilizadas para imposição de políticas populacionais, demográficas ou sanitárias, nem para a satisfação de requerimentos de terceiros;

e) o respeito à autonomia de decisão dos indivíduos para realizar as ações que seguem aos resultados das provas genéticas, de acordo com as prescrições normativas de cada país;

f) a informação genética individual é privativa da pessoa de quem provém e não pode ser revelada a terceiros sem seu expresso consentimento.

Quinto:

Que algumas aplicações da genética humana operam já como uma realidade cotidiana em nossos países sem uma adequada e completa regulamentação jurídica, deixando em situação de indefesa e vulnerabilidade tanto o paciente em relação a seus direitos, como o profissional da saúde em relação à sua responsabilidade. Isso torna necessário que, mediante processos democráticos e pluralistas, se promova uma legislação que regulamente ao menos os seguintes aspectos:

a) a manipulação, o armazenamento e a difusão da informação genética individual, de tal forma que garanta o respeito à privacidade e intimidade de cada pessoa;

b) a atuação do geneticista como conselheiro ou assessor do paciente e de seus familiares, e sua obrigação de guardar a confidencialidade da informação genética obtida;

c) a manipulação, o armazenamento e a disposição dos bancos de amostras biológicas (células, ADN, etc.), que deverão ser regulamentados garantindo que a informação individualizada não se divulgue sem assegurar o direito à privacidade do indivíduo, e nem seja usada para fins diferentes daqueles que motivaram a sua coleta;

d) o consentimento livre e informado para a realização das provas genéticas e intervenções sobre o genoma humano deve ser garantido através de instâncias adequadas, em especial quando se trata de menores, incapazes e grupos que requeiram uma tutela especial.

Sexto:

Além dos profundos questionamentos éticos que gera o patenteamento do material genético humano, cabe reiterar particularmente:

a) a necessidade de proibir a comercialização do corpo humano, de suas partes e de seus produtos;

b) a necessidade de limitar nesta matéria o objeto das patentes nos limites estritos da contribuição científica realizada, evitando extensões injustificadas que obstaculizem futuras pesquisas, e excluindo-se a possibilidade do patenteamento do material genético;

c) a necessidade de facilitar a pesquisa neste campo mediante o intercâmbio livre e irrestrito da informação científica, em especial o fluxo de informação dos países desenvolvidos aos países em desenvolvimento.

Em consonância com as considerações precedentes,

RESOLVEMOS:

1. Estabelecer uma Rede Ibero-Americana sobre Bioética, Direito e Genética, que sirva para manter o contacto e o intercâmbio de informação entre os especialistas da região, assim como para fomentar o estudo, o desenvolvimento de projetos de pesquisa e a difusão da informação sobre os aspectos sociais, éticos e jurídicos relacionados com a genética humana.

2. Remeter aos governos de nossos países a presente Declaração, incitando-os a que adotem as medidas necessárias, em especial legislativas, para desenvolver e aplicar os princípios contidos nesta Declaração e na Declaração Universal sobre o Genoma Humano e os Direitos Humanos.

Em Buenos Aires, República Argentina, dia 7 de novembro de 1998.

ROL DE NORMAS (Portarias, Instruções Normativas, Resoluções, Deliberações, etc.)

Ainda em vigor na data de publicação desta obra – Em razão da revogação da Lei nº 8.974, de 5.1.1995 pela Lei nº 11.105, de 24.3.2005, todas deverão ser revistas no prazo de 120 dias a contar de 28.3.2005, conforme dispõe o art. 31 da Lei nº 11.105/2005.

Instrução Normativa CTNBio nº 1, de 5.9.1996 – Normas para emissão do Certificado de Qualidade em Biossegurança.

Instrução Normativa CTNBio nº 2, de 10.9.1996 – Normas provisórias para Importação de Vegetais Geneticamente Modificados Destinados à Pesquisa.

Instrução Normativa CTNBio nº 3, de 12.11.1996 – Normas para liberação planejada no meio ambiente de Organismos Geneticamente Modificados.

Instrução Normativa CTNBio nº 4, de 19.12.1996 – Normas para o transporte de Organismos Geneticamente Modificados.

Instrução Normativa CTNBio nº 5, de 8.1.1997 – Dispõe sobre as solicitações para importação de vegetais geneticamente modificados destinados à pesquisa, submetidas à apreciação da CTNBio.

Instrução Normativa CTNBio nº 6, de 28.2.1997 – Dispõe sobre as normas de classificação dos experimentos com vegetais geneticamente modificados quanto aos níveis de risco e de contenção.

Instrução Normativa CTNBio nº 7, de 6.6.1997 – Dispõe sobre as normas para o trabalho em contenção com organismos geneticamente modificados – OGMs.

Instrução Normativa CTNBio nº 8, de 9.7.1997 – Dispõe sobre a manipulação genética e sobre a clonagem de seres humanos.

Instrução Normativa CTNBio nº 9, de 10.10.1997 – Dispõe sobre as normas para intervenção genética em seres humanos.

Instrução Normativa CTNBio nº 10, de 19.2.1998 – Dispõe sobre as normas simplificadas para liberação planejada no meio ambiente de vegetais geneticamente modificados que já tenha sido anteriormente aprovada pela CTNBio.

Instrução Normativa CTNBio nº 11, de 26.3.1998 – Dispõe sobre as normas para importação de microorganismos geneticamente modificados para uso em trabalho em contenção.

Instrução Normativa CTNBio nº 12, de 27.5.1998 – Dispõe sobre as normas para trabalho em contenção com animais geneticamente modificados.

Instrução Normativa CTNBio nº 13, de 1º.6.1998 – Dispõe sobre as normas para importação de animais geneticamente modificados (AnGMs) para uso em trabalho em regime de contenção.

Instrução Normativa CTNBio nº 14, de 25.6.1998 – Dispõe a solicitação de Certificado de Qualidade em Biossegurança – CQB, regulado pela Instrução Normativa CTNBio n° 1, de 6.9.1996.

Instrução Normativa CTNBio nº 15, de 8.7.1998 – Dispõe sobre as normas para o trabalho em regime de contenção com animais não geneticamente modificados onde organismos geneticamente modificados – OGMs são manipulados.

Instrução Normativa CTNBio nº 16, de 30.10.1998 – Dispõe sobre as normas para a elaboração e a apresentação dos mapas e croquis solicitados para liberação planejada no meio ambiente de organismos geneticamente modificados – OGM.

Instrução Normativa CTNBio nº 17, de 17.11.1998 – Dispõe sobre as normas que regulamentam as atividades de importação, comercialização, transporte, armazenamento, manipulação, consumo, liberação e descarte de produtos derivados de OGM.

Instrução Normativa CTNBio nº 18, de 15.12.1998 – Dispõe sobre a liberação planejada no meio ambiente e comercial da soja Roundup Ready.

Instrução Normativa CTNBio nº 19, de 19.04.2000 – Dispõe sobre os procedimentos para a realização de audiências públicas pela Comissão Técnica Nacional de Biossegurança.

Instrução Normativa CTNBio nº 20, de 11.12.2001 – Dispõe sobre as normas para avaliação da segurança alimentar de plantas geneticamente modificadas ou de suas partes e dá outras providências.

Resolução CNS nº 196, de 10.10.1996 – Aprova as diretrizes e normas regulamentadoras de pesquisas envolvendo seres humanos.

Resolução CTNBio nº 1, de 30.10.1996 – Aprova o Regimento Interno da Comissão Técnica Nacional de Biossegurança – CTNBio.

Resolução CNS nº 251, de 7.8.1997 – Aprova normas de pesquisa envolvendo seres humanos para a área temática de pesquisa com novos fármacos, medicamentos, vacinas e testes diagnósticos.

Resolução CNS nº 292, de 8.7.1999 – Norma complementar à Resolução CNS nº 196/1996, referente à área específica sobre pesquisas em seres humanos, coordenadas do exterior ou com participação estrangeira e pesquisas que envolvam remessa de material biológico para o exterior.

Portaria MCT nº 707, de 4.11.2002 – Cria Grupo Executivo de trabalho, vinculado à Comissão Técnica Nacional de Biossegurança – CTNBio para, no prazo de seis meses, elaborar proposta para o Código de Ética das Manipulações Genéticas.

Portaria MMA nº 410, de 20.8.2002 – Designa os membros do Conselho de Gestão do Patrimônio Genético. – (Revoga a Portaria nº 235, de 15.5.2002 e 303, de 19.6.2002)

Portaria MMA nº 316, de 25.6.2002 – Aprova o Regimento Interno do Conselho de Gestão do Patrimônio Genético – CGEN/MMA. – Com as alterações estabelecidas pelas Portarias MMA nºs 267, de 23.6.2003 e 211, de 16.8.2004.

Resolução CGEN/MMA nº 17, de 30.9.2004 – Dispõe sobre os procedimentos para a bioprospecção e o desenvolvimento tecnológico de produtos ou processos resultantes de acesso anteriormente autorizado.

Resolução CGEN/MMA nº 16, de 30.9.2004 – Estabelece procedimentos para a remessa, temporária ou definitiva, de amostra de componente do patrimônio genético microbiano existente em condição *in situ*, no território nacional, na plataforma continental ou na zona econômica exclusiva, mantida em condição *ex situ*, que apresente capacidade de multiplicação, regeneração ou reprodução natural para desenvolvimento de pesquisa científica sem potencial de uso econômico.

Resolução CGEN/MMA nº 15, de 27.5.2004 – Estabelece procedimentos para o transporte de amostra de componente do patrimônio genético existente em condição *in situ*, no território nacional, plataforma continental e zona econômica exclusiva, mantida em condição *ex situ*, exclusivamente para desenvolvimento de pesquisa científica sem potencial de uso econômico, que não requeira depósito definitivo na instituição onde será realizada a pesquisa.

Orientação Técnica CGEN/MMA nº 4, de 27.5.2004 – Esclarece o significado da expressão "desenvolvimento tecnológico".

Resolução CGEN/MMA nº 13, de 25.3.2004 – Estabelece procedimentos para a remessa, temporária ou definitiva, de amostra de componente do patrimônio genético existente em condição *in situ*, no território nacional, plataforma continental e zona econômica exclusiva, mantida em condição *ex situ*, que não apresente capacidade de multiplicação, regeneração ou reprodução para desenvolvimento de pesquisa científica sem potencial de uso econômico, e dá outras providências.

Orientação Técnica CGEN nº 1, de 24.9.2003 – Esclarece os conceitos de acesso e de remessa de amostras de componentes do patrimônio genético.

Resolução CGEN/MMA nº 8, de 24.9.2003 – Caracteriza como caso de relevante interesse público o acesso a componente do patrimônio genético existente em área privada para pesquisa científica que contribua para o avanço do conhecimento e não apresente potencial de uso econômico previamente identificado.

Deliberação CGEN/MMA nº 20, de 19.3.2003 – Institui a Câmara Temática de Legislação sobre Acesso ao Patrimônio Genético, Proteção do Conhecimento Tradicional Associado e Repartição de Benefícios com competência para elaborar, de acordo as atribuições previstas no Regimento Interno do Conselho de Gestão do Patrimônio Genético-CGEN, proposta de revisão da legislação sobre acesso ao patrimônio genético, proteção do conhecimento tradicional associado e repartição de benefícios, entre outras atribuições que lhe vierem a ser delegadas pelo Plenário do Conselho.

Resolução CGEN/MMA nº 7, de 30.10.2002 – Aprova o Formulário para solicitação de autorização de acesso e de remessa de amostra de componente do patrimônio genético.

Resolução CGEN/MMA nº 2, de 30.10.2002 – Estabelece procedimentos para a remessa de amostra viva de componente do patrimônio genético de plantas, liquens, fungos e algas macroscópicos que apresentem capacidade de multiplicação, regeneração ou reprodução, coletada em condições *in situ* no território nacional na plataforma continental e na zona econômica exclusiva e mantida em condições *ex situ*, para desenvolvimento de pesquisa, sem fins comerciais.

Deliberação CGEN/MMA nº 4, de 25.7.2002 – Aprova os procedimentos para o trâmite de solicitações para acesso e remessa de amostra de componente do patrimônio genético que não envolvam o acesso ao conhecimento tradicional associado.

Deliberação CGEN/MMA nº 3, de 25.7.2002 – Ratifica a instituição das Câmaras Temáticas de Conhecimento Tradicional Associado, de Repartição de Benefícios, de Procedimentos e de Coleções Científicas, bem como os respectivos Termos de Referência, aprovados pelo Plenário em sua reunião ordinária de 28 de maio de 2002.

Deliberação CGEN/MMA nº 1, de 8.7.2002 – Aprova os procedimentos para o trâmite de solicitações para o credenciamento de instituições públicas como fiéis depositárias de amostras de componentes do patrimônio genético.

GRÁFICA PAYM
Tel. (011) 4392-3344
paym@terra.com.br

REGULAMENTO DA LEI DE BIOSSEGURANÇA

DECRETO Nº 5.591, DE 22 DE NOVEMBRO DE 2005

Regulamenta dispositivos da Lei nº 11.105, de 24 de março de 2005, que regulamenta os incisos II, IV e V do § 1º do art. 225 da Constituição, e dá outras providências.

ENCARTE ESPECIAL

NÃO PODE SER VENDIDO SEPARADAMENTE DO LIVRO

DECRETO Nº 5.591, DE 22 DE NOVEMBRO DE 2005

Regulamenta dispositivos da Lei nº 11.105, de 24 de março de 2005, que regulamenta os incisos II, IV e V do § 1º do art. 225 da Constituição, e dá outras providências.

O Presidente da República, no uso das atribuições que lhe confere o art. 84, incisos IV e VI, alínea "a", da Constituição, e tendo em vista o disposto na Lei nº 11.105, de 24 de março de 2005,

Decreta:

CAPÍTULO I – DAS DISPOSIÇÕES PRELIMINARES E GERAIS

Art. 1º. Este Decreto regulamenta dispositivos da Lei nº 11.105, de 24 de março de 2005, que estabelece normas de segurança e mecanismos de fiscalização sobre a construção, o cultivo, a produção, a manipulação, o transporte, a transferência, a importação, a exportação, o armazenamento, a pesquisa, a comercialização, o consumo, a liberação no meio ambiente e o descarte de organismos geneticamente modificados – OGM e seus derivados, tendo como diretrizes o estímulo ao avanço científico na área de biossegurança e biotecnologia, a proteção à vida e à saúde humana, animal e vegetal, e a observância do princípio da precaução para a proteção do meio ambiente, bem como normas para o uso mediante autorização de células-tronco embrionárias obtidas de embriões humanos produzidos por fertilização *in vitro* e não utilizados no respectivo procedimento, para fins de pesquisa e terapia.

Art. 2º. As atividades e projetos que envolvam OGM e seus derivados, relacionados ao ensino com manipulação de organismos vivos, à pesquisa científica, ao desenvolvimento tecnológico e à produção industrial ficam restritos ao âmbito de entidades de direito público ou privado, que serão responsáveis pela obediência aos preceitos da Lei nº 11.105, de 2005, deste Decreto e de normas complementares, bem como pelas eventuais conseqüências ou efeitos advindos de seu descumprimento.

§ 1º. Para os fins deste Decreto, consideram-se atividades e projetos no âmbito de entidade os conduzidos em instalações próprias ou sob a responsabilidade administrativa, técnica ou científica da entidade.

§ 2º. As atividades e projetos de que trata este artigo são vedados a pessoas físicas em atuação autônoma e independente, ainda que mantenham vínculo empregatício ou qualquer outro com pessoas jurídicas.

§ 3º. Os interessados em realizar atividade prevista neste Decreto deverão requerer autorização à Comissão Técnica Nacional de Biossegurança – CTNBio, que se manifestará no prazo fixado em norma própria.

Art. 3º. Para os efeitos deste Decreto, considera-se:

I – atividade de pesquisa: a realizada em laboratório, regime de contenção ou campo, como parte do processo de obtenção de OGM e seus derivados ou de avaliação da biossegurança de OGM e seus derivados, o que engloba, no âmbito experimental, a construção, o cultivo, a manipulação, o transporte, a transferência, a importação, a exportação, o armazenamento, a liberação no meio ambiente e o descarte de OGM e seus derivados;

II – atividade de uso comercial de OGM e seus derivados: a que não se enquadra como atividade de pesquisa, e que trata do cultivo, da produção, da manipulação, do transporte, da transferência, da comercialização, da importação, da exportação, do armazenamento, do consumo, da liberação e do descarte de OGM e seus derivados para fins comerciais;

III – organismo: toda entidade biológica capaz de reproduzir ou transferir material genético, inclusive vírus e outras classes que venham a ser conhecidas;

IV – ácido desoxirribonucléico – ADN, ácido ribonucléico – ARN: material genético que contém informações determinantes dos caracteres hereditários transmissíveis à descendência;

V – moléculas de ADN/ARN recombinante: as moléculas manipuladas fora das células vivas mediante a modificação de segmentos de ADN/ARN natural ou sintético e que possam multiplicar-se em uma célula viva, ou ainda as moléculas de ADN/ARN resultantes dessa multiplicação; consideram-se também os segmentos de ADN/ARN sintéticos equivalentes aos de ADN/ARN natural;

VI – engenharia genética: atividade de produção e manipulação de moléculas de ADN/ARN recombinante;

VII – organismo geneticamente modificado – OGM: organismo cujo material genético – ADN/ARN tenha sido modificado por qualquer técnica de engenharia genética;

VIII – derivado de OGM: produto obtido de OGM e que não possua capacidade autônoma de replicação ou que não contenha forma viável de OGM;

IX – célula germinal humana: célula-mãe responsável pela formação de gametas presentes nas glândulas sexuais femininas e masculinas e suas descendentes diretas em qualquer grau de ploidia;

X – fertilização *in vitro*: a fusão dos gametas realizada por qualquer técnica de fecundação extracorpórea;

XI – clonagem: processo de reprodução assexuada, produzida artificialmente, baseada em um único patrimônio genético, com ou sem utilização de técnicas de engenharia genética;

XII – células-tronco embrionárias: células de embrião que apresentam a capacidade de se transformar em células de qualquer tecido de um organismo;

XIII – embriões inviáveis: aqueles com alterações genéticas comprovadas por diagnóstico pré implantacional, conforme normas específicas estabelecidas pelo Ministério da Saúde, que tiveram seu desenvolvimento interrompido por ausência espontânea de clivagem após período superior a vinte e quatro horas a partir da fertilização *in vitro*, ou com alterações morfológicas que comprometam o pleno desenvolvimento do embrião;

XIV – embriões congelados disponíveis: aqueles congelados até o dia 28 de março de 2005, depois de completados três anos contados a partir da data do seu congelamento;

XV – genitores: usuários finais da fertilização *in vitro*;

XVI – órgãos e entidades de registro e fiscalização: aqueles referidos no *caput* do art. 53;

XVII – tecnologias genéticas de restrição do uso: qualquer processo de intervenção humana para geração ou multiplicação de plantas geneticamente modificadas para produzir estruturas reprodutivas estéreis, bem como qualquer forma de manipulação genética que vise à ativação ou desativação de genes relacionados à fertilidade das plantas por indutores químicos externos.

§ 1º. Não se inclui na categoria de OGM o resultante de técnicas que impliquem a introdução direta, num organismo, de material hereditário, desde que não envolvam a utilização de moléculas de ADN/ARN recombinante ou OGM, inclusive fecundação *in vitro*, conjugação, transdução, transformação, indução poliplóide e qualquer outro processo natural.

§ 2º. Não se inclui na categoria de derivado de OGM a substância pura, quimicamente definida, obtida por meio de processos biológicos e que não contenha OGM, proteína heteróloga ou ADN recombinante.

CAPÍTULO II – DA COMISSÃO TÉCNICA NACIONAL DE BIOSSEGURANÇA

Art. 4º. A CTNBio, integrante do Ministério da Ciência e Tecnologia, é instância colegiada multidisciplinar de caráter consultivo e deliberativo, para prestar apoio técnico e de assessoramento ao Governo Federal na formulação, atualização e implementação da Política Nacional de Biossegurança – PNB de OGM e seus derivados, bem como no estabelecimento de normas técnicas de segurança e de pareceres técnicos referentes à autorização para atividades que envolvam pesquisa e uso comercial de OGM e seus derivados, com base na avaliação de seu risco zoofitossanitário, à saúde humana e ao meio ambiente.

Parágrafo único. A CTNBio deverá acompanhar o desenvolvimento e o progresso técnico e científico nas áreas de biossegurança, biotecnologia, bioética e afins, com o objetivo de aumentar sua capacitação para a proteção da saúde humana, dos animais e das plantas e do meio ambiente.

Seção I – Das Atribuições

Art. 5º. Compete à CTNBio:

I – estabelecer normas para as pesquisas com OGM e seus derivados;

II – estabelecer normas relativamente às atividades e aos projetos relacionados a OGM e seus derivados;

III – estabelecer, no âmbito de suas competências, critérios de avaliação e monitoramento de risco de OGM e seus derivados;

IV – proceder à análise da avaliação de risco, caso a caso, relativamente a atividades e projetos que envolvam OGM e seus derivados;

V – estabelecer os mecanismos de funcionamento das Comissões Internas de Biossegurança – CIBio, no âmbito de cada instituição que se dedique ao ensino, à pesquisa científica, ao desenvolvimento tecnológico e à produção industrial que envolvam OGM e seus derivados;

VI – estabelecer requisitos relativos a biossegurança para autorização de funcionamento de laboratório, instituição ou empresa que desenvolverá atividades relacionadas a OGM e seus derivados;

VII – relacionar-se com instituições voltadas para a biossegurança de OGM e seus derivados, em âmbito nacional e internacional;

VIII – autorizar, cadastrar e acompanhar as atividades de pesquisa com OGM e seus derivados, nos termos da legislação em vigor;

IX – autorizar a importação de OGM e seus derivados para atividade de pesquisa;

X – prestar apoio técnico consultivo e de assessoramento ao Conselho Nacional de Biossegurança – CNBS na formulação da Política Nacional de Biossegurança de OGM e seus derivados;

XI – emitir Certificado de Qualidade em Biossegurança – CQB para o desenvolvimento de atividades com OGM e seus derivados em laboratório, instituição ou empresa e enviar cópia do processo aos órgãos de registro e fiscalização;

XII – emitir decisão técnica, caso a caso, sobre a biossegurança de OGM e seus derivados, no âmbito das atividades de pesquisa e de uso comercial de OGM e seus derivados, inclusive a classificação quanto ao grau de risco e nível de biossegurança exigido, bem como medidas de segurança exigidas e restrições ao uso;

XIII – definir o nível de biossegurança a ser aplicado ao OGM e seus usos, e os respectivos procedimentos e medidas de segurança quanto ao seu uso, conforme as normas estabelecidas neste Decreto, bem como quanto aos seus derivados;

XIV – classificar os OGM segundo a classe de risco, observados os critérios estabelecidos neste Decreto;

XV – acompanhar o desenvolvimento e o progresso técnico-científico na biossegurança de OGM e seus derivados;

XVI – emitir resoluções, de natureza normativa, sobre as matérias de sua competência;

XVII – apoiar tecnicamente os órgãos competentes no processo de prevenção e investigação de acidentes e de enfermidades, verificados no curso dos projetos e das atividades com técnicas de ADN/ARN recombinante;

XVIII – apoiar tecnicamente os órgãos e entidades de registro e fiscalização, no exercício de suas atividades relacionadas a OGM e seus derivados;

XIX – divulgar no Diário Oficial da União, previamente à análise, os extratos dos pleitos e, posteriormente, dos pareceres dos processos que lhe forem submetidos, bem como dar ampla publicidade no Sistema de Informações em Biossegurança – SIB a sua agenda, processos em trâmite, relatórios anuais, atas das reuniões e demais informações sobre suas atividades, excluídas as informações sigilosas, de interesse comercial, apontadas pelo proponente e assim por ela consideradas;

XX – identificar atividades e produtos decorrentes do uso de OGM e seus derivados potencialmente causadores de degradação do meio ambiente ou que possam causar riscos à saúde humana;

XXI – reavaliar suas decisões técnicas por solicitação de seus membros ou por recurso dos órgãos e entidades de registro e fiscalização, fundamentado em fatos ou conhecimentos científicos novos, que sejam relevantes quanto à biossegurança de OGM e seus derivados;

XXII – propor a realização de pesquisas e estudos científicos no campo da biossegurança de OGM e seus derivados;

XXIII – apresentar proposta de seu regimento interno ao Ministro de Estado da Ciência e Tecnologia.

Parágrafo único. A reavaliação de que trata o inciso XXI deste artigo será solicitada ao Presidente da CTNBio em petição que conterá o nome e qualificação do solicitante, o fundamento instruído com descrição dos fatos ou relato dos conhecimentos científicos novos que a ensejem e o pedido de nova decisão a respeito da biossegurança de OGM e seus derivados a que se refiram.

Seção II – Da Composição

Art. 6º. A CTNBio, composta de membros titulares e suplentes, designados pelo Ministro de Estado da Ciência e Tecnologia, será constituída por vinte e sete cidadãos brasileiros de reconhecida competência técnica, de notória atuação e saber científicos, com grau acadêmico de doutor e com destacada atividade profissional nas áreas de biossegurança, biotecnologia, biologia, saúde humana e animal ou meio ambiente, sendo:

I – doze especialistas de notório saber científico e técnico, em efetivo exercício profissional, sendo:

a) três da área de saúde humana;

b) três da área animal;

c) três da área vegetal;

d) três da área de meio ambiente;

II – um representante de cada um dos seguintes órgãos, indicados pelos respectivos titulares:

a) Ministério da Ciência e Tecnologia;

b) Ministério da Agricultura, Pecuária e Abastecimento;

c) Ministério da Saúde;

d) Ministério do Meio Ambiente;

e) Ministério do Desenvolvimento Agrário;

f) Ministério do Desenvolvimento, Indústria e Comércio Exterior;

g) Ministério da Defesa;

h) Ministério das Relações Exteriores;

i) Secretaria Especial de Aqüicultura e Pesca da Presidência da República;

III – um especialista em defesa do consumidor, indicado pelo Ministro de Estado da Justiça;

IV – um especialista na área de saúde, indicado pelo Ministro de Estado da Saúde;

V – um especialista em meio ambiente, indicado pelo Ministro de Estado do Meio Ambiente;

VI – um especialista em biotecnologia, indicado pelo Ministro de Estado da Agricultura, Pecuária e Abastecimento;

VII – um especialista em agricultura familiar, indicado pelo Ministro de Estado do Desenvolvimento Agrário;

VIII – um especialista em saúde do trabalhador, indicado pelo Ministro de Estado do Trabalho e Emprego.

Parágrafo único. Cada membro efetivo terá um suplente, que participará dos trabalhos na ausência do titular.

Art. 7º. Os especialistas de que trata o inciso I do art. 6º serão escolhidos a partir de lista tríplice de titulares e suplentes.

Parágrafo único. O Ministro de Estado da Ciência e Tecnologia constituirá comissão *ad hoc*, integrada por membros externos à CTNBio, representantes de sociedades científicas, da Sociedade Brasileira para o Progresso da Ciência – SBPC e da Academia Brasileira de Ciências – ABC, encarregada de elaborar a lista tríplice de que trata o *caput* deste artigo, no prazo de até trinta dias de sua constituição.

Art. 8º. Os representantes de que trata o inciso II do art. 6º, e seus suplentes, serão indicados pelos titulares dos respectivos órgãos no prazo de trinta dias da data do aviso do Ministro de Estado da Ciência e Tecnologia.

Art. 9º. A indicação dos especialistas de que tratam os incisos III a VIII do art. 6º será feita pelos respectivos Ministros de Estado, a partir de lista tríplice elaborada por organizações da sociedade civil providas de personalidade jurídica, cujo objetivo social seja compatível com a especialização prevista naqueles incisos, em procedimento a ser definido pelos respectivos Ministérios.

Art. 10. As consultas às organizações da sociedade civil, para os fins de que trata o art. 9º, deverão ser realizadas sessenta dias antes do término do mandato do membro a ser substituído.

Art. 11. A designação de qualquer membro da CTNBio em razão de vacância obedecerá aos mesmos procedimentos a que a designação ordinária esteja submetida.

Art. 12. Os membros da CTNBio terão mandato de dois anos, renovável por até mais dois períodos consecutivos.

Parágrafo único. A contagem do período do mandato de membro suplente é contínua, ainda que assuma o mandato de titular.

Art. 13. As despesas com transporte, alimentação e hospedagem dos membros da CTNBio serão de responsabilidade do Ministério da Ciência e Tecnologia.

Parágrafo único. As funções e atividades desenvolvidas pelos membros da CTNBio serão consideradas de alta relevância e honoríficas.

Art. 14. Os membros da CTNBio devem pautar a sua atuação pela observância estrita dos conceitos ético-profissionais, sendo vedado participar do julgamento de questões com as quais tenham algum envolvimento de ordem profissional ou pessoal, sob pena de perda de mandato.

§ 1º. O membro da CTNBio, ao ser empossado, assinará declaração de conduta, explicitando eventual conflito de interesse, na forma do regimento interno.

§ 2º. O membro da CTNBio deverá manifestar seu eventual impedimento nos processos a ele distribuídos para análise, quando do seu recebimento, ou, quando não for o relator, no momento das deliberações nas reuniões das subcomissões ou do plenário.

§ 3º. Poderá argüir o impedimento o membro da CTNBio ou aquele legitimado como interessado, nos termos do art. 9º da Lei nº 9.784, de 29 de janeiro de 1999.

§ 4º. A argüição de impedimento será formalizada em petição fundamentada e devidamente instruída, e será decidida pelo plenário da CTNBio.

§ 5º. É nula a decisão técnica em que o voto de membro declarado impedido tenha sido decisivo para o resultado do julgamento.

§ 6º. O plenário da CTNBio, ao deliberar pelo impedimento, proferirá nova decisão técnica, na qual regulará expressamente o objeto da decisão viciada e os efeitos dela decorrentes, desde a sua publicação.

Art. 15. O Presidente da CTNBio e seu substituto serão designados, entre os seus membros, pelo Ministro de Estado da Ciência e Tecnologia, a partir de lista tríplice votada pelo plenário.

§ 1º. O mandado do Presidente da CTNBio será de dois anos, renovável por igual período.

§ 2º. Cabe ao Presidente da CTNBio, entre outras atribuições a serem definidas no regimento interno:

I – representar a CTNBio;

II – presidir a reunião plenária da CTNBio;

III – delegar suas atribuições;

IV – determinar a prestação de informações e franquear acesso a documentos, solicitados pelos órgãos de registro e fiscalização.

Seção III – Da Estrutura Administrativa

Art. 16. A CTNBio contará com uma Secretaria-Executiva, cabendo ao Ministério da Ciência e Tecnologia prestar-lhe o apoio técnico e administrativo.

Parágrafo único. Cabe à Secretaria-Executiva da CTNBio, entre outras atribuições a serem definidas no regimento interno:

I – prestar apoio técnico e administrativo aos membros da CTNBio;

II – receber, instruir e fazer tramitar os pleitos submetidos à deliberação da CTNBio;

III – encaminhar as deliberações da CTNBio aos órgãos governamentais responsáveis pela sua implementação e providenciar a devida publicidade;

IV – atualizar o SIB.

Art. 17. A CTNBio constituirá subcomissões setoriais permanentes na área de saúde humana, na área animal, na área vegetal e na área ambiental, e poderá constituir subcomissões extraordinárias, para análise prévia dos temas a serem submetidos ao plenário.

§ 1º. Membros titulares e suplentes participarão das subcomissões setoriais, e a distribuição dos processos para análise poderá ser feita a qualquer deles.

§ 2º. O funcionamento e a coordenação dos trabalhos nas subcomissões setoriais e extraordinárias serão definidos no regimento interno da CTNBio.

Seção IV – Das Reuniões e Deliberações

Art. 18. O membro suplente terá direito à voz e, na ausência do respectivo titular, a voto nas deliberações.

Art. 19. A reunião da CTNBio poderá ser instalada com a presença de catorze de seus membros, incluído pelo menos um representante de cada uma das áreas referidas no inciso I do art. 6º.

Parágrafo único. As decisões da CTNBio serão tomadas com votos favoráveis da maioria absoluta de seus membros, exceto nos processos de liberação comercial de OGM e derivados, para os quais se exigirá que a decisão seja tomada com votos favoráveis de pelo menos dois terços dos membros.

Art. 20. Perderá seu mandato o membro que:

I – violar o disposto no art. 14;

II – não comparecer a três reuniões ordinárias consecutivas do plenário da CTNBio, sem justificativa.

Art. 21. A CTNBio reunir-se-á, em caráter ordinário, uma vez por mês e, extraordinariamente, a qualquer momento, mediante convocação de seu Presidente ou por solicitação fundamentada subscrita pela maioria absoluta dos seus membros.

Parágrafo único. A periodicidade das reuniões ordinárias poderá, em caráter excepcional, ser alterada por deliberação da CTNBio.

Art. 22. As reuniões da CTNBio serão gravadas, e as respectivas atas, no que decidirem sobre pleitos, deverão conter ementa que indique número do processo, interessado, objeto, motivação da decisão, eventual divergência e resultado.

Art. 23. Os extratos de pleito deverão ser divulgados no Diário Oficial da União e no SIB, com, no mínimo, trinta dias de antecedência de sua colocação em pauta, excetuados os casos de urgência, que serão definidos pelo Presidente da CTNBio.

Art. 24. Os extratos de parecer e as decisões técnicas deverão ser publicados no Diário Oficial da União.

Parágrafo único. Os votos fundamentados de cada membro deverão constar no SIB.

Art. 25. Os órgãos e entidades integrantes da administração pública federal poderão solicitar participação em reuniões da CTNBio para tratar de assuntos de seu especial interesse, sem direito a voto.

Parágrafo único. A solicitação à Secretaria-Executiva da CTNBio deverá ser acompanhada de justificação que demonstre a motivação e comprove o interesse do solicitante na biossegurança de OGM e seus derivados submetidos à deliberação da CTNBio.

Art. 26. Poderão ser convidados a participar das reuniões, em caráter excepcional, representantes da comunidade científica, do setor público e de entidades da sociedade civil, sem direito a voto.

Seção V – Da Tramitação de Processos

Art. 27. Os processos pertinentes às competências da CTNBio, de que tratam os incisos IV, VIII, IX, XII, e XXI do art. 5º, obedecerão ao trâmite definido nesta Seção.

Art. 28. O requerimento protocolado na Secretaria-Executiva da CTNBio, depois de autuado e devidamente instruído, terá seu extrato prévio publicado no Diário Oficial da União e divulgado no SIB.

Art. 29. O processo será distribuído a um dos membros, titular ou suplente, para relatoria e elaboração de parecer.

Art. 30. O parecer será submetido a uma ou mais subcomissões setoriais permanentes ou extraordinárias para formação e aprovação do parecer final.

Art. 31. O parecer final, após sua aprovação nas subcomissões setoriais ou extraordinárias para as quais o processo foi distribuído, será encaminhado ao plenário da CTNBio para deliberação.

Art. 32. O voto vencido de membro de subcomissão setorial permanente ou extraordinária deverá ser apresentado de forma expressa e fundamentada e será consignado como voto divergente no parecer final para apreciação e deliberação do plenário.

Art. 33. Os processos de liberação comercial de OGM e seus derivados serão submetidos a todas as subcomissões permanentes.

Art. 34. O relator de parecer de subcomissões e do plenário deverá considerar, além dos relatórios dos proponentes, a literatura científica existente, bem como estudos e outros documentos protocolados em audiências públicas ou na CTNBio.

Art. 35. A CTNBio adotará as providências necessárias para resguardar as informações sigilosas, de interesse comercial, apontadas pelo proponente e assim por ela consideradas, desde que sobre essas informações não recaiam interesses particulares ou coletivos constitucionalmente garantidos.

§ 1º. A fim de que seja resguardado o sigilo a que se refere o *caput* deste artigo, o requerente deverá dirigir ao Presidente da CTNBio solicitação expressa e fundamentada, contendo a especificação das informações cujo sigilo pretende resguardar.

§ 2º. O pedido será indeferido mediante despacho fundamentado, contra o qual caberá recurso ao plenário, em procedimento a ser estabelecido no regimento interno da CTNBio, garantido o sigilo requerido até decisão final em contrário.

§ 3º. O requerente poderá optar por desistir do pleito, caso tenha seu pedido de sigilo indeferido definitivamente, hipótese em que será vedado à CTNBio dar publicidade à informação objeto do pretendido sigilo.

Art. 36. Os órgãos e entidades de registro e fiscalização requisitarão acesso a determinada informação sigilosa, desde que indispensável ao exercício de suas funções, em petição que fundamentará o pedido e indicará o agente que a ela terá acesso.

Seção VI – Da Decisão Técnica

Art. 37. Quanto aos aspectos de biossegurança de OGM e seus derivados, a decisão técnica da CTNBio vincula os demais órgãos e entidades da administração.

Art. 38. Nos casos de uso comercial, dentre outros aspectos técnicos de sua análise, os órgãos de registro e fiscalização, no exercício de suas atribuições em caso de solicitação pela CTNBio, observarão, quanto aos aspectos de biossegurança de OGM e seus derivados, a decisão técnica da CTNBio.

Art. 39. Em caso de decisão técnica favorável sobre a biossegurança no âmbito da atividade de pesquisa, a CTNBio remeterá o processo respectivo aos órgãos e entidades de registro e fiscalização, para o exercício de suas atribuições.

Art. 40. A decisão técnica da CTNBio deverá conter resumo de sua fundamentação técnica, explicitar as medidas de segurança e restrições ao uso de OGM e seus derivados e considerar as particularidades das diferentes regiões do País, com o objetivo de orientar e subsidiar os órgãos e entidades de registro e fiscalização, no exercício de suas atribuições.

Art. 41. Não se submeterá a análise e emissão de parecer técnico da CTNBio o derivado cujo OGM já tenha sido por ela aprovado.

Art. 42. As pessoas físicas ou jurídicas envolvidas em qualquer das fases do processo de produção agrícola, comercialização ou transporte de produto geneticamente modificado que tenham obtido a liberação para uso comercial estão dispensadas de apresentação do CQB e constituição de CIBio, salvo decisão em contrário da CTNBio.

Seção VII – Das Audiências Públicas

Art. 43. A CTNBio poderá realizar audiências públicas, garantida a participação da sociedade civil, que será requerida:

I – por um de seus membros e aprovada por maioria absoluta, em qualquer hipótese;

II – por parte comprovadamente interessada na matéria objeto de deliberação e aprovada por maioria absoluta, no caso de liberação comercial.

§ 1º. A CTNBio publicará no SIB e no Diário Oficial da União, com antecedência mínima de trinta dias, a convocação para audiência pública, dela fazendo constar a matéria, a data, o horário e o local dos trabalhos.

§ 2º. A audiência pública será coordenada pelo Presidente da CTNBio que, após a exposição objetiva da matéria objeto da audiência, abrirá as discussões com os interessados presentes.

§ 3º. Após a conclusão dos trabalhos da audiência pública, as manifestações, opiniões, sugestões e documentos ficarão disponíveis aos interessados na Secretaria-Executiva da CTNBio.

§ 4º. Considera-se parte interessada, para efeitos do inciso II do *caput* deste artigo, o requerente do processo ou pessoa jurídica cujo objetivo social seja relacionado às áreas previstas no *caput* e nos incisos III, VII e VIII do art 6º.

Seção VIII – Das Regras Gerais de Classificação de Risco de OGM

Art. 44. Para a classificação dos OGM de acordo com classes de risco, a CTNBio deverá considerar, entre outros critérios:

I – características gerais do OGM;

II – características do vetor;

III – características do inserto;

IV – características dos organismos doador e receptor;

V – produto da expressão gênica das seqüências inseridas;

VI – atividade proposta e o meio receptor do OGM;

VII – uso proposto do OGM;

VIII – efeitos adversos do OGM à saúde humana e ao meio ambiente.

Seção IX – Do Certificado de Qualidade em Biossegurança

Art. 45. A instituição de direito público ou privado que pretender realizar pesquisa em laboratório, regime de contenção ou campo, como parte do processo de obtenção de OGM ou de avaliação da biossegurança de OGM, o que engloba, no âmbito experimental, a construção, o cultivo, a manipulação, o transporte, a transferência, a importação, a exportação, o armazenamento, a liberação no meio ambiente e o descarte de OGM, deverá requerer, junto à CTNBio, a emissão do CQB.

§ 1º. A CTNBio estabelecerá os critérios e procedimentos para requerimento, emissão, revisão, extensão, suspensão e cancelamento de CQB.

§ 2º. A CTNBio enviará cópia do processo de emissão de CQB e suas atualizações aos órgãos de registro e fiscalização.

Art. 46. As organizações públicas e privadas, nacionais e estrangeiras, financiadoras ou patrocinadoras de atividades ou de projetos referidos no *caput* do art. 2º, devem exigir a apresentação de CQB, sob pena de se tornarem co-responsáveis pelos eventuais efeitos decorrentes do descumprimento deste Decreto.

Art. 47. Os casos não previstos neste Capítulo serão definidos pelo regimento interno da CTNBio.

CAPÍTULO III – DO CONSELHO NACIONAL DE BIOSSEGURANÇA

Art. 48. O CNBS, vinculado à Presidência da República, é órgão de assessoramento superior do Presidente da República para a formulação e implementação da PNB.

§ 1º. Compete ao CNBS:

I – fixar princípios e diretrizes para a ação administrativa dos órgãos e entidades federais com competências sobre a matéria;

II – analisar, a pedido da CTNBio, quanto aos aspectos da conveniência e oportunidade socioeconômicas e do interesse nacional, os pedidos de liberação para uso comercial de OGM e seus derivados;

III – avocar e decidir, em última e definitiva instância, com base em manifestação da CTNBio e, quando julgar necessário, dos órgãos e entidades de registro e fiscalização, no âmbito de suas competências, sobre os processos relativos a atividades que envolvam o uso comercial de OGM e seus derivados.

§ 2º. Sempre que o CNBS deliberar favoravelmente à realização da atividade analisada, encaminhará sua manifestação aos órgãos e entidades de registro e fiscalização.

§ 3º. Sempre que o CNBS deliberar contrariamente à atividade analisada, encaminhará sua manifestação à CTNBio para informação ao requerente.

Art. 49. O CNBS é composto pelos seguintes membros:

I – Ministro de Estado Chefe da Casa Civil da Presidência da República, que o presidirá;

II – Ministro de Estado da Ciência e Tecnologia;

III – Ministro de Estado do Desenvolvimento Agrário;

IV – Ministro de Estado da Agricultura, Pecuária e Abastecimento;

V – Ministro de Estado da Justiça;

VI – Ministro de Estado da Saúde;

VII – Ministro de Estado do Meio Ambiente;

VIII – Ministro de Estado do Desenvolvimento, Indústria e Comércio Exterior;

IX – Ministro de Estado das Relações Exteriores;

X – Ministro de Estado da Defesa;

XI – Secretário Especial de Aqüicultura e Pesca da Presidência da República.

§ 1º. O CNBS reunir-se-á sempre que convocado por seu Presidente ou mediante provocação da maioria dos seus membros.

§ 2º. Os membros do CNBS serão substituídos, em suas ausências ou impedimentos, pelos respectivos Secretários-Executivos ou, na inexistência do cargo, por seus substitutos legais.

§ 3º. Na ausência do Presidente, este indicará Ministro de Estado para presidir os trabalhos.

§ 4º. A reunião do CNBS será instalada com a presença de, no mínimo, seis de seus membros e as decisões serão tomadas por maioria absoluta dos seus membros.

§ 5º. O regimento interno do CNBS definirá os procedimentos para convocação e realização de reuniões e deliberações.

Art. 50. O CNBS decidirá, a pedido da CTNBio, sobre os aspectos de conveniência e oportunidade socioeconômicas e do interesse nacional na liberação para uso comercial de OGM e seus derivados.

§ 1º. A CTNBio deverá protocolar, junto à Secretaria-Executiva do CNBS, cópia integral do processo relativo à atividade a ser analisada, com indicação dos motivos desse encaminhamento.

§ 2º. A eficácia da decisão técnica da CTNBio, se esta tiver sido proferida no caso específico, permanecerá suspensa até decisão final do CNBS.

§ 3º. O CNBS decidirá o pedido de análise referido no *caput* no prazo de sessenta dias, contados da data de protocolo da solicitação em sua Secretaria-Executiva.

§ 4º. O prazo previsto no § 3º poderá ser suspenso para cumprimento de diligências ou emissão de pareceres por consultores *ad hoc*, conforme decisão do CNBS.

Art. 51. O CNBS poderá avocar os processos relativos às atividades que envolvam o uso comercial de OGM e seus derivados para análise e decisão, em última e definitiva instância, no prazo de trinta dias, contados da data da publicação da decisão técnica da CTNBio no Diário Oficial da União.

§ 1º. O CNBS poderá requerer, quando julgar necessário, manifestação dos órgãos e entidades de registro e fiscalização.

§ 2º. A decisão técnica da CTNBio permanecerá suspensa até a expiração do prazo previsto no *caput* sem a devida avocação do processo ou até a decisão final do CNBS, caso por ele o processo tenha sido avocado.

§ 3º. O CNBS decidirá no prazo de sessenta dias, contados da data de recebimento, por sua Secretaria-Executiva, de cópia integral do processo avocado.

§ 4º. O prazo previsto no § 3º poderá ser suspenso para cumprimento de diligências ou emissão de pareceres por consultores *ad hoc*, conforme decisão do CNBS.

Art. 52. O CNBS decidirá sobre os recursos dos órgãos e entidades de registro e fiscalização relacionados à liberação comercial de OGM e seus derivados, que tenham sido protocolados em sua Secretaria-Executiva, no prazo de até trinta dias contados da data da publicação da decisão técnica da CTNBio no Diário Oficial da União.

§ 1º. O recurso de que trata este artigo deverá ser instruído com justificação tecnicamente fundamentada que demonstre a divergência do órgão ou entidade de registro e fiscalização, no âmbito de suas competências, quanto à decisão da CTNBio em relação aos aspectos de biossegurança de OGM e seus derivados.

§ 2º. A eficácia da decisão técnica da CTNBio permanecerá suspensa até a expiração do prazo previsto no *caput* sem a devida interposição de recursos pelos órgãos de fiscalização e registro ou até o julgamento final pelo CNBS, caso recebido e conhecido o recurso interposto.

§ 3º. O CNBS julgará o recurso no prazo de sessenta dias, contados da data do protocolo em sua Secretaria-Executiva.

§ 4º. O prazo previsto no § 3º poderá ser suspenso para cumprimento de diligências ou emissão de pareceres por consultores *ad hoc*, conforme decisão do CNBS.

CAPÍTULO IV – DOS ÓRGÃOS E ENTIDADES DE REGISTRO E FISCALIZAÇÃO

Art. 53. Caberá aos órgãos e entidades de registro e fiscalização do Ministério da Saúde, do Ministério da Agricultura, Pecuária e Abastecimento e do Ministério do Meio Ambiente, e da Secretaria Especial de Aqüicultura e Pesca da Presidência da República entre outras atribuições, no campo de suas competências, observadas a decisão técnica da CTNBio, as deliberações do CNBS e os mecanismos estabelecidos neste Decreto:

I – fiscalizar as atividades de pesquisa de OGM e seus derivados;

II – registrar e fiscalizar a liberação comercial de OGM e seus derivados;

III – emitir autorização para a importação de OGM e seus derivados para uso comercial;

IV – estabelecer normas de registro, autorização, fiscalização e licenciamento ambiental de OGM e seus derivados;

V – fiscalizar o cumprimento das normas e medidas de biossegurança estabelecidas pela CTNBio;

VI – promover a capacitação dos fiscais e técnicos incumbidos de registro, autorização, fiscalização e licenciamento ambiental de OGM e seus derivados;

VII – instituir comissão interna especializada em biossegurança de OGM e seus derivados;

VIII – manter atualizado no SIB o cadastro das instituições e responsáveis técnicos que realizam atividades e projetos relacionados a OGM e seus derivados;

IX – tornar públicos, inclusive no SIB, os registros, autorizações e licenciamentos ambientais concedidos;

X – aplicar as penalidades de que trata este Decreto;

XI – subsidiar a CTNBio na definição de quesitos de avaliação de biossegurança de OGM e seus derivados.

§ 1º. As normas a que se refere o inciso IV consistirão, quando couber, na adequação às decisões da CTNBio dos procedimentos, meios e ações em vigor aplicáveis aos produtos convencionais.

§ 2º. Após manifestação favorável da CTNBio, ou do CNBS, em caso de avocação ou recurso, caberá, em decorrência de análise específica e decisão pertinente:

I – ao Ministério da Agricultura, Pecuária e Abastecimento emitir as autorizações e registros e fiscalizar produtos e atividades que utilizem OGM e seus derivados destinados a uso animal, na agricultura, pecuária, agroindústria e áreas afins, de acordo com a legislação em vigor e segundo as normas que vier a estabelecer;

II – ao órgão competente do Ministério da Saúde emitir as autorizações e registros e fiscalizar produtos e atividades com OGM e seus derivados destinados a uso humano, farmacológico, domissanitário e áreas afins, de acordo com a legislação em vigor e as normas que vier a estabelecer;

III – ao órgão competente do Ministério do Meio Ambiente emitir as autorizações e registros e fiscalizar produtos e atividades que envolvam OGM e seus derivados a serem liberados nos ecossistemas naturais, de acordo com a legislação em vigor e segundo as normas que vier a estabelecer, bem como o licenciamento, nos casos em que a CTNBio deliberar, na forma deste Decreto, que o OGM é potencialmente causador de significativa degradação do meio ambiente;

IV – à Secretaria Especial de Aqüicultura e Pesca da Presidência da República emitir as autorizações e registros de produtos e atividades com OGM e seus derivados destinados ao uso na pesca e aqüicultura, de acordo com a legislação em vigor e segundo este Decreto e as normas que vier a estabelecer.

Art. 54. A CTNBio delibera, em última e definitiva instância, sobre os casos em que a atividade é potencial ou efetivamente causadora de degradação ambiental, bem como sobre a necessidade do licenciamento ambiental.

Art. 55. A emissão dos registros, das autorizações e do licenciamento ambiental referidos neste Decreto deverá ocorrer no prazo máximo de cento e vinte dias.

Parágrafo único. A contagem do prazo previsto no *caput* será suspensa, por até cento e oitenta dias, durante a elaboração, pelo requerente, dos estudos ou esclarecimentos necessários.

Art. 56. As autorizações e registros de que trata este Capítulo estarão vinculados à decisão técnica da CTNBio correspondente, sendo vedadas exigências técnicas que extrapolem as condições estabelecidas naquela decisão, nos aspectos relacionados à biossegurança.

Art. 57. Os órgãos e entidades de registro e fiscalização poderão estabelecer ações conjuntas com vistas ao exercício de suas competências.

CAPÍTULO V – DO SISTEMA DE INFORMAÇÕES EM BIOSSEGURANÇA

Art. 58. O SIB, vinculado à Secretaria-Executiva da CTNBio, é destinado à gestão das informações decorrentes das atividades de análise, autorização, registro, monitoramento e acompanhamento das atividades que envolvam OGM e seus derivados.

§ 1º. As disposições dos atos legais, regulamentares e administrativos que alterem, complementem ou produzam efeitos sobre a legislação de biossegurança de OGM e seus derivados deverão ser divulgadas no SIB concomitantemente com a entrada em vigor desses atos.

§ 2º. Os órgãos e entidades de registro e fiscalização deverão alimentar o SIB com as informações relativas às atividades de que trata este Decreto, processadas no âmbito de sua competência.

Art. 59. A CTNBio dará ampla publicidade a suas atividades por intermédio do SIB, entre as quais, sua agenda de trabalho, calendário de reuniões, processos em tramitação e seus respectivos relatores, relatórios anuais, atas das reuniões e demais informações sobre suas atividades, excluídas apenas as informações sigilosas, de interesse comercial, assim por ela consideradas.

Art. 60. O SIB permitirá a interação eletrônica entre o CNBS, a CTNBio e os órgãos e entidades federais responsáveis pelo registro e fiscalização de OGM.

CAPÍTULO VI – DAS COMISSÕES INTERNAS DE BIOSSEGURANÇA – CIBio

Art. 61. A instituição que se dedique ao ensino, à pesquisa científica, ao desenvolvimento tecnológico e à produção industrial, que utilize técnicas e métodos de engenharia genética ou realize pesquisas com OGM e seus derivados, deverá criar uma Comissão Interna de Biossegurança – CIBio, cujos mecanismos de funcionamento serão estabelecidos pela CTNBio.

Parágrafo único. A instituição de que trata o *caput* deste artigo indicará um técnico principal responsável para cada projeto específico.

Art. 62. Compete a CIBio, no âmbito de cada instituição:

I – manter informados os trabalhadores e demais membros da coletividade, quando suscetíveis de serem afetados pela atividade, sobre as questões relacionadas com a saúde e a segurança, bem como sobre os procedimentos em caso de acidentes;

II – estabelecer programas preventivos e de inspeção para garantir o funcionamento das instalações sob sua responsabilidade, dentro dos padrões e normas de biossegurança, definidos pela CTNBio;

III – encaminhar à CTNBio os documentos cuja relação será por esta estabelecida, para os fins de análise, registro ou autorização do órgão competente, quando couber;

IV – manter registro do acompanhamento individual de cada atividade ou projeto em desenvolvimento que envolva OGM e seus derivados;

V – notificar a CTNBio, aos órgãos e entidades de registro e fiscalização e às entidades de trabalhadores o resultado de avaliações de risco a que estão submetidas as pessoas expostas, bem como qualquer acidente ou incidente que possa provocar a disseminação de agente biológico;

VI – investigar a ocorrência de acidentes e enfermidades possivelmente relacionados a OGM e seus derivados e notificar suas conclusões e providencias à CTNBio.

CAPÍTULO VII
DA PESQUISA E DA TERAPIA COM CÉLULAS-TRONCO EMBRIONÁRIAS HUMANAS OBTIDAS POR FERTILIZAÇÃO *IN VITRO*

Art. 63. É permitida, para fins de pesquisa e terapia, a utilização de células-tronco embrionárias obtidas de embriões humanos produzidos por fertilização *in vitro* e não utilizados no respectivo procedimento, atendidas as seguintes condições:

I – sejam embriões inviáveis; ou

II – sejam embriões congelados disponíveis.

§ 1º. Em qualquer caso, é necessário o consentimento dos genitores.

§ 2º. Instituições de pesquisa e serviços de saúde que realizem pesquisa ou terapia com células-tronco embrionárias humanas deverão submeter seus projetos à apreciação e aprovação dos respectivos comitês de ética em pesquisa, na forma de resolução do Conselho Nacional de Saúde.

§ 3º. É vedada a comercialização do material biológico a que se refere este artigo, e sua prática implica o crime tipificado no art. 15 da Lei nº 9.434, de 4 de fevereiro de 1997.

Art. 64. Cabe ao Ministério da Saúde promover levantamento e manter cadastro atualizado de embriões humanos obtidos por fertilização *in vitro* e não utilizados no respectivo procedimento.

§ 1º. As instituições que exercem atividades que envolvam congelamento e armazenamento de embriões humanos deverão informar, conforme norma específica que estabelecerá prazos, os dados necessários à identificação dos embriões inviáveis produzidos em seus estabelecimentos e dos embriões congelados disponíveis.

§ 2º. O Ministério da Saúde expedirá a norma de que trata o § 1º no prazo de trinta dias da publicação deste Decreto.

Art. 65. A Agência Nacional de Vigilância Sanitária – ANVISA estabelecerá normas para procedimentos de coleta, processamento, teste, armazenamento, transporte, controle de qualidade e uso de células-tronco embrionárias humanas para os fins deste Capítulo.

Art. 66. Os genitores que doarem, para fins de pesquisa ou terapia, células-tronco embrionárias humanas obtidas em conformidade com o disposto neste Capítulo, deverão assinar Termo de Consentimento Livre e Esclarecido, conforme norma específica do Ministério da Saúde.

Art. 67. A utilização, em terapia, de células tronco embrionárias humanas, observado o art. 63, será realizada em conformidade com as diretrizes do Ministério da Saúde para a avaliação de novas tecnologias.

CAPÍTULO VIII – DA RESPONSABILIDADE CIVIL E ADMINISTRATIVA

Art. 68. Sem prejuízo da aplicação das penas previstas na Lei nº 11.105, de 2005, e neste Decreto, os responsáveis pelos danos ao meio ambiente e a terceiros responderão, solidariamente, por sua indenização ou reparação integral, independentemente da existência de culpa.

Seção I – Das Infrações Administrativas

Art. 69. Considera-se infração administrativa toda ação ou omissão que viole as normas previstas na Lei nº 11.105, de 2005, e neste Decreto e demais disposições legais pertinentes, em especial:

I – realizar atividade ou projeto que envolva OGM e seus derivados, relacionado ao ensino com manipulação de organismos vivos, à pesquisa científica, ao desenvolvimento tecnológico e à produção industrial como pessoa física em atuação autônoma;

II – realizar atividades de pesquisa e uso comercial de OGM e seus derivados sem autorização da CTNBio ou em desacordo com as normas por ela expedidas;

III – deixar de exigir a apresentação do CQB emitido pela CTNBio a pessoa jurídica que financie ou patrocine atividades e projetos que envolvam OGM e seus derivados;

IV – utilizar, para fins de pesquisa e terapia, células-tronco embrionárias obtidas de embriões humanos produzidos por fertilização *in vitro* sem o consentimento dos genitores;

V – realizar atividades de pesquisa ou terapia com células-tronco embrionárias humanas sem aprovação do respectivo comitê de ética em pesquisa, conforme norma do Conselho Nacional de Saúde;

VI – comercializar células-tronco embrionárias obtidas de embriões humanos produzidos por fertilização *in vitro*;

VII – utilizar, para fins de pesquisa e terapia, células tronco embrionárias obtidas de embriões humanos produzidos por fertilização *in vitro* sem atender às disposições previstas no Capítulo VII;

VIII – deixar de manter registro do acompanhamento individual de cada atividade ou projeto em desenvolvimento que envolva OGM e seus derivados;

IX – realizar engenharia genética em organismo vivo em desacordo com as normas deste Decreto;

X – realizar o manejo *in vitro* de ADN/ARN natural ou recombinante em desacordo com as normas previstas neste Decreto;

XI – realizar engenharia genética em célula germinal humana, zigoto humano e embrião humano;

XII – realizar clonagem humana;

XIII – destruir ou descartar no meio ambiente OGM e seus derivados em desacordo com as normas estabelecidas pela CTNBio, pelos órgãos e entidades de registro e fiscalização e neste Decreto;

XIV – liberar no meio ambiente OGM e seus derivados, no âmbito de atividades de pesquisa, sem a decisão técnica favorável da CTNBio, ou em desacordo com as normas desta;

XV – liberar no meio ambiente OGM e seus derivados, no âmbito de atividade comercial, sem o licenciamento do órgão ou entidade ambiental responsável, quando a CTNBio considerar a atividade como potencialmente causadora de degradação ambiental;

XVI – liberar no meio ambiente OGM e seus derivados, no âmbito de atividade comercial, sem a aprovação do CNBS, quando o processo tenha sido por ele avocado;

XVII – utilizar, comercializar, registrar, patentear ou licenciar tecnologias genéticas de restrição do uso;

XVIII – deixar a instituição de enviar relatório de investigação de acidente ocorrido no curso de pesquisas e projetos na área de engenharia genética no prazo máximo de cinco dias a contar da data do evento;

XIX – deixar a instituição de notificar imediatamente a CTNBio e as autoridades da saúde pública, da defesa agropecuária e do meio ambiente sobre acidente que possa provocar a disseminação de OGM e seus derivados;

XX – deixar a instituição de adotar meios necessários para plenamente informar à CTNBio, às autoridades da saúde pública, do meio ambiente, da defesa agropecuária, à coletividade e aos demais empregados da instituição ou empresa sobre os riscos a que possam estar submetidos, bem como os procedimentos a serem tomados no caso de acidentes com OGM e seus derivados;

XXI – deixar de criar CIBio, conforme as normas da CTNBio, a instituição que utiliza técnicas e métodos de engenharia genética ou realiza pesquisa com OGM e seus derivados;

XXII – manter em funcionamento a CIBio em desacordo com as normas da CTNBio;

XXIII – deixar a instituição de manter informados, por meio da CIBio, os trabalhadores e demais membros da coletividade, quando suscetíveis de serem afetados pela atividade, sobre as questões relacionadas com a saúde e a segurança, bem como sobre os procedimentos em caso de acidentes;

XXIV – deixar a instituição de estabelecer programas preventivos e de inspeção, por meio da CIBio, para garantir o funcionamento das instalações sob sua responsabilidade, dentro dos padrões e normas de biossegurança, definidos pela CTNBio;

XXV – deixar a instituição de notificar a CTNBio, os órgãos e entidades de registro e fiscalização, e as entidades de trabalhadores, por meio da CIBio, do resultado de avaliações de risco a que estão submetidas as pessoas expostas, bem como qualquer acidente ou incidente que possa provocar a disseminação de agente biológico;

XXVI – deixar a instituição de investigar a ocorrência de acidentes e as enfermidades possivelmente relacionados a OGM e seus derivados e notificar suas conclusões e providências à CTNBio;

XXVII – produzir, armazenar, transportar, comercializar, importar ou exportar OGM e seus derivados, sem autorização ou em desacordo com as normas estabelecidas pela CTNBio e pelos órgãos e entidades de registro e fiscalização.

Seção II – Das Sanções Administrativas

Art. 70. As infrações administrativas, independentemente das medidas cautelares de apreensão de produtos, suspensão de venda de produto e embargos de atividades, serão punidas com as seguintes sanções:

I – advertência;

II – multa;

III – apreensão de OGM e seus derivados;

IV – suspensão da venda de OGM e seus derivados;

V – embargo da atividade;

VI – interdição parcial ou total do estabelecimento, atividade ou empreendimento;

VII – suspensão de registro, licença ou autorização;

VIII – cancelamento de registro, licença ou autorização;

IX – perda ou restrição de incentivo e benefício fiscal concedidos pelo governo;

X – perda ou suspensão da participação em linha de financiamento em estabelecimento oficial de crédito;

XI – intervenção no estabelecimento;

XII – proibição de contratar com a administração pública, por período de até cinco anos.

Art. 71. Para a imposição da pena e sua gradação, os órgãos e entidades de registro e fiscalização levarão em conta:

I – a gravidade da infração;

II – os antecedentes do infrator quanto ao cumprimento das normas agrícolas, sanitárias, ambientais e de biossegurança;

III – a vantagem econômica auferida pelo infrator;

IV – a situação econômica do infrator.

Parágrafo único. Para efeito do inciso I, as infrações previstas neste Decreto serão classificadas em leves, graves e gravíssimas, segundo os seguintes critérios:

I – a classificação de risco do OGM;

II – os meios utilizados para consecução da infração;

III – as conseqüências, efetivas ou potenciais, para a dignidade humana, a saúde humana, animal e das plantas e para o meio ambiente;

IV – a culpabilidade do infrator.

Art. 72. A advertência será aplicada somente nas infrações de natureza leve.

Art. 73. A multa será aplicada obedecendo a seguinte gradação:

I – de R$ 2.000,00 (dois mil reais) a R$ 60.000,00 (sessenta mil reais) nas infrações de natureza leve;

II – de R$ 60.001,00 (sessenta mil e um reais) a R$ 500.000,00 (quinhentos mil reais) nas infrações de natureza grave;

III – de R$ 500.001,00 (quinhentos mil e um reais) a R$ 1.500.000,00 (um milhão e quinhentos mil reais) nas infrações de natureza gravíssima.

§ 1º. A multa será aplicada em dobro nos casos de reincidência.

§ 2º. As multas poderão ser aplicadas cumulativamente com as demais sanções previstas neste Decreto.

Art. 74. As multas previstas na Lei nº 11.105, de 2005, e neste Decreto serão aplicadas pelos órgãos e entidades de registro e fiscalização, de acordo com suas respectivas competências.

§ 1º. Os recursos arrecadados com a aplicação de multas serão destinados aos órgãos e entidades de registro e fiscalização que aplicarem a multa.

§ 2º. Os órgãos e entidades fiscalizadores da administração pública federal poderão celebrar convênios com os Estados, Distrito Federal e Municípios, para a execução de serviços relacionados à atividade de fiscalização prevista neste Decreto, facultado o repasse de parcela da receita obtida com a aplicação de multas.

Art. 75. As sanções previstas nos incisos III, IV, V, VI, VII, IX e X do art. 70 serão aplicadas somente nas infrações de natureza grave ou gravíssima.

Art. 76. As sanções previstas nos incisos VIII, XI e XII do art. 70 serão aplicadas somente nas infrações de natureza gravíssima.

Art. 77. Se o infrator cometer, simultaneamente, duas ou mais infrações, ser-lhe-ão aplicadas, cumulativamente, as sanções cominadas a cada qual.

Art. 78. No caso de infração continuada, caracterizada pela permanência da ação ou omissão inicialmente punida, será a respectiva penalidade aplicada diariamente até cessar sua causa, sem prejuízo da paralisação imediata da atividade ou da interdição do laboratório ou da instituição ou empresa responsável.

Art. 79. Os órgãos e entidades de registro e fiscalização poderão, independentemente da aplicação das sanções administrativas, impor medidas cautelares de apreensão de produtos, suspensão de venda de produto e embargos de atividades sempre que se verificar risco iminente de dano à dignidade humana, à saúde humana, animal e das plantas e ao meio ambiente.

Seção III – Do Processo Administrativo

Art. 80. Qualquer pessoa, constatando a ocorrência de infração administrativa, poderá dirigir representação ao órgão ou entidade de fiscalização competente, para efeito do exercício de poder de polícia.

Art. 81. As infrações administrativas são apuradas em processo administrativo próprio, assegurado o direito a ampla defesa e o contraditório.

Art. 82. São autoridades competentes para lavrar auto de infração, instaurar processo administrativo e indicar as penalidades cabíveis, os funcionários dos órgãos de fiscalização previstos no art. 53.

Art. 83. A autoridade fiscalizadora encaminhará cópia do auto de infração à CTNBio.

Art. 84. Quando a infração constituir crime ou contravenção, ou lesão à Fazenda Pública ou ao consumidor, a autoridade fiscalizadora representará junto ao órgão competente para apuração das responsabilidades administrativa e penal.

Art. 85. Aplicam-se a este Decreto, no que couberem, as disposições da Lei nº 9.784, de 1999.

CAPÍTULO IX – DAS DISPOSIÇÕES FINAIS E TRANSITÓRIAS

Art. 86. A CTNBio, em noventa dias de sua instalação, definirá:

I – proposta de seu regimento interno, a ser submetida à aprovação do Ministro de Estado da Ciência e Tecnologia;

II – as classes de risco dos OGM;

III – os níveis de biossegurança a serem aplicados aos OGM e seus derivados, observada a classe de risco do OGM.

Parágrafo único. Até a definição das classes de risco dos OGM pela CTNBio, será observada, para efeito de classificação, a tabela do Anexo deste Decreto.

Art. 87. A Secretaria-Executiva do CNBS submeterá, no prazo de noventa dias, proposta de regimento interno ao colegiado.

Art. 88. Os OGM que tenham obtido decisão técnica da CTNBio favorável a sua liberação comercial até o dia 28 de março de 2005 poderão ser registrados e comercializados, observada a Resolução CNBS nº 1, de 27 de maio de 2005.

Art. 89. As instituições que desenvolvam atividades reguladas por este Decreto deverão adequar-se às suas disposições no prazo de cento e vinte dias, contado da sua publicação.

Art. 90. Não se aplica aos OGM e seus derivados o disposto na Lei nº 7.802, de 11 de julho de 1989, exceto para os casos em que eles sejam desenvolvidos para servir de matéria-prima para a produção de agrotóxicos.

Art. 91. Os alimentos e ingredientes alimentares destinados ao consumo humano ou animal que contenham ou sejam produzidos a partir de OGM e seus derivados deverão conter informação nesse sentido em seus rótulos, na forma de decreto específico.

Art. 92. A CTNBio promoverá a revisão e se necessário, a adequação dos CQB, dos comunicados, decisões técnicas e atos normativos, emitidos sob a égide da Lei nº 8.974, de 5 de janeiro de 1995, os quais não estejam em conformidade com a Lei nº 11.105, de 2005, e este Decreto.

Art. 93. A CTNBio e os órgãos e entidades de registro e fiscalização deverão rever suas deliberações de caráter normativo no prazo de cento e vinte dias, contados da publicação deste Decreto, a fim de promover sua adequação às disposições nele contidas.

Art. 94. Este Decreto entra em vigor na data de sua publicação.

Art. 95. Fica revogado o Decreto nº 4.602, de 21 de fevereiro de 2003.

Brasília, 22 de novembro de 2005; 184º da Independência e 117º da República.

Luiz Inácio Lula da Silva

DOU de 23.11.2005

ANEXO

Classificação de Risco dos Organismos Geneticamente Modificados

Classe de Risco I: compreende os organismos que preenchem os seguintes critérios:

A) Organismo receptor ou parental:

— não-patogênico;

— isento de agentes adventícios;

— com amplo histórico documentado de utilização segura, ou a incorporação de barreiras biológicas que, sem interferir no crescimento ótimo em reator ou fermentador, permita uma sobrevivência e multiplicação limitadas, sem efeitos negativos para o meio ambiente;

B) Vetor/inserto:

— deve ser adequadamente caracterizado e desprovido de seqüências nocivas conhecidas;

— deve ser de tamanho limitado, no que for possível, às seqüências genéticas necessárias para realizar a função projetada;

— não deve incrementar a estabilidade do organismo modificado no meio ambiente;

— deve ser escassamente mobilizável;

— não deve transmitir nenhum marcador de resistência a organismos que, de acordo com os conhecimentos disponíveis, não o adquira de forma natural;

C) Organismos geneticamente modificados:

— não-patogênicos;

— que ofereçam a mesma segurança que o organismo receptor ou parental no reator ou fermentador, mas com sobrevivência ou multiplicação limitadas, sem efeitos negativos para o meio ambiente;

D) Outros organismos geneticamente modificados que poderiam incluir-se na Classe de Risco I, desde que reúnam as condições estipuladas no item C anterior:

— microorganismos construídos inteiramente a partir de um único receptor procariótico (incluindo plasmídeos e vírus endógenos) ou de um único receptor eucariótico (incluindo seus cloroplastos, mitocôndrias e plasmídeos, mas excluindo os vírus) e organismos compostos inteiramente por seqüências genéticas de diferentes espécies que troquem tais seqüências mediante processos fisiológicos conhecidos;

Classe de Risco II: todos aqueles não incluídos na Classe de Risco I.

ENCARTE ESPECIAL DO LIVRO

LEI DE BIOSSEGURANÇA

Lei nº 11.105, de 24 de março de 2005

CLONAGEM E TRANSGÊNICOS

Normas Complementares • Acordos e Protocolos Internacionais

PROIBIDA A VENDA EM SEPARADO

EDIPRO
Edições Profissionais Ltda.
São Paulo: Fone (11) 3107-4788 – Fax (11) 3107-0061
Bauru: Fone (14) 3234-4121 – Fax (14) 3234-4122
e-mail: *edipro@uol.com.br*